U0933488

珍藏本
纪念版

汉译世界学术名著丛书

制造路易十四

〔英〕彼得·伯克 著

郝名玮 译

SINCE 1897 商务印书馆 The Commercial Press

2017年·北京

Peter Burke
THE FABRICATION OF LOUIS XIV

Originally Published by Yale University Press
New Haven and London, 1992
中译本根据耶鲁大学出版社 1992 年版译出

汉译世界学术名著丛书
（120 年纪念版·珍藏本）
出 版 说 明

2017 年 2 月 11 日，商务印书馆迎来 120 岁的生日。120 年前，商务印书馆前贤怀揣文化救国的理想，抱持“昌明教育，开启民智”的使命，立足本土，放眼寰宇，以出版为津梁，沟通中西，为中国、为世界提供最富智慧的思想文化成果。无论世事白云苍狗，潮流左右激荡，甚至战火硝烟弥漫，始终践行学术报国之志，无改初心。

迻译世界各国学术名著，即其一端。早在 20 世纪初年便出版《原富》《天演论》等影响至今的代表性著作，1950 年代后更致力于外国哲学和社会科学经典的译介，及至 1980 年代，辑为“汉译世界学术名著丛书”，汇涓为流，蔚为大观。丛书自 1981 年开始出版，历时三十余年，迄今已推出七百种，是我国现代出版史上规模最大、最为重要的学术翻译工程。

丛书所选之书，立场观点不囿于一派，学科领域不限于一门，皆为文明开启以来，各时代、各国家、各民族的思想与文化精粹，代表着人类已经到达过的精神境界。丛书系统译介世界学术经典，引领时代思想，为本土原创学术的发展提供丰富的文化滋养，为推动中国现代学术和现代化进程做出了突出的贡献。

为纪念商务印书馆成立120周年，我们整体推出“汉译世界学术名著丛书”120年纪念版的珍藏本，寄望既利于文化积累，又便于研读查考，同时向长期支持丛书出版的译者、编者和读者致以敬意。

两甲子后的今天，商务印书馆又站在了一个新的历史时间节点上。我们不仅要铭记先辈的身影和足迹，更须让我们的步伐充满新的时代精神。这是商务人代代相传的事业，更是与国家和民族的命运始终紧密相连的事业。我们责无旁贷，必须做好我们这代人的传承与创造，让我们的努力和成果不仅凝聚成民族文化的记忆，还能成为后来人可以接续的事业。唯此，才能不负前贤，无愧来者。

商务印书馆编辑部

2017年10月

路易十四再探

——中文版序

《制造路易十四》大约写于15年前。我1989年——正好是柏林墙开始倒塌的那一年——在柏林动笔,1991年完稿。一个明摆着的问题是:我现在还会写这么一部书吗?

研究近况

而明摆着的回答是:我如果现在写这部书的话,就会吸收最新研究成果。15年的时间不短了,已有许多研究路易十四的书籍、论文出版和发表。首先要说的是,已有两部法文版和四部英文版的路易十四全传出版。[1] 也有一些专著面世;最早的一部书是论文集,与《制造路易十四》同年出版,其中有篇文章专论国王参演芭蕾舞剧一事,有篇文章专论颂扬他的诗歌,还有一篇论及瓦托绘制的那幅著名油画在一家艺术品商店的遭遇:我们可以看出,路易十四画像已不再有人要,只好将其雪藏起来了。[2]

有几部已面世的新专著论述了路易十四对建筑业和园艺业发展的支持,还有一篇论文概述了他对艺术的态度。[3] 法国艺术史学家热拉尔·萨巴蒂埃出版的一部重要著作论述了当年展现在凡尔赛宫的国王形象；而专论国王仆从一书的出版和国王病史档案的发表，则使人们对路易十四有了更为深刻的了解。[4] 有部研究 18 世纪上半叶出现的法国历代国王非官方形象的专著也用大量篇幅对路易十四进行了论述。[5]

一些新近论及路易十四的著作体现出了文化史——特别是妇女史和人体史——研究的新趋势。有篇文章专门论述了国王的“婚庆大典”——亦即路易十四公开大操大办其与玛丽亚·特雷莎的婚礼。有部专论路易十四(包括他参演芭蕾舞剧一事)的论文集论及了现代早期法国的政治“体现”(或曰政治化身)；还有一部专论太阳王身体的著作；该书作者主要论述的是国王治病秘史，偶尔也论及一些众所周知的形象：例如，他将里戈——“他懂得怎样充分利用身体的某个部位以更好地吸引人、令人叹服。”——绘制的那幅著名画像上路易十四的美腿同路易十四那实际上因患痛风而发炎肿胀、难以支撑自己身体的双腿作了生动的比较。[6]

这些研究成果对我们了解路易十四及其所处的社会环境作出了重大贡献。作者们使用了我没有用上的资料，并作出了极富启发性的详细论述。例如，我引用了菲利普·基诺的一些诗作，但没有用上他为吕里的歌剧《阿尔且斯特》所创作的、颂扬路易十四刚刚攻克弗朗什-孔泰的寓意歌词；又如，我使用了 17 世纪耶稣会士梅内斯特里埃的著作，但没有用上他那篇关于烟火的专题论文(1660 年)。[7]

再如，哲学家约翰·洛克在参观官方高伯兰厂、看到描绘在一组挂毯上的《国王演义》——换句话说，路易十四朝传奇——时曾说过：“每幅挂毯图案的主角都是路易大帝，此外就是一些著名的征服活动等”;并提及有幅描绘与瑞士人结盟的挂毯:路易十四戴着帽子,而瑞士大使则“脱帽”呈“毕恭毕敬状”。[8] 我要是在写这本书时知道他的这席话,肯定是会引用的。

这些近作本身相当重要,但(我认为)并未改变我 1992 年所揭示的、1995 年我向在巴黎召开的一次学术研讨会提交的一篇论述外交礼仪的短文所进一步阐发的总体研究状况。[9]

本书受认可的情况

对统治者的形象进行研究这一想法并不新鲜。罗塞利尼描绘路易十四的电影(1966 年)所反映的一个中心主题就是树立形象问题;当时还就这一问题展开过广泛深入的讨论。1967 年出版了一部关于墨索里尼的书;1978 年出版了一部论述路易十四死后形象的专著;1981 年出版的一部专著论述了当年文学作品所描绘的路易十四形象。[10] 欧文・戈夫曼的《日常生活中的自我表现》(1959 年)出版后,生活(包括政治生活)如戏这一思想即广为传播。人类学研究方面:维克多・特纳从 20 世纪 60 年代开始一直在对他所称之为的“社会戏剧”现象进行研究;克利福德・吉厄兹 1980 年出版的一部专著论述了 19 世纪巴厘岛的“戏剧国家”。[11] 我 20 世纪 70 年代在苏塞克斯大学讲授“路易十四时代的文学和社会”课程时即开始关注统治者的形象问题。我得承认,本书书名中所用的一个关键词“制造”也是受了 1967 年出版的那部关于墨索里尼的书的启发。

20 世纪 90 年代,对统治者的形象进行制造这一想法广受关

注。传媒经常讨论它们自己制造美国总统或英国首相形象的方式方法问题；而这类讨论促使我从传媒制造形象这一角度来审视路易十四。当时选定这一课题（和这一书名），就意味着要在当时正进行的有关文化构成的辩论中表明自己的立场。

在这场辩论中我采取了一种介乎“实证派”和“后现代派”之间的中间立场。一方面，用“制造”这一词语是要强调形象描绘在反映实际经历时所起的作用，从而含蓄地对实证派提出了批评。另一方面，本书明确而详尽地论述了官方形象描绘的缘由，从而又含蓄地对后现代派进行了批评。百战百胜的英雄这一神话与法军在战场上屡次败北这一事实两者出入很大，当时世人皆知：我对此作了特别的论述。这一重要之点早就反映在了小说家威廉·萨克雷所绘的素描（翻印在本书里）中：路易十四戴假发、披皇袍的形象和未戴假发、未披皇袍的形象，栩栩如生，令人难忘。

《制造路易十四》面世后，书评跟踪而至，这中间立场受到了批判——且是来自两派的批判。一些持传统观点的史学家对我十分重视路易十四的形象、并以此写成一部书而不研究他的政策，甚表惊诧。另一方面，一些后现代派学者则对我认为存在着某种未见诸文字记载的重要史实——一个有别于所描绘的形象的真人——这一看法感到不快。我在多伦多作关于路易十四的讲座后进行讨论时，有个人引用德里达的话说：“不存在什么未见诸文字记载的重要史实”。我作答时指出，至少存在着未见诸文字记载的有关路易十四的重要史实：他的尸体下葬数世纪后被挖出，人们对他的遗骸进行了测量；我们从而得知，路易十四个头不高，需要穿上高跟鞋，以在面对公众时显得高大伟岸。

如同书评一样，翻译成他种文字也是一部书受到高度认可的标志。本书至今已有9种翻译版本面世。最早的是1991年即面世的荷兰文版，比英文版早一年。接着是1993年面世的德文版和意大利文版；1994年(在巴西出版)的葡萄牙文版；1995年的法文版和西班牙文版；1996年的瑞典文版；1997年的(繁体字)中文版以及2004年的日文版。毋庸赘言，各国传统文化对译文的表达和读者的反应有着一定程度的影响。

法国的反应就非常微妙，特别是一部外国人写就的书肯定会引起更加微妙的反应。法国色伊出版公司知会我说：法语里没有"fabrication"("制造")这个词(可我在出版物中见过这个词呀!)，建议换个书名，用比较能使路易十四给人们留有好印象的书名《路易十四：战略与荣耀》。而在德国则相反，那儿的出版公司非常乐意将萨克雷那富含讽刺意味的国王画像(素描)印在书的封面上。

当今报刊上在讨论"舆论导向专家们"从事的所谓"舆论导向"问题。这种讨论尤其增加了人们对本书的兴趣。以巴西为例：我在该国就本书所论进行座谈时及演讲后人们提出的问题清楚地表明，有些人将路易十四的制造(或曰自我表现)同费尔南多·科洛尔总统的行为举止挂钩进行了类比。我这会儿不知道本书中译版会不会使人们将路易十四的个人崇拜同毛泽东的个人崇拜进行类比。

比较研究法

给《制造路易十四》换个书名，可以叫做"路易十四的政治戏剧”。政治戏剧的式样依时、依地而异。戏剧表现方式、观众的构成和表演的目的均不相同。因此进行比较应该是可以说明问题的。根据法国史学家马克·布洛赫所言，我们可以区分出两种类型的比较（包括对照）：一类是地域、年代相近的文化之间的比较，另一类是地域、年代相去甚远的文化之间的比较。

先谈一谈第一类的比较。我的学生玛丽亚·戈洛贝娃出版了一部论述对路易十四的死对头利奥波德一世皇帝进行“颂扬”的书。尤塔·舒曼也对利奥波德一世的形象进行了研究，并特别论及了他当时的“传媒策略”。她们都不约而同地拿利奥波德一世与路易十四作了比较和对照，不过大多数情况下并未直接说明，只是偶尔明确地提及两者的异同。[12] 而我应邀参加在哥本哈根举行的那次研讨会使我得以进一步对 17 世纪欧洲存在的三种形式的君主制（抑或至少可说是君主制的三种表现形式）作了比较。我认为路易十四介乎远离公众的西班牙式（路易十四在其回忆录中对之进行了批评）和我称之为斯堪的纳维亚半岛上的君主们（主要是瑞典的古斯塔夫·瓦萨和古斯塔夫二世阿道夫和丹麦的克里斯蒂安四世）的“亲民”式之间。[13]

第二类的比较研究中有两部研究统治者们的礼制的著作特别令我注目，因为我读了这两部著作后换了一个审视路易十四的角度。这两部著作中一部研究的是俄国，一部研究的是日本。

理查德·沃特曼关于俄国历代沙皇（从彼得大帝到尼古拉二世）的礼制两卷本所论述的主要内容是两点：“神话”和“剧情”。沃特曼根据俄国学者（特别是米哈伊尔·巴赫廷和朱里·洛特曼）的文化理论，论述了“沙皇神话”——用一种使人联想到史诗主人公的、理想化的方式对历代沙皇进行描绘。“各人的表演方式”构成了不同的“剧情”——建立王朝、实行开明政治、倡导幸福生活、进行改革等等。18世纪强调的是征服这一“剧情”，而19世纪则根据谦虚谨慎和关注家庭生活这样的“剧情”、以一种比较亲民的方式对亚历山大一世和尼古拉一世进行了描绘。[14]

滕田敬二关于1868年明治维新以后日本国家礼制的专著着重论述了虚构的天皇传说。作者认为，当时“日本统治权贵以前所未有的激情创设、再兴、操纵、支持了国家礼制”，视其为一种将普通民众纳入“民族国家文化”的政策的一个组成部分。特别重要的是天皇登基、婚礼、葬礼、巡游外地时所举行的庆典和游行。滕田认为，这巡游“只不过是以其令人炫目的排场产生影响；而不是因为其传递出了什么神话或思想”。他受了福柯的影响，对“天皇的凝视”进行了论述，指出民众不敢抬头看天皇，但意识到天皇在凝视着他们。[15]

在这第二类的比较研究中，我曾很想研究一下对中国历朝历代皇帝的官方描绘（或曰制造），但1990年前后所收集到的用西方语言撰写的研究著作有限，难以进行具体详尽的分析。也许会有哪位中国史学家愿意从事这一课题的研究！[16]

我在本书中所要做的是：对现代早期和包括20世纪在内的现代晚期作一比较。这种比较和对照使许多史学家感到震惊，但我依然认为这种比较和对照会不断打开人们的眼界。路易十四与20世纪的独裁者们迥然不同，但路易十四时代和20世纪官方描绘统治者时所应用的某些表现方式是相同的。例如：出版物中路易十四的名字要全部用大写字母拼成LOUIS，这可以同意大利法西斯统治时期全部用大写字母将“领袖”一词拼写成 DUCE 进行比较。再有，罗马尼亚的齐奥塞斯库总统同路易十四一样是小矮个儿，因此当他出现在公众场合时个儿高的人得离他远点；这不就像个儿高的“王太子”必须站得离路易十四远点一样吗！

对 17 世纪晚期的政治风格和当今主流政治风格进行比较会更加开阔人们的眼界。路易十四通常认为自己不像西班牙国王那样不易接近，而是容易接近的；但用 20 世纪的标准衡量，他看上去是远离公众的。领导人疏远民众在当今世界的许多地方无疑是某种形式的政治自杀行为。现如今所需要的是用走民间、勤握手、亲小孩等行为制造一种亲昵假象。同样重要的是精力充沛、活力无限和朝气蓬勃的假象。人们常常看到乔治·W.布什像老乔治·布什那样在慢跑健身——至少在电视摄像机前是如此。

政府首脑的穿着打扮也在很大程度上向我们显示出了他执政的风格。用以公开展示的路易十四画像中的形象不是身穿盔甲，就是身披他那加冕皇袍。路易十四穿戴整齐、精心打扮供人画像；而当今的政治首脑电视访谈时则往往穿着随意，不系领带，甚至不穿衬衫(就像巴西前总统科洛尔有时表现的那样)，以显得精力充沛、更形亲近民众。

银幕上的路易十四

我现在还会以同样的方式撰写本书吗？方式基本上还是那个方式，但我肯定是要增加一些细节和评论的。我未能深入论述意大利电影导演罗贝尔托·罗塞利尼及其为法国一电视频道制作的电影《路易十四夺权》(1966年),深感遗憾。所要做的,并非是为死后的路易十四立传扬名,而是对罗塞利尼——他对路易十四及其"美化策略"作出了自己的诠释——这名准历史学家进行论述。别忘了,这位导演曾说过:"电影应该成为同其他手段一样——或许是比其他手段更有价值——的一种撰写历史的手段。"

应邀参加在伦敦和巴黎举行的关于罗塞利尼的研讨会,使我有机会得以弥补这一缺憾。[17]在某些方面,我要批评罗塞利尼,并非是因为他杜撰了一些毫无根据的历史事件——这是导演(犹如小说家那样)所拥有的权利,而是因为他对路易十四朝所作的总体诠释。我认为,罗塞利尼夸大了路易十四的作用,过分拔高了他的形象。为夏尔·戴高乐时代法国电视台对路易十四作这样一种诠释是适宜的,但也太现代化了。路易十四讲出了一些不合时代的话:如"公众舆论"(这是个18世纪才有的词语),抑或热情地说出"我的子民们"这样的话。

我们从屏幕上看到,路易十四的决定好像都是预先规划好的,而不是随机而变的。譬如,罗塞利尼的路易十四宣称"我要入住凡尔赛宫这座君主圣殿",就好像凡尔赛宫奇迹般地一下就成了现在这个样子。凡尔赛宫从一个国王狩猎留宿处变成王室住地,实际上花了20余年(1661—1683年)的时间;这期间计划有过多次重大变动,每次变动就得重建。具有讽刺意味的是:一位喜欢让其演员即兴发挥的导演却不让那位真路易十四也即兴一把、随机一下。

批评意见一条又一条,总括起来就一条:罗塞利尼轻易接受了——抑或有目的地使用了——路易十四《回忆录》中所陈述的神话——控制一切、无所不知和无所不能这样的神话。

然而在一主要之点上，又不能不赞赏罗塞利尼。这主要之点就是他用视觉形象对“权力戏剧”所进行的论述。这位导演在史学家们论述路易十四的自我表现很久以前就论及这一问题了。诚如他在一次访谈时所言：“我的基本思想”是路易十四以其行为举止、穿着打扮和礼仪规范改变了世界。他认为凭外貌执政是路易十四的统治方式。罗塞利尼比写书的史学家们拥有优势，他可以用影像分析形象、可以用动作展示这一分析——马萨林在往自己的脸上搽胭脂，路易十四在设计服装式样。

政治学家皮埃尔·施瓦岑贝格论述政府表演作秀的书认为政治“明星制”的兴起应归诸电视；可非常奇怪的是，他似乎没有看过电影《路易十四夺权》。他没有认识到太阳王也是一位明星。[18]

2006年3月

1 按发表年代先后次序，它们是 Jean-Christian Petitfils, *Louis XIV* (Paris, 1995); David Sturdy, *Louis XIV* (London, 1998); Ian Dunlop, *Louis XIV* (London, 1999); Michel de Decker, *Louis XIV* (Paris, 2000); Geoffrey Treasure, *Louis XIV* (London, 2001); Anthony Levi, *Louis XIV* (London, 2004).

2 David L. Rubin (ed.) *Sun King: the ascendancy of French culture during the reign of Louis XIV* (Washington, 1992).

3 Robert W. Berger, *The Palace of the Sun: the Louvre of Louis XIV* (University Park, PA, 1993); *id.*, *A Royal Passion: Louis XIV as Patron of Architecture* (Cambridge, 1994); Chandra Mukerji, *Territorial Ambitions and the Gardens of Versailles* (Cambridge, 1997); Philippe Beaussant, *Louis XIV artiste* (Paris, 1999).

4 Gérard Sabatier, *Versailles ou la figure du roi* (Paris, 1999); Mathieu Da

Vinha, *Les valets de chambre de Louis XIV* (Paris, 2004); Stanis Perez (ed.) *Journal de Santé de Louis XIV* (Paris, 2004). 佩雷斯还出版了 'Réflexions sur le regard de Louis XIV', *Communications* 75 (2004), 33 – 8, and 'Les brouillons de l'absolutisme: les "mémoires" de Louis XIV en question', *17e siècle* 56 (2004), 25 – 50.

5 Jens Ivo Engels, *Königsbilder. Sprechen, Singen und Schreiben über den französischen König in der ersten Hälfte des achtzehnten Jahrhunderts* (Bonn, 2000).

6 Abby E. Zanger, *Scenes from the Marriage of Louis XIV* (Stanford, 1997); Sara E. Melzer and Kathryn Norberg (eds.) *From the Royal to the Republican Body* (Berkeley, 1998), 特别是赞杰和马克·弗朗科撰写的章节; Michelle Caroly, *Le corps du Roi-Soleil* (Paris, 1990), 152 – 3.

7 赞杰论述(1997), 100 – 110.

8 转引自 Treasure (2001), 190.

9 'La reconstruction des rituels politiques au siècle de Louis XIV, in Yves Deloye, Claudine Haroche et Olivier Ihl (eds.) *Le Protocole ou La mise en forme de l'ordre politique* (Paris-Quebec, 1996), 171 – 83.

10 N. R. Johnson, *Louis XIV and the Age of the Enlightenment: the myth of the sun king from 1715 to 1789* (Oxford, 1978); Nicole Ferrier Caverivière, *L'image de Louis XIV dans la litterature franÇaise de 1660 à 1715* (Paris, 1981); Dino Biondi, *La fabbrica del duce* (Florence, 1967).

11 Victor Turner, *The Drums of Affliction: a study of religious processes among the Ndembu* (Oxford, 1968); id., *Dramas, Fields and Metaphors* (Ithaca, 1974); Clifford Geertz, *Negara* (Princeton, 1980).

12 Maria Goloubeva, *The Glorification of Emperor Leopold I* (Mainz, 2000); Jutta Schumann, *Die andere Sonne: Kaiserbild und Medienstrategien im Zeitalter Kaiser Leopolds I* (Berlin, 2003).

13 Peter Burke, 'State-Making, King-Making and Image-Making from Renaissance to Baroque: Scandinavia in a European Context', *Scandinavi-*

an *Journal of History* 22 (1997),1 – 8.

14 Richard Wortman, *Scenarios of Power: Myth and Ceremony in Russian Monarchy* (2vols., Princeton, 1995 – 2000).

15 Takashi Fujitani, *Splendid Monarchy: Power and Pageantry in Modern Japan* (Berkeley, 1996).

16 我查阅的专题论著中有 Harold L. Kahn, *Monarchy in the Emperor's Eyes: Image and Reality in the Ch'ien-Lung Reign* (Cambridge, Mass., 1971); Jonathan Spence, *Emperor of China: Portrait of K'ang-Hsi* (London, 1974); Ray Huang, *1587, a Year of No Significance* (New Haven, 1981).

17 提交给这些学术会议的一些论文尚未发表,因此我将主要论点归纳如下。

18 Pierre Schwartzenberg, *L'état-spectacle* (Paris, 1977).

献给玛丽亚·卢西娅

人们一眼即看出：那位国王是由假发、高跟鞋和皇袍包装成的……理发师与制鞋匠亦如此这般地造就了我们所顶礼膜拜的神灵。

威廉·萨克雷

目　　录

插图目录

致　谢 xiii

我在研究路易十四的这些年里，得到了许多人的帮助和指点。
我要特别感谢德里克·比尔斯、安东尼亚·贝内德克、罗宾·布里
格斯、伊凡·盖斯凯尔、塞奇·格罗辛斯基、马克·琼斯、玛格丽
特·麦戈文、马杰·诺德曼、贝西·罗萨斯科、阿伦·埃莱尼乌斯
以及欧洲科学基金会“画像、宣传与正统性”研究小组全体成员。
1989—1990 年在柏林举行的科学讲座给了我一个草拟本书的理
想环境；而正值此时，那边的悖时政权正日趋崩溃。我在阿姆斯特
丹、柏林、剑桥、坎皮纳斯、伊萨卡、耶路撒冷、伦敦、隆德、慕尼黑、 1
纽约、牛津、普罗维登斯、东京、乌普萨拉和约克就本书所研究的内
容巡回讲学时，听众们对其中许多问题提出了意见。我也要对他
们深表谢意。对本书上一版的修订工作，我要十分感谢我的妻子
玛丽亚·卢西娅、我在埃马纽埃尔学院的同事亨利·菲利普斯和
1972 年在苏塞克斯大学同我一道讲授“路易十四时代的文学与社
会”课程的彼得·弗朗斯。我还要对耶鲁大学出版社全体人员（特
别是希拉·李）的帮助及其就文字细节和插图细部所作的缜密处
理表示感谢。

1.“最著名的路易十四肖像”。《路易十四画像》，亚森特·里戈绘，油画，1700 年前后。现藏于巴黎卢浮宫。

第一章 路易十四研究 1

对某人或某个特殊人物所怀有的崇敬之情实乃源自想象也。

——帕斯卡尔:《思想录》

法国国王路易十四于 1643 年继承王位,时年 4 岁,1715 年驾崩,在位 72 年。他是本书的主人公。然而本书并非旨在再编一部太阳王传记。这类书籍已出了许许多多,其中不乏上乘之作。[1] 再者,本书所研究的并非是国王这个人,而是他的形象:并非其自我形象(就是他的这自我形象也是重塑了的);[2] 亦非其在后人眼中的形象(已有其他一些书籍探讨过这一问题);[3] 而是其公众形象——集体想象的威望。

本书同作者的其他著作一样,是要为传播学史——形象产生、流传及被认可的过程——的研究添砖加瓦。[4] 本书探究路易十四在其生活时代的形象——他那由石雕、铜铸、绘画,乃至石蜡所造就的形象。本书还论及文学典籍(诗歌、戏剧、史册)及其他诸如芭蕾舞剧、歌剧、宫廷仪式和其他表演形式等表现方式用隐喻手法反映国王观点而生动地表现出的他那"形象"。

法国以及美国、德国和其他国家的艺术、文学、纪念章研究等学科的一些专家学者对路易十四的公众形象已做了大量研究。已

有一批专著论及他的画像和骑马雕像以及反映其统治时期重大事
2 件的纪念章。[5] 已有大批论著专题研究了凡尔赛宫的舞台式装饰——这种装饰在被视同“布景”的同时，还应被视为含有某种“寓意”。[6] 也有著作就路易十四时期法国文学对他的描绘作了全面论述，同时有的著作对某些文学上的描述和当时作家们的适时性谋略作了缜密分析。[7] 还有一些专著论及了路易十四朝的官方撰史人和西班牙王位继承战期间政府的宣传活动。[8] 芭蕾舞剧、歌剧和其他表演形式亦是许多论著研究的对象。[9] 人们心灵中存在的太阳王这一映象一直可追溯至古代社会。[10] 伏尔泰在其名著《路易十四时代》(1751 年)中几乎没有论及艺术与政治之间的关系，然而近一二百年来有人对其进行了精深的研究；他们中的佼佼者当数奥古斯塔·迪尔克(这位女士视自己为乔治·艾略特书中人物多萝西娅的原型，是有些道理的)和欧内斯特·拉维斯(他在其所处时代知识界中的地位，使他得以洞悉 300 年前的状况)。[11]

就我所知，当今尚未有人全面探究过路易十四当年被描绘的形象。诚如一位研究皇家礼制的史学家数年前所言：“对太阳王的崇拜……尚未得到应有的全面研究。”[12] 法国国内外对路易十四的负面看法也只有零零星星的研究。[13]

本书旨在对路易十四国王的形象进行一次总体考察。路易十四本人及其大臣们均对整个传播体系感兴趣；我们要以他们为榜样，将被不同学科分割开来的研究课题整合起来。[14] 我拟分析路易十四的种种形象，以揭示他在自己那个时代的公众形象。然而，这一分析并非纯技术性的分析。本书旨在进行艺术与权力之间关系的个案研究，特别是“树立伟人”的个案研究。[15] 因此，第十二章中所作的对照和比较就成了本书的重中之重。

路易十四显然是作这一个案研究的最佳人选，其理由不止一两个。国王本人及其谋臣们非常顾及国王的形象。国王除用于种种礼仪活动的时间外，还必须花费许多时间摆好种种姿势让人给他画像。对这些画像的审查极其严格。有幅国王征战在佛兰德的画像草图上的评注指出："画中国王必须是高举手杖，扶倚着不行。"[16]这充分表明了审查的严格程度。路易十四极其幸运，有一 3
大批艺术家、作家和作曲家为他效劳。他树立形象的作为堪为其他君王之楷模。而他所树立的形象亦极其详尽地记录在册。尚留存有数百件绘有国王形象的画像、铸有国王形象的纪念章和刻有国王形象的版画。现存的凡尔赛宫式样，使我们得以想象其在路易十四时代的景况。最最不寻常的是：尚保存有许多机密文件——从私人信函到委员会议事录。这使我们得以一窥那些用各种表现方式树立国王形象的意图和方法。[17]

将种种表现方式作一整体考察的主要好处，在于这一看问题的角度使得事物发展变化的脉络更为清晰。如果路易十四的形象在其长达 72 年(包括 54 年的所谓"亲政")的统治时期没有任何变化，那委实是不可思议的。最早的几幅画像显示他是襁褓中的婴儿；最晚的一幅画像描绘他是个坐轮椅的老人。从最早的几幅画像面世到最晚的一幅画像面世期间，他在纪念章和钱币上的侧面像变化了好多次。在此期间，确定颂扬国王的新法规出台了一个又一个，艺术家和朝臣们换了一茬又一茬，胜利和失败相继发生过一次又一次。

精确的编年方法的好处之一，在于可以揭示出不同表现形式是同时发生了变化的呢（这表明存在着一种高度的中央控制体制），还是遵循着其自身的发展规律（这表明艺术是相对独立自主的）？遗憾的是难以精确地按年代排列出顺序来。国王的形象一直在变。例如，路易十四在位期间，较晚时期冲制出的新纪念章是为了纪念或重新说明较早时期发生的事件。因此，我们必须考虑到存在着两种时间——一种可称之为“纪念章上显示的时间”，一种是事件发生的时间。[18]必须对凡尔赛宫的大画廊*进行两方面的研究：一方面它是对较早时候（1661 年，抑或 1672 年）发生的事件的描绘，一方面其自身又是个 17 世纪 80 年代发生的文化事件。

因此，看到史学家们通常都确认历史上路易十四的形象有过多次变化，但在变化的时间上又各执一词，也就丝毫不令人感到意外了。一些人强调 1670 年前后国王不再在宫廷芭蕾舞剧中扮演角色，也很少自喻为亚历山大大帝了。[19]另外一些人则提出充分理由认为 1674 年是庆典用语开始改变的时间，而 1677 年对国王的崇拜则到了登峰造极的地步。[20]人们经常强调 1679 年具有重要意义，因为这一年大画廊没有展出以神话为题材的画作，展出的是以史实为题材的画作。[21]而其他学者则强调 1682—1683 年，因为这
4 一时期盛大庆典少了，王宫迁至凡尔赛宫；他们中有人强调 1685—1686 年，因为这时决定要在全法国的公共广场上竖立路易十四的雕像。[22]我相信，本书下列各章节中所汇集的资料足以使读者们得出各自的结论了。

这类研究无疑是种时代产物。早在 1912 年，路易十四的“颂

* 今通称“镜厅”。——译者

扬业”就使一位法国学者联想到了当代的广告业。[23] 20 世纪末叶，理查德·尼克松、玛格丽特·撒切尔等国家领导人都将其形象交由广告代理公司负责策划；这表明路易十四的“颂扬业”与当代广告业之间的相似处就更明显了。[24]用现今时髦的说法，我所关注的是“推销路易十四”，是对这位君主的包装，是意识形态、宣传活动和操纵舆论。

很明显，存在着一种年代错置的危险。我不想将颂扬路易十四的人等同于称赞萨希兄弟*的人。人们可能会认为，使用推销这一词语时空错置了；其实不然，与国王个人关系密切的圣西蒙公爵曾经明确地说过，没有人像路易十四那样知道“如何推销自己的言辞、自己的微笑、乃至自己的眼神”。然而，17 世纪的文化大大有别于我们当今的文化；而这些区别又必然反映在统治者们的形象上。

用另外一种现代说法，可称本书是对树立路易十四而进行的“宣传”活动、对力图左右（或曰操纵）“舆论”以及对“意识形态”（意即“确认统治有理的手段”）的研究。[25]这三个概念——宣传、舆论和意识形态——均未见诸 17 世纪。罗马的“传道总会”是个负责“传教”的委员会，并非政治意义上的“宣传”委员会。现代的宣传概念在 18 世纪末叶才出现；当时人们将拥护法国大革命的人所使用的宣传方式比之于基督教劝人皈依的做法。[26]史学家们最好是不断探求特定时空里所不存在的这些概念；这些特定的不存在的概念肯定很重要。

这些特定的概念虽然不存在，但并不表明 17 世纪的观众和听

* 查尔斯·萨希和莫里斯·萨希，伊拉克裔英国人，广告代理商。——译者

众没有意识到宣传，甚或操纵这样的图谋。鉴于当时对精英们的教育着重于修辞学，他们可能比当今我们中的大多数人对宣传的方式更加注重。[27]如果从广义上来理解宣传这一词语(例如，理解为“力图传播社会、政治价值”)，就很难反对将其用之于17世纪了。[28]然而，将这样的一种研究称之为是对宣传路易十四所作的分
5 析，其本身就存在着风险。这风险就在于促使作者和读者认为描绘国王的诗歌、绘画和雕像只不过是种宣传图谋，而不是(例如)国王权力的体现以及其臣民们(至少是一些臣民)对之表示忠顺的体现。诚如古代史研究者保罗·韦纳最近所言，有些创作出的艺术品是为了永世长存，而不是为了让人观看的。譬如，图拉真记功柱上的浮雕从地面往上看是看不见的。[29]

比较确切的说法应该是，描绘路易十四旨在增添其荣耀。那个时代的文字使我们毫不怀疑名誉(或曰荣耀)对统治者和贵族的重要性。当时有部词典对荣耀和赞誉这两个词下的定义是不同的：“赞誉是由个别人表达的，而荣耀则是世人普遍认可的”。[30]荣耀是当时的一个关键词。[31]路易十四在其《回忆录》中着重强调了荣耀的重要性。[32]斯居代里小姐因为发表了一篇阐述这一问题的论文，从而荣获了一枚法兰西学院颁发的奖章。[33]形象化的荣耀表现在戏剧中、芭蕾舞剧中和公共纪念建筑物上。凡尔赛宫的花园里有座“荣耀喷泉”。

人们通常也注意到：华丽在17世纪有种政治功能。华丽使得路易十四光彩照人。光彩照人是当时的另一关键词；光彩照人的形象犹如一道闪电、一声霹雳，总是那么令人意想不到、令人难以忘怀。华丽令人难以忘怀，犹如留在蜡块上的印记那样给参观者

留下了“印象”。

因此科尔贝尔声称，卢浮宫给全世界的人们留下了深刻的印象，令其心生崇敬之情。[34]“全世界的人们”一语很可能系指全欧的人们，而不仅仅只是法国人。后来路易十四（抑或更确切地说，他的一位大臣）对王太子解释道：庆典活动使他的臣民们愉悦，给外国人留下“一种极其深刻的印象，向其显示华丽、权力、财富和威严”。[35]波舒哀在其论述政治的专著中使用了类似的语言；他说国王的宫殿要“金碧辉煌，宏伟华丽”，“使人们尊敬他”。[36]路易十四统治时期长大成人的社会学理论家孟德斯鸠表达了类似的看法：“国王们所显示出的华丽和光彩是其权力的组成部分”。[37]

17 世纪人们对艺术与权力之间关系的看法可谓是林林总总， 6
大致分为两大类：一类是一些作者——他们中有撰写颂诗赞美国王的诗人、有描绘国王战胜敌人的撰史人和记述凡尔赛宫内装饰的学者——看来好像是对国王的形象深信不疑。他们认为雕像及其他纪念物是“教导民众”的手段，促使他们崇敬、顺从其君主。[38]

另一类是一些评论家、道德家和讽刺家——他们认为赞美国王完全是一批自私自利、趋炎附势的谄媚者们演出的一场愚弄公众的鬼把戏。路易十三时期，枢机主教黎塞留的一名雇用文人说过：对君主说来，“华丽的辞藻”是“诱惑民众”、“以假象蒙骗他们”、“牵着他们的鼻子走”的一种手段。[39]批评路易十四的人们同样也高频率地使用了当时的另一关键词“娱乐”；“娱乐”这一概念具有两重含义：“消遣”和“分心”。他们认为，举办庆典活动和演出活动——比如，古罗马竞技场的竞技活动——的目的在于转移民众对政治的注意力；拉布吕耶尔就此曾形象地说道：其目的在于使民众昏昏入睡。[40]

17世纪的这类概念无疑有助于对路易十四朝的认识。我们不能无视这类概念。从另一方面来说，20世纪的史学家为20世纪的读者著书立说时也不能无视当代的概念——无论是政治学、社会人类学，抑或是社会心理学方面的概念。我在撰写有关历史的著作时首先要做的，是协和当代的文化与历史上的文化，在当代的概念与历史上的概念之间进行对比找出共通点，用当代的语言诠释历史上的语言。“宣传”是个使用率极高的当代概念，此外还有其他一些类似的概念。

比如，将本书看作是对有关路易十四的神话所作的研究，可能是恰当的。[41]由于路易十四经常被比作古典神话中的神灵和半神半人的勇士（诸如阿波罗、赫拉克勒斯），这一看法似乎是合适的。然而，可以在一种更为宽泛、更易引起争议的含义上使用“神话”这一词语。我们可以说，神话是种具有象征意义（诸如善胜恶败）的故事；故事中的人物——无论是英雄还是反面角色——都被描绘成极富传奇色彩。特定的故事由原始意象和关键时刻——换句话说，由传统形象及特定的个人和事件——编织而成。[42]

7 有关路易十四的神话之一是，说他无所不知、战无不胜、神人一般等等。他是个理想的君主，又身处黄金时代复兴时期。诗人和撰史人将他描绘成“英雄”，将他的统治时期描绘成——用拉辛的话说——“创造出一个又一个奇迹的时期”。[43]他那公众形象并非仅仅是赢得人们的嘉许，而是具有一种神圣性。

史学专家们往往将“神话”这一词语用来意指“一种不真实的

故事”(他们认为自己叙述的故事与之截然不同)。然而我所关注的,并非是不同于神话般的路易十四的那个“真实的”路易十四。正相反,我所感兴趣的正是这神话的真实性,亦即其对除传媒之外的众人——外国人、路易十四的臣民们、特别是国王本人——的影响。“神话”这一词语还会提醒我们:艺术家和作家们并非仅仅是呈现国王的静态形象,而是用绘画、挂毯图案、纪念章、版画以及官方史册等表现手段尽全力编缀故事——他们称之为“国王演义”。这种动感与场景感的结合,使我们可以起用路易十四的“戏剧”这一概念了。

我要进一步谈谈太阳王的“戏剧国家”。“戏剧国家”这一概念是十年前美国人类学家克利福德·吉厄兹在其关于19世纪巴厘岛的力作中提出的。[44]这一用语无疑会引起路易十四同时代人的兴趣;他们当时就惯于视世界为舞台了。路易十四本人有时也使用这一比喻说法。圣西蒙公爵在其描述宫廷时曾一次次使用诸如“喜剧”和“场景”这样的词语。[45]国王驾崩时,不止一次地布道说他的一生如同一大“场景”。[46]

礼仪尤其要被看作是必须上演的一种戏剧;其目的在于激起民众的顺从心。德国学者J.C.吕尼格1719—1720年出版了一部全面论述公共庆典的著作;他称礼仪为“庆典式的戏剧”,并说这种戏剧是必要的,因为“形象化的印象在平民百姓中……要比用以启智讲理的语言具有更大的影响力”。路易十四的回忆录表明了类似的看法。[47]当代政治学对礼仪重要性的分析依然遵循着这一说法。[48]

我将在下列各章节中着重从戏剧表演这一视角考察问题,特

别要引用社会人类学家欧文·戈夫曼的著作。戈夫曼强调表
8 演——他称之为日常生活中的“自我表现”——的重要性、“把握印象”的艺术、“前台”和“后台”的不同、“布景”和“道具”的作用等等。[49]

所有这些当代词语在研究路易十四时都有用。例如，凡尔赛宫是国王用以展示其权力的布景。觐见君主是受严格控制的，要走过一个又一个的舞台。觐见者通过外院进入内院，登上台阶，在候见室等候等等，而后才得以见上国王一面。

戈夫曼的语言决不会使像拉罗什富科和圣西蒙这样一些与国王同时代的人感到惊诧。例如，圣西蒙就经常使用“背后”这一词语，意指宫中“幕后”场所。路易十四有时被说成是一生一世生活在公共场所。从某种意义上说，的确是这样：一直有人注视着他，至少是他的贴身男仆一直不离他的左右。然而他有些政治的和非政治的活动是不那么公开的。他与情妇们的关系——如娶曼特农夫人为妻——就发生在后台。这些关系即使世人皆知，官方传媒也从不谈及。这些关系必须由种种源自非官方的信息——包括私人信函，乃至一名国王贴身男仆的记事录（可惜他 1653 年即失宠，其记事录也就到此为止了）——另行组合重现。[50]

本书还使用戏剧方面的另一词语：“representation”。[51]这一词语具有多种含义，其中一个主要的意思就是“表演”。专门研究寓意画、戏剧演出以及其他象征性表现形式的耶稣会士梅内斯特里埃 1681 年出版过一部论及音乐“演出”的书。路易十四第一次看到当时才 11 岁的勃艮第公爵夫人时，就对曼特农夫人说：她到时候来宫廷这一舞台表演的话，一定会风度优美、妩媚动人。[52]当时

的一部辞典中记载着“representation”的另一释义:“令人忆及并怀念的不在现场者的形象”。[53]

“represent”还含有“代表某人”的意思。根据这层意思,使节、总督和地方行政长官均代表着路易十四。1672年国王率军出征时,王后代表他执政。御前秘书不仅受权模仿国王的签名,还受权模仿国王的笔迹(不过这与“representation”一词的含义稍有不同)。[54]就连路易十四的情书也是他人代笔的(丹饶侯爵曾一度代 9
行此事)。国王回忆录中他人代笔书写的文字和国王本人书写的文字比较起来差异颇大——然而十分令人啼笑皆非的是,国王本人所写的文字和这部《回忆录》的其他文字全都是一名御前秘书代笔的。[55]

无生命的物体也代表着国王。引人注目的是当时的钱币;钱币上有国王的肖像,有时还有他的名字(1金路易约值15里弗尔)。他的盾形徽章和他的个人标志——太阳,也代表着他。他的床铺和餐桌代表着他——即使他不在亦然。例如,在放着国王餐桌的房间里,人们是禁止戴帽子的。[56]

国王最重要的无生命的代表是他的那些画像。人们认为,艺术家夏尔·勒布朗为国王绘制的一幅画像表现出了“其所有的高贵品质,忠实地反映出了真情实况”。[57]国王的画像也被视为其本人的代表。例如,里戈绘制的那幅著名的国王画像(插图1),在国王外出时就在凡尔赛宫的觐见室代表国王。背朝此画犹如背朝国王,视为大不敬。[58]各省举行庆典时,国王画像就主位,以向国王表示敬意。[59]国王画像甚至会如同圣像那样被人们举着参加宗教游行。[60]因此,国王有时被说成是圣路易,就似乎不那么太离谱了。

路易十四有意识地扮演着国王的角色,因此人们完全可以认为:他在进行表演。17 世纪 70 年代造访宫廷的一位意大利贵族写有访问记事录,从中可以看出路易十四的自我意识,还可以看出宫廷中“前台”和“后台”的区别。“私下里”——换句话说,“在其寝宫里”——由其少数侍臣围侍左右时,路易十四就放下架子不那么庄重了;而房门一开,“他就立即改变其姿态和表情,就像是要登上舞台一样。”[61]

宫廷神父雅克-贝尼涅·波舒哀及其他政治理论家们指出,路易十四还代表上帝。统治者们是上帝的“活形象”、“上帝最高权力的代表”。[62]

我们也可以说,路易十四代表着国家。当时有位不那么出名的政治理论家断言:国王是“代表整个国家的人”。路易十四自然
10 也就因据说是他说的那则隽语“朕即国家”而声名远播了。他虽然没有说过这句话,但至少是容许其御前秘书们以他的名义写下过:“我在胸怀国家时,就是在为我自己力拼”。[63]王朝的朋友和敌人都持有与这一说法相同的观点。波舒哀断言“整个国家皆属于他”,而有本新教宣传手册则埋怨道:“国王已取代了国家”。[64]

然而,代表国家并非等同于国家。波舒哀提醒国王:陛下有死期,而其国家则永生。据说,路易十四临终前曾说过:“我行将撒手人间,但国家将无我永世长存”。[65]不要照字眼死抠他那著名的隽语了。

“代表”这一词语的可取之处,在于其不仅可指国王的画像及文字所描绘的其形象——即出现在传媒上的形象,或者说是传媒所描绘的形象,而且还指被认可的形象——即集体想象的路易十四形象，抑或如法国史学家和人类学家们所说，是当时的“集体形象”。“集体形象”这一说法不可取，至少在英语里是如此；之所以不可取，在于其可能会被理解为每个人都认定同一个国王形象，甚至可能会表明的确存在着“集体想象”——套用荣格的“集体无意识”之说——这样的事。为了避免发生这些误会，我为本书选用了一个独特的书名。

我将本书定名为“制造路易十四”，并非要像1792年革命者们拆毁他的雕像那样来摧毁他在人们心目中的传统形象、破坏他的信誉。我一直认为路易十四是个相当称职——国王回忆录中称之为“国王的职业”——的国王。他并不像当时人们说的那样独断专行，但的确独断过那么几回。路易十四决不是一位“虚设的国王”——17世纪一些理论家称软弱的君主为“虚设的国王”。使用“制造”一词，并非要说路易十四是人为树立起来的、而其他人则是自身禀赋使然。戈夫曼非常睿智地指出：从某种意义上说来，我们所有的人都在自我塑造。路易十四的与众不同，仅在于自我塑造时得到了他人的帮助。

之所以选用这一书名，还有两个明显的理由。[66]首先，“制造”是个具有加工过程这一含义的用词；我拟集中研究半个多世纪里 11
形象树立的过程。由于有遗物——凡尔赛宫和圣西蒙的回忆录——存在，我们现今十分清楚国王暮年时的形象，对其年轻时的形象则不甚了了。“制造”这一词语同本书按年代顺序排列的研究方法一样，可能有助于表达出一种发展概念。基于这同一个原因，论述起一些真实事件（诸如1672年跨越莱茵河、1685年废止南特敕令）——由于以不同艺术表现形式对之不断进行描绘——而逐

渐“神话化”起来,可能会很有说服力。我们称之为“钦定本”的国王传奇是不断修订的产物。

其次,不用“制造形象”而用“制造路易十四”这一说法,是要点明传媒对世界影响的重要性、所谓“树立伟人”的重要性和所谓“使用象征性手法树立权威”的重要性。[67]大多数与国王生活在同一时代的人们视他为神。人们相信:只要他用手施以那“国王触摸”,就能治愈身患皮肤疾病者。[68]他是个具有神授超凡能力的人,不管从什么意义上说都是这样:从他登基时受涂圣油——象征着接受上帝的恩惠——这一始称王的意义上说是这样,从具有绝对权威的领袖人物这一现代意义上说也是这样。然而这一神授超凡能力是要不断巩固加强的。这就是路易十四在其凡尔赛宫内的舞台上进行表演的主要目的,也是国王在传媒上一再表演的目的。

概要地说:本书之所以采用这一方法,是由于某种程度上否定了两个关于统治者及其形象的相互对立的观点——我们可以称之为“悲观怀疑”观和“深信无疑”观。诚如我们所知,悲观怀疑观——17世纪有人支持这一观点——认为国王的形象显得自负、妄自尊大、自我崇拜,对之不屑一顾;又说国王的形象是那些一心想往上爬的朝臣们一味讨好奉承的产物;还以现代传播学的分析方式指称国王的形象是传媒专家们——他们并不相信自己的所作所为——制造的“假事件”、“故意隐瞒有损”国王形象的“事件”的好例子。根据这一观点,那个时期当局认可的艺术和文学作品应该被判读为“意识形态”的一种形式,应该被说成是为了左右读者、听众和参观者的一系列骗局。[69]

关于树立形象的相反观点则认为:应该严肃认真地对待树立

形象一事，因为这事是种心理需求的反应，如果一定要用“意识形态”这一词语的话，那就得给其重新下一定义：意即对每个人所具有的象征力——他们也许意识到了这种象征力，也许没有意识到这种象征力。根据这一观点，对某位国王的赞颂是对其所承袭的角色表示敬意，而不是对某一个人奉承讨好。中央集权制的国家需要有个处于中心地位的象征。统治者及其官署——通常被视为宇宙的化身——对全国其他地方而言，是个神圣的、“具有代表性的”中心。[70]

克利福德·吉厄兹在其研究19世纪的巴厘岛一书中进一步阐发了这一观点。吉厄兹指出，巴厘岛上的国家不那么操心治理的事，“对治理的事不感兴趣、敷衍了事”，反而注重“表演、仪式、公开展示巴厘岛文化中最令人困扰的内容：社会不平等和位高权重者的自豪感。国家是个戏剧国家，国王和贵族是演员，祭司是导演，农民是配角、舞台工作人员和观众。”吉厄兹因而批评悲观怀疑观看问题太简单，并认为宫廷礼仪不是一种手段，更不是什么骗局，实际上是目的。“权力用以尽情炫耀，而不是炫耀用以尽显权力。”[71]

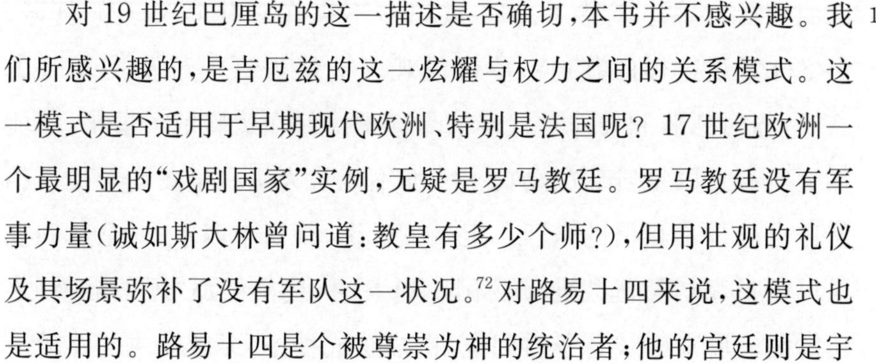

对19世纪巴厘岛的这一描述是否确切，本书并不感兴趣。我 12
们所感兴趣的，是吉厄兹的这一炫耀与权力之间的关系模式。这一模式是否适用于早期现代欧洲、特别是法国呢？17世纪欧洲一个最明显的“戏剧国家”实例，无疑是罗马教廷。罗马教廷没有军事力量（诚如斯大林曾问道：教皇有多少个师？），但用壮观的礼仪及其场景弥补了没有军队这一状况。[72]对路易十四来说，这模式也是适用的。路易十四是个被尊崇为神的统治者；他的宫廷则是宇

宙的化身。这就是为什么常常将国王比作朱庇特、阿波罗和太阳的缘由。

比较一下，我们即可确定：上述两个相互对立的观点各自强调了某些深刻见解，对其他见解则不予考虑。悲观怀疑论者看问题的确过于简单，他们拒不考虑神话、礼仪和崇拜是种心理需求的反应这一事实。他们不假思索想当然地认为：历史上的统治阶级与当今的他们自己一样，都怀疑人的动机、不相信世间有真诚。另一方面，相反的观点也同样不假思索想当然地认为：特定的社会里人人都相信有关这个社会的神话。这一观点毫不正视弄虚作假、操纵控制的具体事例。

对路易十四说来，两种观点也各有其深刻见解。一方面，我要同意悲观怀疑论者们的观点：即路易十四并不像被描绘的那样是个非凡的君主。下文要提及的实证清楚表明：政府有时力图误导公众，洗劫海德堡时如此，布莱尼姆战役惨败时亦如此。说一些朝臣以及一些文人野心勃勃、为了自己的仕途和前程竭力赞颂路易十四，也还是可信的。

但着力用真诚、真心实意这样的概念来分析路易十四及其朝
13 臣们的行为举止就错了。17 世纪并不存在现代意义上的真诚。像恪守礼仪这样的其他一些价值观念被认为更加重要。[73]不管怎么说，当时的体制并非是仅仅依靠奉承讨好在运转的。看来，不能怀疑所有对国王赞颂的动机——即不能认为是在试图劝导他人相信连自己也不相信的东西。至少可以说，路易十四本人、宫廷和乡村可能是相信被理想化了的国王形象的，是相信那“国王触摸”之功效的。脱离时代背景看问题，被描绘成神圣、无敌君主的路易十

四形象似乎就完全是个妄自尊大的实例了。然而我们必须学会联系时代背景看问题,将其视之为集体创造——至少在某种程度上将其视之为对需求(虽然公众并未完全意识到自己需求什么)的反应。这种用形象维护权力的做法,对一些无意识能力的人具有更大威力。

上述两种观点因而都有其实用价值。两种观点之间的对立也可以说是有益的。如果能够化解对立、消除矛盾、相互融合,即可得出下述结论:国王及其朝臣们完全知道用象征性的符号这一方法能够控制民众。他们中的大多数人毕竟都受过修辞学教育。而他们控制他人的目的自然就取决于他们那个时代的文化宝库了。目的和方法都是历史学的组成部分,本书将讲述其中的一些详情。

我拟在下列各章中将编年法与分析法结合起来进行研究。将在专题研讨当时的艺术表现方式及其在国内外的反应的各章节间,穿插着叙述 70 余年里对国王形象的制造历程。分析结束时,我拟站在旁观者的立场,对他的公众形象与 17 世纪里其他君主的公众形象进行比较,并将其放到历史上众多统治者的形象里进行考察对比,以求客观地认识路易十四。

本论著的目的可以用我们时代的传媒分析家们遵循的一条定则来加以概括:即力图揭示谁在说路易十四、在说些什么、在对谁说、通过什么信息渠道和电码系统在说、在什么场合说、说的意图是什么、说的影响如何。[74]下一章将论及信息渠道和电码系统——换句话说,将论及宣传媒介。

2."小路易",《让·瓦兰向小路易呈献其纪念章》,无名氏绘,1648年前后。现藏于巴黎钱币博物馆。

第二章　宣传 15

将颂扬把握得恰到好处，是种高超的技艺。

——布乌尔

本章对路易十四的众多形象作一简要叙述——抑或确切地说，作一铺排，着重述说反复出现的主题、图案和套话。然而诚如传播理论家们通常所说，难以将信息同提供信息的传媒分割开来。文学评论家们持有类似的观点：即难以将内容同形式分割开来，必须认清体裁及其惯用手法。因此，在对国王进行综合描绘之前，得先探讨一下传媒和体裁问题。

传　　媒

自德国评论家莱辛 1766 年发表了那篇评论拉奥孔雕像的文章以来，评论家们往往强调各种艺术传媒*自身的特殊性。然而路易十四时代如同文艺复兴时期那样，比较强调各种艺术——从诗歌到绘画——之间的相似之处。[1] 不同的艺术传媒以相似的方

* 艺术表现形式。——译者

法描述着国王一生中的一些生活片断实况。绘画与雕像相互仿效，表现国王的骑马形象；用浅浮雕复制纪念章；以对绘画进行论述的方式表达对国王的赞扬——最著名者当推费利比安 1663 年撰写的《国王之画像》了；该书旨在论述勒布朗的一幅画作。[2]

就这些艺术传媒而言，难以确定是生动的形象画面启发了书籍还是书籍启发了画面。然而确凿无疑的重要之点在于，它们是
16 相互影响而又相互补充的。例如，象征胜利的形象不仅出现在纪念章、雕像和绘画上，而且出现在诸如高乃依的《金羊毛勋章》（1660 年）这样的戏剧里。为国王得胜回朝而临时搭建的凯旋门与在巴黎等地用石头建造的凯旋门彼此相像。胜利广场上的路易十四雕像四周所刻的浮雕模拟自他在位时期的一些纪念章，而也冲制了一枚纪念章用以纪念雕像的落成。版画制版仿制自纪念章和纪念建筑物。现存有许多对国王及其活动的艺术表现形式进行论述的文章。

路易十四的视觉形象见诸绘画作品、青铜制品、石料制品、挂毯（并鲜见诸蜡笔画作品、搪瓷制品、木料制品、赤陶制品以及蜡制品）。这些形象多种多样，从幼年稚子像（插图 2）到亚森特・里戈所绘著名画作中的苍老庄重像（见插图 1），各个年龄段的都有。以当时的标准而言，国王的铜像和肖像画的总量——其中逾 300 件尚存——非常可观。[3] 国王的版画形象亦为数众多，法国国家图书馆至今尚保存有近 700 幅。有些工程——诸如胜利广场上的路易十四直立铜像、路易大帝广场上的路易十四骑马铜像——规模宏大，马肚里可坐 20 个人同时用餐——铜像在安装时，还真有 20 个人在马肚里同时用餐的事。

有时将一些形象组合成一则故事。当时的一个独特现象是成系列地描绘路易十四的作品数量众多。勒布朗绘制了一组有名的系列画——通常称之为“国王演义”，描绘了路易十四登基至17世纪70年代的一些重大事件。修辞学家们称之为“传记”。挂毯选材复制了这一“传记”；版画也模拟这一“传记”。为纪念路易十四朝的重大事件而冲制的纪念章(300余款，又一少有的高产产品)成了版画模拟的范本。这些版画以国王“纪念章史”为书名辑录出版。所谓的“皇家年鉴”的扉画均为版画，而每年描绘的重大事件均不相同；这些扉画有时也被称之为“国王演义”。

能够机械进行复制的传媒之重要性，值得重视。复制品大大增加了国王被人们见到的机会。纪念章冲制花费较多，只能复制数百枚。而“印刷品”(木版画、蚀刻画、铜版印画、钢版印画以及网线铜版印画)则比较便宜。这些印刷品成千上万地复制出来，从而可以使更多的人看到路易十四、知道关于他的消息。[4]

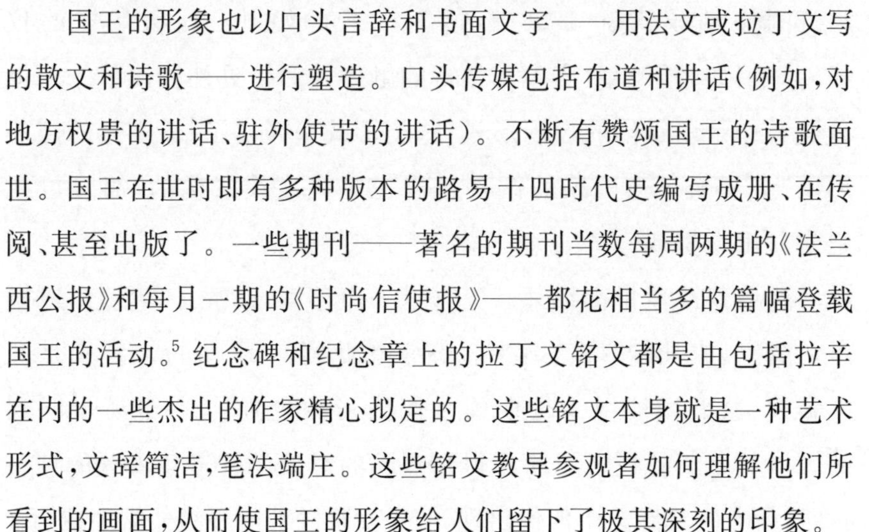

国王的形象也以口头言辞和书面文字——用法文或拉丁文写 17
的散文和诗歌——进行塑造。口头传媒包括布道和讲话(例如，对地方权贵的讲话、驻外使节的讲话)。不断有赞颂国王的诗歌面世。国王在世时即有多种版本的路易十四时代史编写成册、在传阅、甚至出版了。一些期刊——著名的期刊当数每周两期的《法兰西公报》和每月一期的《时尚信使报》——都花相当多的篇幅登载国王的活动。[5] 纪念碑和纪念章上的拉丁文铭文都是由包括拉辛在内的一些杰出的作家精心拟定的。这些铭文本身就是一种艺术形式，文辞简洁，笔法端庄。这些铭文教导参观者如何理解他们所看到的画面，从而使国王的形象给人们留下了极其深刻的印象。

还有多媒体的表现形式，文字、形象、情节和音乐混成一体。莫里哀和拉辛的戏剧经常在有芭蕾舞剧的歌舞晚会上演出。1670年的一期《法兰西公报》称当时演出的《市民绅士》为一出“掺杂着喜剧”的芭蕾舞剧。宫廷芭蕾舞剧并非现代意义上的芭蕾，而是更像假面剧那样的东西，换句话说，是一种成系列的片段式戏剧表演形式，诗人们（像伊萨克·邦塞拉德等）、作曲家们、编舞家们和艺术家们均参与其事，共同进行创作。[6]17世纪七八十年代，让－巴蒂斯特·吕里和菲利普·基诺勉力用一种混合的音乐剧形式——歌剧——取芭蕾舞剧而代之。芭蕾舞剧和歌剧——特别是在其开场诗——中的抒情诗通常赞颂国王的活动。[7] 戏剧、芭蕾舞剧和歌剧往往在较盛大的节日期间上演；这类节日又可能被安排来颂扬某一重大事件——例如，1674年凡尔赛宫举行的“娱乐活动”，用以庆祝对弗朗什－孔泰地区的占领。[8]

特殊的（换个词说，非常规的）仪式——诸如1654年国王登基举行的涂油仪式和1660年国王举行的婚礼——和常规的仪式——诸如为了治愈病人而举行的触摸礼和接见外国使节——也可被看作是多媒体的表现形式；这类形式呈现出了“活生生的国王形象”。[9] 甚至就连国王的饮食起居也是高度仪式化的，简直可视之为一出微型戏。

这些仪式通常都在某一王宫——卢浮宫，或圣日耳曼宫，或枫丹白露宫，或凡尔赛宫（后来就经常在此宫）——举行。特别是凡尔赛宫：这里可被视为长期展示国王形象的地方。[10] 路易十四到
18 处——甚至天花板上——看得到自己的影像。1706年安置的钟一报时，就有一尊路易十四像出现，荣誉女神随即下界给他戴上桂冠。

一座王宫并非仅仅是其组成部分的总和，也是其主人的象征、其主人个性的伸延、其主人自我表现的手段（插图 3）。我们将在下文中获悉，科尔贝尔曾批评意大利雕塑家、建筑师乔瓦尼·洛伦索·贝尔尼尼所设计的卢浮宫，说他的设计不相宜、不适用；然而就是科尔贝尔也主张要有个“配得上君主的外观”。[11] 特别是凡尔赛宫：该宫成了国王的形象工程，他悉心监督了该宫的建造。凡尔赛宫不仅是演出的舞台，其本身就是上演的作品所描绘的对象，诸如吕里的《凡尔赛宫的洞穴》（1668 年）、拉朗德和莫雷尔的《凡尔赛宫的喷泉》（1683 年）和菲利多尔的《凡尔赛宫的水池》（1687 年）。官方印刷并分送凡尔赛宫版画，用以加大对国王赞颂的力度。

3. “太阳王宫殿”，大理石庭院，凡尔赛宫。

体　　裁

形象并不像看上去那么易于理解；我们与 17 世纪时隔已久，当年的形象制造者与我们这些当今的观赏者之间的文化差异委实
19 使我们难以作出确切的阐释。要想弥合这一文化差异，只有多多研读当时对这些形象的描述方为上策。有些描述可在当时的凡尔赛宫指南中找到，这些指南如同纪念碑和纪念章上的铭文那样，都是用来影响参观者们的认识的。[12]诚如我们所见，对国王画像的描述皆出自诗人和史学家之手。

为了不致误判路易十四的形象，我们不仅要研究传媒，还要研究不同的体裁及其功能。每种体裁有其自身的惯用技巧和套路。参观者和听众们（或其中一部分人）通晓这类已使他们的企盼和见解定型了的技巧和套路。17 世纪的公众不像那些认为程式化的东西违反自主性而对之加以排斥的后浪漫主义时代的参观者和听众，对老套子和程式似乎并不加以反对。[13]

至于这形象的功能，一般说来，并非要提供一幅供人识别的国王容貌写真图，亦非要对国王的活动作一如实的叙述，其目的正好相反，在于颂扬路易十四、赞美路易十四，换句话说，在于使参观者、听众和读者们相信路易十四的伟大。为达此目的，艺术家和作家们动用一系列有着悠久传统的表现胜利的艺术形式。

例如，国王入城时通常效仿罗马人凯旋的形式。对 1660 年路易十四及其王后进入巴黎所作的记述定的题名就是“凯旋入城”[14]（插图 4）。国王和王后有时进入其他城市时，也要经过一座座临

时搭建的凯旋门，以示得胜而归。路易十四在位期间，在巴黎的圣德尼门、圣安托万门和圣马丁门也建造了永久性的凯旋门，在像里尔和蒙彼利埃这样的省城也同样建起了永久性的凯旋门。

另外一种表现凯旋的形式是骑马雕像——这也是古罗马的一种艺术形式，让统治者的形象耸立于城市的中央广场。雕制这些骑马纪念像的传统艺术手法是相当严谨的。骑马者通常全身披挂罗马式盔甲。马匹通常呈小跑状。马蹄蹬踏的，可能会是某一象征着邪恶势力（抑或动乱势力）的形象。

有几幅路易十四的画像对他描绘的方式不那么正规：身着个人日常便装图、狩猎图、就座扶手椅图以及打台球图。[15]然而这些画像多半是绘来供私下里把玩，而不是供公开展示的。按照艺术
史学家们称之为“标准像”的式样绘制的国王画像，大多是根据文 22
艺复兴时期为绘制要人画像而形成的“画像艺术语言”绘制成的。这些标准像中的端坐者通常与真人一般大小，抑或比真人还大[这时的画中人或站立或坐在御座上（插图 5）]。高雅得体的礼仪不允许画中端坐者身着日常便装示人。他身披盔甲，显得英武之气逼人；他身着华丽服装，显得位高权重；他周围设计布置了古典式圆柱、天鹅绒帷幔等装饰品，象征着权力和华贵。[16]他那仪态和表情透着一股威严。

体裁对诗歌来说同样重要，其重要性在某种程度上还更加明显。一些相关的专著和《诗艺》（1674 年）——路易十四统治时期几大诗人之一尼古拉·德普雷奥（又名布瓦洛——知道这一名字的人更多）以诗歌形式写成的一篇论说文——中都概述了不同体裁的规则。路易十四似乎没有成为史诗的主人公；这很可能是因

4.《新市场临时搭建的凯旋门》,版画,取材自《凯旋入城》……,1660 年。现藏于伦敦英国图书馆。

5.“端坐御座的路易十四”。《绘画雕塑院的庇护者路易十四画像》，亨利·泰斯泰兰绘，油画，1666—1668 年。现藏于凡尔赛宫。

为没有把握而不想用这一体裁，而不是因为心中没有君主。让·夏普兰——诗人，曾建议政府用文学颂扬国王——就坚决反对史诗，其理由是：史诗必然要有“虚构”；而这种虚构会有损于国王的声誉，使读者怀疑国王的真实成就（无疑，他当时考虑到了荷马和维吉尔两人的史诗中众神的作用）。[17]但有一首用拉丁文叙述国王骑术的史诗式的“叙事诗”，且经常有颂扬国王的十四行诗、抒情短诗和颂诗。[18]

颂诗可以说是一种分节的抒情诗，有长行也有短行。[19]其功能——如同骑马雕像和标准像一样——主要是用于颂扬的。古希腊诗人品达写有一些赞美双轮马车比赛中获胜者的颂诗。所有的诗人都以类似的方式颂扬国王获得的历次胜利。拉辛 1663 年用一首赞美康复的颂诗庆贺国王病愈，同时陈述了胆敢加害国王的“无耻疾病”的“不忠行为”、将路易十四比作太阳、称他的统治时期为黄金时代。[20]路易十四统治时期一些不那么有名的诗人常常仿效这首颂诗：特别是在 1687 年国王生病做了一次大手术后的康复期间，这类颂诗大批面世。[21]

诗歌和散文都用一种夸张的艺术语言描绘国王的形象，把他说成是个具有必胜信念的人。17 世纪的法国同古希腊和古罗马一样，都爱在某个特殊人物（从出生到入土）的重大时刻用写颂文或致颂词这样的方式对他加以颂扬。法国还定期举办颂文创作比
23 赛，评选出颂扬路易十四的最佳颂文，而耶稣会士们则因其擅长用拉丁文创作颂文而享有盛誉。雅克·拉博纳用拉丁文写的颂文“颂扬最最慷慨的路易大帝、文科七艺*的庇护者和资助人”（1684

* 指语法、修辞和逻辑这三艺及算术、几何、音乐和天文这四艺。——译者

年)，是这一体裁的出色范例。这篇颂文在付梓前曾在巴黎耶稣会里宣读过[22](插图 6)。

讲道在当时是种极受重视的致颂词的形式。讲道是门艺术；这门艺术的大师除了波舒哀之外，还有瓦朗坦－埃斯普里·弗莱希埃、耶稣会士路易·布尔达卢(他在 1672—1693 年间曾在王宫做过十次大斋节和降临节的系列讲道)和夏尔·德·拉吕、奥拉托利会士让－巴蒂斯特·马西荣(路易十四王朝行将结束时，他曾在凡尔赛宫做过一次大受称赏的讲道)。[23]弗莱希埃在蒂雷纳元帅葬礼上致的颂词和布尔达卢在孔代*葬礼上致的颂词被认为是这一体裁的经典之作。[24]宫廷讲道者们(均由国王亲自选定)将这位法国君主比作《旧约全书》中描述的神圣国王扫罗和大卫，并在路易十四辞世之前很久就对他加以颂扬了。波舒哀为王后过世(1683年)所做的讲道中还多次提及国王的美德。他在为掌玺官米歇尔·勒泰利埃去世(1686 年)所做的讲道和在废止南特敕令时所做的一些讲道中也多次提及国王的美德。[25]然而讲道者蒙恩准提醒国王不要忘记自己的职责，亦蒙恩准(特别是在斋节期间讲道时)对国王的活动提出批评(多半含含糊糊，闪烁其词)。[26]

史书也应被视为一种文学体裁。一部史书必须要有若干下述文学片断：诸如对统治者、文臣或武将的“品质”或道德的描述、对某次战役的生动叙述、对辩论和参与辩论的主要人物的发言所作的描述(可这些描述往往是撰史人胡编虚构的)。[27]因此，对指定布瓦洛和拉辛为皇家撰史人就没有什么可奇怪的了。

* 1621—1686年，法国将军。——译者

6.《文科七艺的庇护者路易十四》，根据拉博纳的《颂文》绘制，1684年。现藏于伦敦英国图书馆。

风　格

对有故事内容的绘画和标准像来说，相宜的风格是所谓的“华丽的”（或曰“富丽的”）风格。[28]这一风格需要对人或事进行理想化的描绘。诚如贝尔尼尼在雕塑路易十四半身像时所言：绘制肖像画的秘诀，在于放大美丽之点、添加点华贵之气、只要可能而又无献媚之嫌则可缩小甚或掩饰丑陋（抑或有点不雅）之点。[29]

这一华丽的风格有些重大变化，归结起来有这么两大类：一类 25
是艺术史学家们通常称之为“巴洛克”、以贝尔尼尼为代表的风格，其特征是动态效果强烈——马的后腿直立、夸张的手势等等；另一类是以普桑为代表的“古典主义”理念，其特征是适度的手势，神态镇静安详，较注重真实、自然、至少要有相当的可信度，而无论如何要重视细部的真实、自然以及相当的可信度。路易十四带着其御用艺术家勒布朗和范·德·莫伊伦随行出征，以便他们能够精确地描绘他所赢得的胜利。

颂诗同史诗一样，也是所谓的“高雅风格”所要求的体裁之一；这高雅风格犹如绘画的华丽风格。其目的在于用文雅的语言表达崇高的思想，应用委婉说法或迂回说法，弃用专业术语，不提日常生活。东、西佛兰德及荷兰的“鄙俗”地名与高雅的风格之间的矛盾，对当时的诗人们说来是个难以处理的问题。[30]布瓦洛解决这一问题以及其他问题的办法是，在他自己所写的诗中论述这些问题。他撰写半规范性的书信体诗文，也写规范性的颂诗。他还采用一种冷嘲热讽的语气进行撰述；他的这一做法背离了颂诗的传统，曾经一度被说成是种破坏行径，然而也许只不过是种将古老的体裁适应于当时社会需求的尝试而已。[31]

讲道——至少是当着国王所作的讲道——也必须应用高雅风格。讲道大家马西荣由于不够庄重就曾受到过与他比肩的波舒哀的批评。而史书则是散文形式的史诗。撰史人原本就是要颂扬英雄行为的，因此就要用高雅的风格写史；这是“崇高”的主题所要求的。拉辛最出色地应用了他那个时代的规范用语，他将路易十四统治时期描述成是充满了“一连串令人惊异的事”、发生了一个又一个的“奇迹”。[32]

另一方面，《法兰西公报》无论是（像17世纪60年代有些杂志那样）用韵文还是用散文，都采用一种接近日常生活的“鄙俗”风格，并使用专业术语和异域的地名。《法兰西公报》的风格倾向于简单明了、少用形容词和其他修饰语、多多传达信息。语气从容冷静（庆祝胜利的特刊除外），从而暗示了不偏不倚，所以是可信的。《法兰西公报》的艺术风格明显是摈弃修辞的。

26 出于政治和美学上的需要，撰史人和铭文撰写人同诗人一样，都是使用委婉说法的高手。用以纪念1681年法国军队攻占斯特拉斯堡的纪念章上写有铭文“领受斯特拉斯堡”。用以颂扬1683年炮击阿尔及尔的纪念章上的铭文是“雷击阿尔及尔”：这是一种典雅的古典说法，暗指路易十四是朱庇特，同时将法国军舰的行动说成是大自然的威力。

很显然，夸张法是一种经常出现在这类赞美文学中的修辞手段。另外一种修辞手段是提喻法，路易十四这一个体代表了整体，文臣、武将、乃至军队的业绩均归之于国王一人。埃泽希埃尔·斯潘海姆——他曾在日内瓦教授过修辞学，又当过驻凡尔赛的外交官——对撰写颂文颂扬路易十四的作者们所使用的修辞手段进行了分析："他们将他统治时期的所有成就均归诸他一人，并说这些成就是在他的激励下取得的，将这些成就的取得完全归因于他的智慧、谋略、胆识和指导"。[33]

还有一种常用的修辞手段是隐喻法，例如将国王比作太阳这样的经典比喻。这一特殊的比喻在凡尔赛宫和其他一些地方的装饰上应用得十分贴切和到位，我们甚至可以视其为一种建筑上的讽寓法。[34]

讽　寓　法

讽寓法语言在当时是为人熟知的，至少在权贵中是如此。古希腊和古罗马的众神、众位女神和半神半人勇士都代表着某种道德品质——马耳斯(战神)代表勇武，密涅瓦女神代表智慧，赫拉克勒斯代表力量等等。胜利的代表形象是位长翅膀的女子，丰饶的代表形象则是手持丰饶角*的女人。诸如法国和西班牙这样一些王国(插图 7)、巴黎和贝桑松这样一些城市的代表形象也是位女人(有时穿戴当地的服饰)，而河流的代表形象则是位老人。[35]要释读这样一些寓意并非总是那么容易，就连当时的人们也难以弄懂；然而，热衷于文学用语词意隐晦和绘画形象令人费解是当时的一种风格。[36]

路易十四往往同这类寓意形象一道出现在其肖像画的画面上。例如，凡尔赛宫的大画廊里大多是拟人化的形象：有些是古典

* 象征丰饶的羊角，呈现满溢的鲜花、水果和谷物——译者

7.《比利牛斯和平颂》,泰奥多尔·范蒂尔当绘,油画,1659年前后,现藏于巴黎卢浮宫。

8.《路易十四王室图》，让·诺克雷绘，油画，1670 年。现藏于凡尔赛宫。

式的，例如尼普顿（海神）、维多利亚（胜利女神），还有一些是现代 28
的，例如法兰西学院的形象是位手持墨丘利节杖*的女人，荷兰的形象则是位坐在狮背上的女人，她手握 7 支箭，代表 7 个省。由于有了讽寓语言，画家才得以不那么直接地描绘诸如国王决定亲政这样的一些事件。

路易十四本人有时也会被不直接地（或曰寓意地）描绘出来。例如，让·诺克雷绘制的王室图（插图 8）就是一幅承袭文艺复兴传统将人画成特定的神或半神半人勇士的“神话图”（或曰带有种

* 上有双蛇盘绕，杖顶有双翼。——译者

9.“路易十四呈阿波罗形象”。《获胜的路易十四》，约瑟夫·韦尔纳绘，水粉画，1664年。现藏于凡尔赛宫。

种小装饰的图画)。[37]卢浮宫、凡尔赛宫、杜伊勒里宫及其他王宫中的一系列神话图也是要从寓意的角度去理解的:路易十四成了阿波罗(插图 9)、朱庇特、赫拉克勒斯或尼普顿的形象。1663 年组织了一次绘画比赛,角逐描绘国王英雄行为的最佳画作。比赛要求将国王的英雄行为以达那埃*的形象、配之以收复敦刻尔克的情节加以描绘。[38]凡尔赛宫中那著名的拉多那喷泉表述了一群农夫因嘲弄阿波罗的母亲而被罚变身青蛙的故事。认为这一喷泉系意指投石党运动,似乎不无道理。[39]

借古讽今也是一种讽寓法。讲述过去往往被理解为在间接地述怀当今(17 世纪的观众被培养成这样看问题了)。路易十四要夏尔·勒布朗作画描绘亚历山大大帝一生的事迹时,并非仅仅是要表达对亚历山大大帝的倾慕,而且是要表明自己与亚历山大大帝不分高下(插图 10)。路易十四的臣民们也必须将他视同亚历山大大帝。拉辛的悲剧《亚历山大大帝》——相当于勒布朗那组绘画的文学作品——1666 年出版时谨以此书献给路易十四国王。[40]

路易十四还被视若其同名先人圣路易(通常又称之为路易九世,法国国王,1226—1270 年在位)。他在画中被描绘成圣路易的形象,并被雕塑成圣路易的模样。[41]他一心想要步其先人的后尘。学者夏尔·迪康热编写了《13 世纪圣路易传》一书,将路易十四与圣路易这两位君主作了比较,并以此书献给路易十四国王。路易十四统治期间,8 月 25 日圣路易节的庆祝活动刻意求新,一次比

* 阿尔戈斯的国王阿克里西乌斯之女,主神宙斯化作金雨与她幽会,生子珀尔修斯。——译者

10.“路易十四形同亚历山大大帝”。《大流士一家人跪拜在亚历山大大帝脚下》，夏尔·勒布朗绘，油画，1660年前后。现藏于凡尔赛宫。

一次引人瞩目。庆祝活动的惯例有了变化，不仅赞颂路易九世，还要颂扬路易十四。[42]

路易十四也被视同克洛维——法国第一位信仰基督教的国
29 王——和查理曼*。路易十四国王本人虽然不是史诗的主人公，但诸如让·德马雷（献给路易十四）的《克洛维》（1657年）和路易·勒拉布勒和尼古拉·库尔坦各自撰写的《查理曼》（1664年、1666年）这样的史诗可以同样被看作是对他过去的（抑或未来的）功绩的描述。他甚至被视同耶稣基督，《好牧人》一画（插图11）就是个例子。

* 即查理大帝。——译者

11.《好牧人路易十四》。疑为皮埃尔·保罗·塞万所绘，羊皮纸画。

当时的历史小说通常是影射小说，只有熟悉宫廷生活圈子的人才明白其中的言外之意。例如，斯居代里小姐的《克雷莉亚，罗马的故事》(1654—1661 年)一书将路易十四称赞成了“阿尔坎德雷”，而比西·拉比坦的《高卢人的爱情故事》(1665 年)则显然

是部影射宫廷阴谋的小说。[43]就连学术著作也可能具有寓意。隶属于外交部的让－巴蒂斯特·迪博神父在欧洲国家联盟反对法国的当口儿出版一部康布雷联盟反威尼斯史，就不是偶然的了。[44]

32

国王肖像画

至此，我们也许可以根据绘画上和文学作品中路易十四的形象创作出一幅拼贴画——即将这些形象综合成一幅合成画——了。[45]路易十四通常被描绘成全身披挂盔甲——古罗马式抑或中世纪式的盔甲——或是身披饰有百合花图案、白鼬毛皮镶边的“皇袍”。他身着古装，还戴副17世纪末叶的假发。他手握宝球或节杖或权杖——这些都象征着指挥权。他的形象总是那么神情淡然、不动声色——这种神态也是权力的象征。当代人在对国王画像上的这种威严、权势之“气”进行评论时，也许就是指的这一形象吧。[46]

至于国王的面部表情，通常既有热忱刚毅状，又有端庄谦和样。画家们认定，让法国国王面带笑容显然是不恰当的。而的确曾有人说过，贝尔尼尼制作的路易十四骑马雕像正是由于他面带不得体的微笑（插图12）才被弃之不用，抑或更确切地说——由于浪费大理石材委实可惜——才被改制成一位古罗马勇士。[47]

33 着重分析某幅独特的画像，可能会有助于我们认识问题。一个明显的例子就是里戈绘制的那幅著名的标准像（见插图1）；众所周知，路易十四特别喜欢这幅画像，曾下令大量复制。[48]古典式圆柱（底座上雕有寓意正义的形象）和天鹅绒帷幔使人联想起文艺复兴时期的标准像。然而，这幅画作并不像看上去那么守旧，而是

12. “贝尔尼尼制作的倒霉的雕像”。乔瓦尼·洛伦索·贝尔尼尼制作的《路易十四骑马雕像模型》，1670 年前后。现藏于罗马鲍格才家族艺术品陈列室。

两种对立流派的精妙融会。

首先，这幅画将理想化的描绘与写实的细部融会在了一起。有位近代的史学家描述道：这幅画像“就连那疲顿的双眼和 1685 年拔掉牙后形成的瘪瘪的嘴都是逼真逼真的”。奥古斯都画像中的形象始终都是他掌权时的年龄；女王伊丽莎白一世画像中的形象是艺术史学家们称之为的“始终戴着一副妙龄的假面具”；而路易十四画像中的形象则随年龄的增长而有所变化。然而里戈还是把他的这颗老人头安在了那年轻人的身躯之上了。另一位史学家对他那优美的双腿和“芭蕾舞姿”的双脚进行了评论，说这些都使人回想起路易十四国王那些翩翩起舞的时光。[49]

其次，这幅画也在一定程度上将常规元素与非常规元素融会在了一起。国王身着加冕礼袍，配之以王权的标志物：王冠、宝剑和权杖。而路易十四也想做个符合 18 世纪初时代要求的新式国王：做国中第一流的缙绅；并有个精心设计的非常规细节：他拿的权杖头朝下，就像他总喜欢在公开露面时拄着手杖那样（插图 18）。里戈可能是仿效范戴克所绘之非常规的查理一世狩猎图，图中查理一世（他也喜欢拄着手杖）摆着类似的姿势（插图 13）。[50]路易十四佩带着一柄中世纪式的正义之剑，可这剑看上去像是把普通佩剑，而不像是件圣物。里戈像布瓦洛那样，所描绘的国王形象稍带尊严，并非架子十足；他用古典—文艺复兴时期的传统形式表现当时的社会生活。

里戈的这幅画表明，那时的艺术家们并不用从戈夫曼那儿了解他称之为“前台”（个人自我表现时的“前台”）的重要性。[51]路易十四入画的形象通常总是伴有一整套表示威严（或曰赋有威严）的道具（诸如宝球、权杖、宝剑、雷电、战车以及种种战利品）。通常有女神（如密涅瓦女神、或象征胜利的女神、或象征荣耀的女神）不是在给国王戴桂冠，就是侍立或翔伴在其近旁。河流（诸如莱茵河）高举双手，对路易十四的业绩表示惊叹。还有一些道具是呈顺从姿态的种种人物形象，计有战败的敌人、弯腰躬背的俘虏、向国王
35 鞠躬的外国使节等等。怪物——象征反叛的巨蟒、象征异端的九

13.“里戈所绘的《路易十四像》之范本”。《查理一世画像》，安东尼·范戴克绘，油画，1635年前后。现藏于巴黎卢浮宫。

头蛇、刻尔柏洛斯*和长有三个躯体的杰里恩(这后两个怪物象征着路易十四的敌人三国同盟)——被踩在脚下。

对当今的读者说来,描写路易十四的文学作品由于形容词的使用,其含义比较容易理解。犹如古亚述和罗马帝国时代一样,有套规范的修饰词语用以描述国王。有位诗人曾竭力把58个形容词——从"和蔼可亲的"到"勤勉的"——硬塞到一首十四行诗里。[52]通常用以描述路易十四的形容词计有威严的、光辉灿烂的(就像太阳那样)、坚定不移的、宽宏大量的、慷慨无私的、虔诚的、成功的、警觉的和英明的。一言以蔽之,他是"伟大的"——1671年官方正式采用这一形容词。[53]路易大帝一词在小写字体的文句中通常是大写的。

读者(抑或听众)也被告知:路易十四平易近人,臣民们很好接触;他是臣民们的父亲、文学艺术的庇护人——他对文学艺术有着精辟的见解和"精到的鉴赏力"、[54]信奉天主教最虔诚的国王、异端邪说的抑制者(或曰灭绝者)、恢复法制者、"比雷霆更令人敬畏者"、[55]"和平与荣耀的裁定者"、[56]边疆的拓展者、再次缔造国家的人、"伟大的国王们之最完美的楷模"、[57]"我们看得见的天主"、世间最强大的君主。[58]

路易十四的形象还同历史上的英雄人物联系在一起。他被说成是亚历山大再世(他最爱与亚历山大相提并论,至少在17世纪60年代是如此)、奥古斯都(他改变了巴黎的面貌)再世、查理曼再世、克洛维再世、君士坦丁再世、查士丁尼一世(他主持编纂了法

---

* 守卫冥府入口长有三个头的猛犬。——译者

典）再世、圣路易再世、所罗门再世、狄奥多西一世再世（他像狄奥多西一世消除阿里乌派的异端邪说那样压制了新教徒的异端邪说）。阿尔勒研究院的夏尔－克劳德·德·韦尔特隆编写了一部书，将路易十四同其他被人们称之为“伟大的”帝王者——从波斯的居鲁士到法国的亨利四世——逐一进行了比较。[59]

当今的读者们可能会感到象征性的形象——诸如身长双翼、头戴桂冠的胜利女神维多利亚和头生羊角的丰饶女神——有点怪，也可能会感到滑稽可笑。他们对这类文学艺术作品多半很陌生，因此就必须牢记讽寓这一手法。另一分歧是对高雅风格在看法上的改变；这种高雅风格对当今的读者们来说似乎太过虚夸，令 36
人十分讨厌。现如今，我们可能会视形容词的重叠——这在从前是出色的演说家“学识渊博”的一种表现——为不必要的重复、“华而不实的修辞”。在我们中的许多人看来，“修辞”就像“礼节”和“仪式”一样，实际上成了一种贬抑说法：“纯粹是修辞”。而对重要人物的歌功颂德，在我们这些民主意识强烈的人听起来像是奴性十足，像是阿谀奉承。这些心态、价值观念和“期望值”的变化形成了理解路易十四时代文学艺术的一大障碍。这些变化导致了年代错置的评价。

鉴于这种文化上的差异，为了使那个时代的艺术、礼仪和文学能够被当今的读者和参观者所理解，采用人类学家们——了解不同文化的专家们——的研究方法也许是明智的。19 世纪巴厘岛的“戏剧国家”上文已有说明。在非洲的一些地区——例如，在南部班图人中、在马里——朗诵颂诗、宣读颂文的传统活动如同曾一度在古罗马和文艺复兴时期的欧洲盛行的那样，依然在盛行不衰。[60]将颂诗视为重又出现的体裁、将布瓦洛视为游吟诗人（马里语为 griot），可能有助于减弱我们本能上——抑或更确切地说，文化上——对 17 世纪法国大肆赞扬路易十四的抗拒，至少会使我们进行一下对比，了解今昔不同之处。

首先，不应脱离时代背景来理解某首特定的诗中用以形容路易十四的某一特定的修饰词——像“英勇的”这一修饰词，不应视其为作者想讨好路易十四而编造的谎言。一个人如果写赞美国王的颂诗或其他形式的文学作品的话，就必须要用这类形容词。写颂文这一想法在 17 世纪很正常。表示颂扬和责难的修辞（亦称之为玩弄词藻的修辞）是雄辩术三大分类之一。

用以讨好国王的形容词，当然可能是有点儿过分了；譬如，布瓦洛就曾毫不客气地批评过他的一些同事用词不当。路易十四本人有时也表示反对。拉辛记录有路易十四对他说过的一句话：“你若少颂扬我点，我就会多多赞美你。”

对奴颜婢膝这一点的认识上，倒是今昔相同的。问题在于确定何时、何处使用这一词语；而有些诗人和朝臣善于赞颂时让人看不出是在赞颂：这又使问题更加复杂了。譬如，布瓦洛在他那著名的《论国王》（1665 年）中就使用了这一手。布瓦洛声称自己不会
37 颂扬国王，并批评与之勾心斗角的一些诗人：批评他们将路易十四比作太阳；说他们一再叙述国王自己的业绩，致使他厌烦不已；说他们写的诗空话、套话连篇。史学家保罗·佩利松也玩了这一手；他在写给科尔贝尔的一件机密陈情书中对他的这一手作了说明：“必须随时随地赞颂国王，但赞颂的时候要含蓄，不能直接使用那

些赞颂的词语。”[61]我们又像古典主义时期那样谈论起否定修辞来了。

阅读这类文学作品时需要铭记心头的最后一点是:颂文未必就是纯粹为了赞扬。它还是一种圆通得体的劝勉方式——至少有时是这样的,不是描述国王当时的状况,而是说出人们希望他应该是个什么样儿。譬如,拉辛在将其《亚历山大大帝》献给国王时对他说:“历史上有许许多多年轻的征服者”,并说:有位与亚历山大年龄相仿即已表现有如奥古斯都的国王的出现,更为罕见。而拉封丹对路易十四颂扬的次数不多,且只是对其和平业绩的褒扬,并不是对其军事成果的赞美。[62]

此类劝勉的表达在路易十四统治初期是很自由的,下列章节将对此进行研讨。

14.“挫败叛乱的象征性形象”。《路易十四镇压投石党运动》，吉尔·盖兰绘，大理石雕像，1654 年。现藏于尚蒂伊孔代博物馆。

第三章　日出 39

神情威严

表情亲切、温和：

小小年纪 即现此容颜，

成人后其势若何？

——博杜安：《完美的君主》

路易十四一出生，其形象即成了人们关切的大事。他刚呱呱坠地，全法国立马点燃篝火，燃放烟火，钟声齐鸣，礼炮声响，教堂吟颂感恩赞，神父布道庆贺，名人演讲道贺，诗人赋诗祝贺——流亡在法国的意大利哲学家托马索·坎帕内拉用拉丁文写了一首颂诗，称婴儿的降生实乃弥赛亚*再世、他即位后黄金时代将再现。[1]

怀上王位继承人及其在子宫中的第一次胎动，实际上就已构成一件值得庆贺——最最热烈地庆贺——的大事，因为截止 1638 年安娜·德·奥斯特里亚和她丈夫路易十三似乎已然完全不可能有孩子了。[2] 因此，“上帝赐予的”这一修饰语即用于这个孩子，称之为“上帝赐予的路易”了。

---

* 犹太人企盼的救世主。——译者

此后不到5年的时间，他父亲即于1643年辞世了。这使小路易站在了舞台的中心位置。他的形象随即发生了重大变化。此前，他的形象同其他孩子一样，身在襁褓中，抑或身着7岁以下男孩通常穿用的袍服。从1643年起，他的形象开始改变，身披蓝底、上缀金色百合花图案的皇袍，佩戴圣神骑士——圣神骑士团为其先人亨利三世1578年所建——项饰了。他五六岁时的画中形象即已是端坐宝座、手持节杖（或曰权杖）。有时他的画中形象全身披挂（当时新式的或古罗马式的）盔甲。

40 在当代参观者看来，把一个小孩画成全身披挂盔甲可能有点滑稽可笑、闹着玩儿。然而这样画很可能是因为盔甲象征着国王所具有的军事威力——这种威力则总是通过军事将领们及其部队间接地表现出来的。1643年法国军队在罗克鲁瓦战役中打败西班牙军队后，随即有幅版画面世：画中国王端坐宝座之上，向其部将昂冈公爵（孔代）道贺。这幅版画定名为“路易十四初战连连告捷”。[3]

礼仪活动是年幼国王向其臣民们进行展示的又一种方式。他1643年举行了一次进巴黎的隆重入城式，庆祝自己登基。同年，他召开即位后的首次“审判会议”——亦即王国最高法院（巴黎最高法院）正式会议——旨在更改他父亲遗嘱的规定，让他母亲安娜·德·奥斯特里亚——在枢机主教马萨林*的指导下——摄政统治法国。[4]

最高法院并非英国人所说的代议制议会。然而其组成人

* 旧译马扎然。——译者

员——法官们——却自视为他们称之为王国“基本法”的维护者。1648年，就在英国议会审讯查理一世的时候，巴黎最高法院领导了一次通常称之为投石党运动的政治运动。运动的参与者们（贵族和法官们）认为这次运动旨在反对枢机主教黎塞留和马萨林破坏法国的古老法统，而宫廷则认为这次运动旨在造国王的反。投石党运动也许可被视为两种王权观——有限王权观与“绝对王权”观——之间的冲突（除王权观的冲突外，还有其他一些因素也导致了冲突）。[5]

前一种观点认为，法国国王的权力是有限的，要受到所谓的王国“基本法”的制约，而巴黎最高法院则是这一“基本法”的维护者。后一种观点在宫廷中很流行，认为国王拥有“绝对权力”。这“绝对权力”往往被说成是无限制的权力，从而导致被否定。[6] 路易十四被认为是个专制君主，因为他凌驾于其王国的法律之上，有权使一些人不受法律的约束。然而他还是要受到上帝的戒律、自然法则和国际法约束的。他理应不会随便决定其臣民的生死。

投石党运动1652年失败，但对向公众呈现小国王及其政府形
象的方式还是有着相当大的影响的。例如，1654年路易十四脚踏 41
俯卧在地的武士（象征着投石党运动）的雕像安放在巴黎市政厅的庭院里（插图14）。同年王宫里上演的一出芭蕾舞剧《珀琉斯与西蒂斯》表现阿波罗（也就是国王）杀死皮同*——又一暴乱象征。[7] 卢浮宫中国王的内殿里也有一组庆贺击败投石党运动的绘画。例

* 巨蟒。——译者

如:以雷电轰击特洛伊城的女神朱诺形象*,显然是要使参观者联想到巴黎和母后。[8]

17 世纪 50 年代“审判会议”的规制构成了政府力图用以说明投石党运动的失败、重新树立君主专制观、显示国王是上帝在人世间的代表的另一种方式。诚如一位主要法官奥梅尔·塔隆在一次仪式上跪着对国王所说:“陛下,您的宝座对我们来说就是活在人世间的上帝的御座。王国各社会等级就像向看得见的上帝表示尊重、崇敬那样尊重、崇敬您。”[9]

1654 年国王加冕典礼上和 1660 年国王进巴黎的入城式上,都有类似观点的体现。礼制是传统的礼制;而正因此,哪怕是很小的一点变动,就会被人们——至少是一部分公众——视之为在传递某种政治信息。

加冕典礼

路易十四的加冕典礼和涂油仪式由于投石党运动的风暴,不得不拖延至 1654 年才举行。循惯例,典礼和仪式在兰斯教区总教堂举行,这儿的大主教有权为新国王加冕(这次由苏瓦松主教代表大主教行使权力)。[10]仪式包括国王宣誓保证维护其臣民享有的基本权利和询问在场的圣会会众是否认可路易十四为国王。接着求神保佑王权的象征——包括所谓的“查理曼剑”、马刺和史学家德尼·戈德弗鲁瓦称之为的“表示该君主与王国浑然一体的

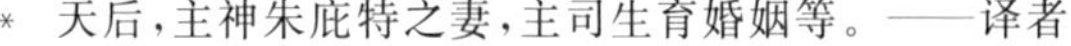

* 天后,主神朱庇特之妻,主司生育婚姻等。——译者

指环”。[11]

而后是涂油仪式。用从圣油瓶——据说此瓶是在法国第一位信奉基督教的国王克洛维接受圣雷米洗礼时由一只鸽子从天国带来的——中倒出的圣油涂抹国王身体。主教将节杖递到国王右 42
手，将“正义之手”*置于他的左手，将“查理曼冠”戴在他头上。然后是王国中位高权重的贵族向国王宣誓效忠，并放飞群鸟。

外国使节列席观看仪式；教堂外面聚集大批普通民众凑热闹，但很难看到里面的场景。群鸟放飞后，是其他一些庆祝活动，其中有兰斯耶稣会士们演出的戏剧。那些没有看到仪式进行情况的人们可以阅读一些小册子对情况的描述，也可以观看官方委托艺术家亨利·达维斯刻制的加冕典礼版画。路易十四统治时期最杰出的画家之一夏尔·勒布朗设计的一幅挂毯也有纪念仪式场景的图案。

仪式的参与者们和列席观看者们对仪式各项活动的意义——特别是仪式所呈现的国王形象的意义——不甚了了。史学家所要探求的，并不是“究竟发生了什么事”，而是当时人们对所发生的事作了什么样的阐释。不能断言每个人对仪式各项活动的看法都一样。其实，不同的人对加冕典礼有不同的看法，似乎存在着两种截然相反的看法。

加冕典礼和涂油仪式主要源自中世纪。这套礼制是路易七世制定的；当时国王并不“专制”，是与贵族们分享权力的；国王宣誓和圣会会众正式认可新统治者就体现了这一王权观。圣西蒙公

* 杖端镶有象牙或贵金属手形装饰的权杖。——译者

爵——这一传统有限王权观的坚定支持者——18世纪初还是这样阐释这套礼制的。

而国王周围的人未必会认为加冕典礼就是有限王权观的体现。有限王权观会使人们难以理解为什么政府一击败投石党运动立马就上演这一幕。有一细微而犹令人深思的细节——即路易十四坐着宣誓,而其历代先王则都是站着宣誓的——表明:存在着一种欲对传统礼制加以改制的意图。[12]

对建立不久的波旁王朝来说,加冕典礼的意义无疑是要表明其正统性,将其同先前的国王——从克洛维到圣路易——联系在了一起。加冕典礼也确立了王权神授这一概念。我们可以说(当时的人们的确也是这么说):圣油使路易十四具有了基督形象,而加冕典礼则使他具有了神圣性。

路易十四后来在其回忆录中(像君主专制的理论家们那样)声
43 称:为他登基举行的涂油仪式并未使他成为国王,只不过是宣布成为国王了。而他又说:加冕仪式使他的王权"更令人敬畏、更不可侵犯、更加神圣了"。[13]这种神圣性体现于这么一件事:即加冕典礼过后两天,这位小国王就施行了首次国王触摸礼。[14]传统的看法是,法国国王(同英国国王一样)具有治好瘰疬——一种皮肤病*——的神力;治疗方式是:一边触摸患者、一边口中念道"国王摸摸你,上帝治好你"。国王触摸的治疗力成了王权神圣性的一种强有力的象征。路易十四在其首次触摸礼上就触摸了3000人。他在位期间还要触摸更多的人。

---

* 原文如此。——译者

国王入城式

国王的兰斯之行和那儿对他的迎接是他多次对城市进行国事巡访中的一次。国王每到一座城池，都要举行凯旋式的入城仪式——这种仪式起源于中世纪末期。诚如我们所知，路易十四1643年举行了一次进巴黎的正式入城式，以庆祝他登基为王。1649年和1652年他曾两度举行进巴黎的入城式，以宣示投石党运动的失败。1658年，他对里昂进行了一次国事巡访。而最重要的一次国王入城式则是1660年国王和王后结婚后进入巴黎所举行的仪式[15]（见插图4）。

这次进巴黎的入城式不是王国政府操办的事，而是由巴黎市市长及其高级市政官们组织的巴黎市欢迎国王的正式仪式。然而王国政府似乎确实是对礼仪活动和布置工作进行了指导；当时的一些出版物对此有详细的描述。[16]

国王入城式1660年8月26日举行。是日上午，国王和王后盛装端坐高台领受巴黎市及其下属机构团体（包括大学和最高法院）的"致意和依顺"——市政人员和各机构团体成员列队鱼贯走过高台，他们的代表像贵族在加冕典礼上向国王宣誓效忠那样一一向国王宣誓效忠。巴黎市市长郑重地将城市钥匙呈献给国王——象征着他拥有了这座城市。[17]而巴黎最高法院院长则在这次活动中扮演了一个不那么起眼的角色，只是向国王"深深鞠了一躬"就走过高台了。最高法院扮演这么一个小角色似乎决非偶然；
诚如当时有个人所言：这是因为它在另一极其不同的场次——投 44

石党运动那场戏——中所扮演的角色而招致的恶果。[18]

下午正式进城：国王与其新王后骑马并行，随行人等或乘马车或骑马或步行紧随其后，列队入城穿行经过一座座街门和一些临时搭建的凯旋门——这些门上都有表明这次国王入城重大意义的装饰；装饰各不相同，然而体现了和平凯旋这同一主题，纪念法西比利牛斯和约（该和约 1659 年签订，而路易十四与西班牙国王费利佩四世*的女儿玛丽亚·特雷萨公主的婚姻又确保了和约的效力）。有座街门上刻写着“向爱好和平的路易致敬”。另一座街门被装饰成帕纳塞斯山，山上有阿波罗和九位缪斯的形象，象征着和平解除了对艺术和科学的制约。新市场的凯旋门上刻写着“向给世界带来和平的路易致敬”，并饰有赫拉克勒斯（也就是国王，当时发表的评论文章就是这么说的）手持橄榄枝的形象。[19]

与日后的盛大庆典活动相比，这次的装饰有个十分显著的特点：即对国王的赞扬很有节制。路易十四不但同他的王后分享荣耀，而且还同他母亲奥地利的安娜分享荣耀，并同他的首相马萨林枢机主教分享荣耀。安娜在她寓所的阳台上观看国王入城式；她以女神密涅瓦——主司聪慧，提供忠告——的形象出现在一座凯旋门上；她以朱诺的形象出现在另一座凯旋门上；她又以鹈鹕的形象——母亲为子女而作出自我牺牲的象征——出现在别处的凯旋门上。主导和平谈判的，实际上是马萨林；但他由于身患痛风症，难以参与入城式，可他那辆无人乘坐的马车却在入城行列中占据着重要位置。他以使神墨丘利的形象出现在一座凯旋门上；他在

* 旧译腓力四世。——译者

另一处凯旋门上又以巨神阿特拉斯的形象出现，象征着他力保社会安定。有段拉丁文铭文提及了他的辛劳："勉力辛劳的枢机主教朱利奥·马萨里尼*"。对一位朝臣表达如此的崇敬之情，在路易十四统治的后期简直是不可想象的。马萨林去世后，路易十四就被说成是独自统治的了。

路易十四在这些表演中扮演主角的神态给当时难得有机会近距离一见国王的人们（包括外国使节）留下了深刻的印象。他们都心仪小国王的成熟、沉着、稳重。威尼斯的使节记述道：路易十四1643年才5岁，当众即不苟言笑、稳然端坐。[20]这也许是当时看到他的人看到了他们所希望看到的形象，也许是他们根据想象夸大了所看到的形象。不管怎么说，他们留下了深刻印象这一事实本身就意义重大。

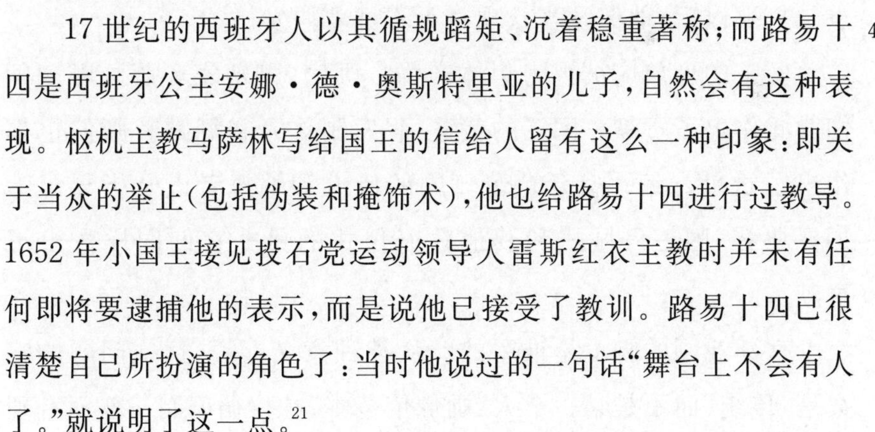

17世纪的西班牙人以其循规蹈矩、沉着稳重著称；而路易十 45
四是西班牙公主安娜·德·奥斯特里亚的儿子，自然会有这种表现。枢机主教马萨林写给国王的信给人留有这么一种印象：即关于当众的举止（包括伪装和掩饰术），他也给路易十四进行过教导。1652年小国王接见投石党运动领导人雷斯红衣主教时并未有任何即将要逮捕他的表示，而是说他已接受了教训。路易十四已很清楚自己所扮演的角色了：当时他说过的一句话"舞台上不会有人了。"就说明了这一点。[21]

路易十四还真亲自登台跳过舞。1651—1659年间，他曾登台

* 即马萨林。——译者

参演过九出由诗人伊萨克·邦塞拉德设计编导的宫廷芭蕾舞剧，扮演过各类角色，其中有杀死皮同的阿波罗和冉冉升起的太阳——国王出演这一角色时头顶一束金光灿烂的华美假发（插图15）。国王们参演宫廷芭蕾舞剧并非罕事——路易十三就经常参演，但路易十四的演艺舞技被一些与他同时代的人——包括侍臣比西·拉比坦——描述记录了下来。他的演出非常有助于他自己形象的树立。

17 世纪 50 年代初至 1660 年期间，路易十四的视觉形象比较少。1660 年他突然以一个小大人的形象出现，留起了刚刚长出的小胡子，戴上了短短的假发。有人认为 1658 年路易十四生了一场病，掉了许多头发，所以才戴上假发。当时欧洲贵族阶层中戴假发的人越来越多，很难说是路易十四在追风逐潮还是引领时尚。不管怎么说吧，他戴上假发显得特高——这正是他要引人注目的一点。打那以后，他但凡当众现身无不戴着假发。

国王的形象应被视为集体产物。画家、雕塑家和版画雕刻师们对此作出了贡献。国王的裁缝、假发制作人和舞蹈教师们也都作出了贡献。编写宫廷芭蕾舞剧的诗人和编舞者以及指导国王加冕典礼、国王入城式和其他政府仪式的典礼官们同样作出了贡献。

宫廷戏剧的脚本是谁写的？从某种意义上说，这一问题的答案是“传统”而不是某一个人：画像依范本；礼仪循旧制。然而有理由认为，作品有一个总策划：枢机主教马萨林。

马萨林是 1643—1661 年间政府的主要人物。他对路易十四
47 进行政治培训。他也是文学艺术的主要资助人；他赏识诸如菲利

15.“路易十四登台演出”。《路易十四扮演阿波罗》，戏装设计出自无名氏之手，1654年。现藏于巴黎法国国家图书馆图片收藏部。

普·德·尚帕涅和皮埃尔·米尼亚尔这样的画家的画作以及诸如高乃依和邦塞拉德这样的作家的著作。他是个狂热的歌剧爱好者；正因为有了他，才会有三部意大利歌剧——路易吉·罗西的《奥菲士》*、卡尔洛·卡普罗利的《珀琉斯与西蒂斯》（与邦塞拉德同一题材的芭蕾舞剧联袂上演）和弗朗塞斯科·卡瓦利的《多情的赫拉克勒斯》（选中这一歌剧，系以其主题思想暗指国王的婚礼）——应约到巴黎演出。舞台布景的设计也是意大利人——他们是希亚科莫·托雷利和加斯帕罗·维加拉尼。

马萨林热爱文学艺术，不仅仅是出于对文学艺术本身的热爱，而且也意识到要在政治上对之加以利用。1660 年的一件事充分证明了这种意识：那年这位枢机主教计划在罗马修建一直达山顶法国三圣教堂的大型阶梯，以纪念比利牛斯和约的签订。[22]马萨林想让贝尔尼尼负责建梯工作；贝尔尼尼好像也作出了设计。可是要在罗马一公共广场上竖立路易十四雕像、且又是一座纪念未经教皇斡旋的和约的纪念物，就产生了一系列颇为棘手的政治难题。这些难题尚未得到解决，马萨林就过世了。这位枢机主教的信函揭示了他一直对文学艺术之政治功能，特别是对纪念 1659 年和约的关注；这种关注表明：他可能也敲定了 1660 年举行进巴黎城仪式的主旨：不仅要祝贺国王完婚，还要祝贺和约的签订、安娜·德·奥斯特里亚和他这位枢机主教本人的功劳。

1660 年，国王仍按传统和枢机主教马萨林的意愿进行表演。

* 奥菲士：诗人和歌手，善弹竖琴。——译者

打从 1661 年起，路易十四就积极参与撰写（抑或至少是修改）他自己的剧本了。

16.《路易十四画像及其四周的文学艺术品》，让·加尼埃绘，油画，1672 年。现藏于凡尔赛宫。

第四章　体制的创建 49

阁下，还有其他一些可用以宣扬和维护陛下荣耀的方式……像金字塔、纪念圆柱、骑马雕像、巨石雕像、凯旋门、半身大理石像、半身铜像、浅浮雕像、所有历史纪念单位增设我国盛产的挂毯、我国的壁画和我国的版画——我们一直忽视了这项工作。

——夏普兰致函科尔贝尔，1662年

且甭管马萨林时代是否有树立国王形象的总体规划，但有证据表明后马萨林时代是确实有这么一种规划的。1661年3月这位枢机主教去世后，路易十四立即表明了不再设首相、欲亲自执政的意愿。他要行使“绝对权力”——换句话说，不与他人分享权力。当然，这并非意味着国王的统治没有顾问和助手。他助手中最主要的人物是科尔贝尔。[1]

让－巴蒂斯特·科尔贝尔曾在马萨林手下供职；马萨林将他推荐给了国王。他1661年起为国王效力，任皇家财政委员会委员，从1664年起出任营造总监。科尔贝尔在这些职位上负责国王对文学艺术的资助工作，就此他扮演了米西纳斯[*]一角，路易十四则成了奥古斯都。科尔贝尔过去和现在一直均享有节俭、勤奋的美誉，他从不愿为无谓之事花政府一分钱。然而应该说：科尔贝尔认为，从能给国王增光添彩这个意义上说，文学艺术还是有用的。

在马萨林时代，这位枢机主教本人的资助活动及其助手尼古拉·富凯——高乃依在其《俄狄浦斯》(1659 年)的前言中赞美他“不仅监管纯文学[**]，还监管着财政”——的资助活动使得国王的资助活动黯然失色。1655 年前后至 1660 年间，富凯实际上取代国王，成了王国的头号资助人，在沃勒维孔特盖了一所豪华宅第，
50 招纳了一批才华出众的艺术家和作家：其中有剧作家高乃依、莫里哀和基诺，诗人拉封丹，画家勒布朗，雕塑家昂吉埃和吉拉尔东，建筑师勒沃以及园艺设计师勒诺特尔。[2]

科尔贝尔意欲恢复国王作为资助人的主导地位(插图 16)。他的公务信函——特别是他与让·夏普兰的通信——表明了他对国王的荣耀十分关注。夏普兰——诗人、评论家——由于写了一首赞美枢机主教黎塞留的颂诗，从而赢得了他的青睐。1634—1635 年法兰西学院成立时，夏普兰成了一名院士。夏普兰应科尔贝尔的要求，1662 年给他写了一份关于利用文学艺术“为确保国王的事业永放光芒”的长篇报告。[3]

---

* 米西纳斯(公元前 70—8 年)，罗马贵族，奥古斯都的好友和顾问，文学资助人。——译者

** 指有别于科技文献的诗歌、散文、文艺批评、小说、戏剧等作品。——译者

这一规划——不管是科尔贝尔拟就的，还是夏普兰提出的——十分宏伟。夏普兰的报告着重述及了文学——特别是诗歌、史书和颂文，列举了当时 90 名文人的优缺点及其愿为国王效力的意向。而夏普兰也还提及了其他一些表现方式和体裁：纪念章、挂毯、壁画、版画以及各种纪念建筑物——“诸如金字塔、纪念圆柱、骑马雕像、巨石雕像、凯旋门、半身大理石像和半身铜像”。

这些表现方式中已有好些用于对国王的颂扬了：1660 年举行的进入巴黎仪式就充分表明了这一点。但在路易十四亲政刚开始、而科尔贝尔又刚成为国王顾问不久，就有了这一宏伟规划的书面文献，委实令人瞩目。这一规划在提出后的十年间付诸实施；我们可以看到，这十年间进行了“文化组织”工作——就是说，创建了一系列政府组织，激励艺术家、作家和学者们为国王效力。

同黎塞留时代一样，法兰西学院及其院务委员会——即所谓的“小学院”，1663 年成立，1696 年改建为“铭文院”——起了重要作用。[4] 其他新建机构计有舞蹈院（1661 年成立）、皇家绘画雕塑院（1648 年成立，1663 年改组）、罗马法兰西学院（1666 年成立，艺术家培训中心）、科学院（1666 年组建）、建筑学院（1671 年成立）、歌剧院（1671 年成立；第二年就改成了皇家音乐院）以及戏剧院
(1674 年筹组，但一直未登记注册，没有成立）。[5] 这些机构都设在 51
巴黎；但在路易十四朝后期，一些行省亦按照法兰西学院的组织形式建立了自己的学院。

这些院所机构都是一些艺术家和作家组成的团体。这些艺术家和作家大多为国王效力,同时也充当资助人,就颂扬国王的作品约稿。例如,绘画雕塑院吸收新成员的条件是,其“入院作品”的题材必须出自“国王演义”。[6]1663 年,他们开始举办竞赛,为表现国王“英勇行为”的最佳画作或雕像颁奖。从 1671 年起,法兰西学院每年都举办题目各异的竞赛,评选出赞美国王的最佳颂文。路易十四朝末期,一些院所机构雇请作曲家创作赞颂国王的乐曲。[7]

所创建的体制中还有其他一些类型的机构。譬如,有家国营高伯兰工厂(1663 年开办),雇用大约 200 名工人(包括一些画师),为王宫生产家具、陈设以及著名的“国王演义”挂毯[8](插图17)。还有一家《学者报》,1665 年创刊,皇家出版机构出版,登载学者的讣告、实验报告,特别是书评(当时新设的栏目)。这家报纸——科尔贝尔周围的文人编辑——传播有关学术界的消息,同时也宣传国王的资助活动。[9]1667 年,在新任警察总监拉雷尼的指导下,文学审查制度严格多了。[10]

建立这些机构的重大意义何在?它们体现了政府一贯的文学艺术政策吗?它们是仅限于对国王歌功颂德还是具有其他一些目的?要回答这些问题,必须细细审视一下国王对不同文学艺术和科学门类的资助状况。

就文学而言,夏普兰的意见是被认真接受了的。从 1663 年起,每年都有总数达 10 万里弗尔的津贴赏给一些作家和学者。他们中有些是法国人(包括一名诗人,夏普兰称他为“一名叫拉辛的年轻人”)。[11]其他都是外国人——荷兰人、德国人和意大利人。如同其他赠品的情况一样,授予这些所谓的“赏钱”自然是期望得到

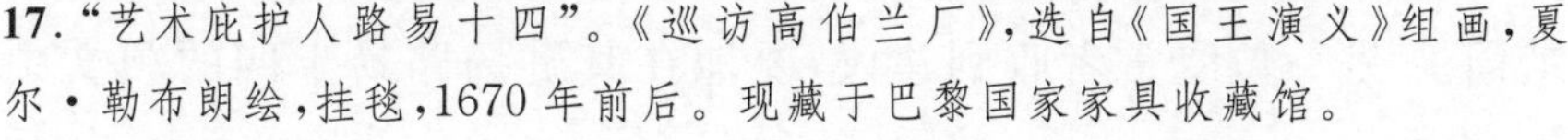

17.“艺术庇护人路易十四”。《巡访高伯兰厂》，选自《国王演义》组画，夏尔·勒布朗绘，挂毯，1670年前后。现藏于巴黎国家家具收藏馆。

回报的。

夏普兰在其给科尔贝尔和有关的外国学者的信函中说明——有时是十分直截了当地说明了游戏规则。每当赠送礼品提及这些 52
规则时，就可能会有相互矛盾的不同说法。而在这一过渡时期——即从国王天生伟大这一传统理念向必须利用出版物的宣传特性颂扬国王伟大这一现代意识转变的时期，相互矛盾的不同说法则特别突出。

一方面，诚如夏普兰对意大利诗人希罗拉莫·格拉齐亚尼所言：“陛下向优秀人物赠送礼品，只不过是体现了国王一贯的行事方式，完全不是出于要受赞扬”。[12]又如他对科尔贝尔所言：问题在于，赏钱“看上去越是无私，就会显得越是难能可贵”。[13]为了表彰国王对作家和艺术家们慷慨大度，曾冲制有一枚纪念章，上有铭文“仁慈的艺术赏赉者”和年份1666年。

另一方面，无疑是要使拿到赏钱的人知道他们是理应要有所回报的。夏普兰写给荷兰学者尼古拉斯·海恩修斯的信中说：“国王慷慨大度，但他明白自己在干什么，他并不想被人当成傻瓜。”[14]
53 夏普兰对格拉齐亚尼说：“为顾全陛下的声誉，对他的赞扬必须要显得那么自然；而要显得自然，这些赞扬就要在其王国境外出版发行”。[15]夏普兰知会德国律师赫尔曼·康林说，大多数受赏者都“已同意将国王伟大的名字书写在”其作品的“首页”。[16]有位受赏者奉命“用你所能想到的最能表达崇敬和伟大的词语”题写赞美国王的献词。[17]另一位受赏者收到建议，要他在其赞扬路易十四的颂文中添上国王每周接见臣民的决定。[18]

诗人、律师和自然哲学*家们都因不同的缘由受到了资助，而撰史人则受到特别的关照。指定皇家史官一直是法国的传统。[19]而科尔贝尔和夏普兰则特别卖力地物色能记录和赞扬国王成就的撰史人。夏普兰写报告时提及的90名文人中有18人是撰史人。1662年，已有6位——包括梅泽雷——史官就职。[20]尽管人才济济的状况令人难以挑选，但夏普兰还是属意尼古拉·佩罗·达布朗库尔——他以翻译家闻名，力荐其就任史官，但事未办成；还是科

* 从前系指自然科学，尤指物理学。——译者

尔贝尔成功地让安德烈·费利比安当上了“记述有关国王的所有事件的史官”。费利比安在此职位上对奉旨绘制的画作、生产的挂毯、营造的建筑物和举行的盛大庆典作了记叙，得到了官方的首肯，出版了一些相关著作。[21]

政府也对自然科学进行了资助：例如，成立了科学院、修建了天文台、发行了科学杂志。尽管成立科学院的想法据说源自一批学者，但科尔贝尔显然参与了这件事。[22]科学院由他以前的一位图书管理员皮埃尔·德·卡尔卡维任院长；意大利天文学家乔瓦尼·多梅尼科·卡西尼应他邀请来到法国；《学者报》起初系由他的另外三名门客——德尼·德·萨洛（夏普兰的一位朋友）、阿马布尔·德·布尔塞（一位曾为黎塞留效劳的人）和让·加卢瓦（曾做过科尔贝尔的孩子们的家庭教师）——编辑。

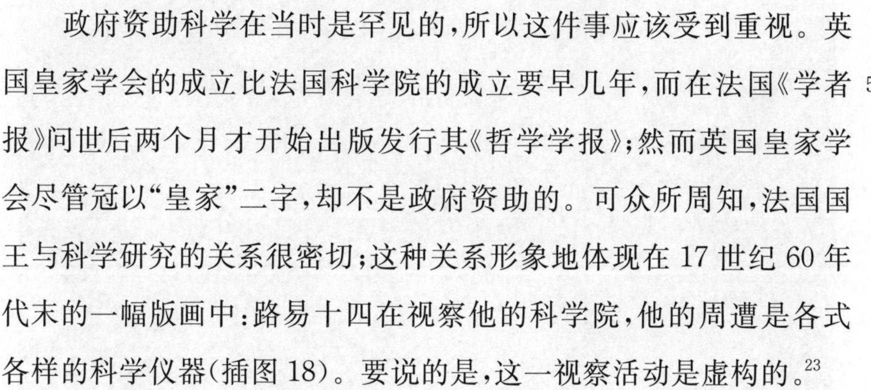

政府资助科学在当时是罕见的，所以这件事应该受到重视。英国皇家学会的成立比法国科学院的成立要早几年，而在法国《学者 54
报》问世后两个月才开始出版发行其《哲学学报》；然而英国皇家学会尽管冠以“皇家”二字，却不是政府资助的。可众所周知，法国国王与科学研究的关系很密切；这种关系形象地体现在17世纪60年代末的一幅版画中：路易十四在视察他的科学院，他的周遭是各式各样的科学仪器（插图18）。要说的是，这一视察活动是虚构的。[23]

为了向人们表明路易十四是个有教养的人，科尔贝尔着手扩充国王从其先人那儿继承下来的绘画、雕像、纪念章、手稿、书籍等皇家藏品。科尔贝尔的门客夏尔·佩罗受命负责出版多卷本国王艺术陈列室中收藏的版画，从而宣传了国王的兴趣爱好及其美德。

18.《路易十四视察科学院》，塞巴斯蒂安·勒克莱尔绘，克劳德·贝罗所著《动物学论文集》扉画，1671年。现藏于伦敦英国图书馆。

科尔贝尔的另一名门客学者皮埃尔·德·卡尔卡维则受命负责皇家图书馆。这位卡尔卡维使科尔贝尔试图(通过夏普兰和孔林)收购著名的沃尔芬比特尔图书馆,以增加国王的藏书。[24]

在艺术品方面,驻外使节们和政府的外国代理人(最出名的是两位意大利教士——罗马的埃尔皮迪奥·贝内德蒂和佛罗伦萨的路易吉·斯特罗齐)奉命留意收集古典雕像、文艺复兴时期大师们的绘画等。科尔贝尔的信函详尽地揭示了他的收集方法:方法多种多样,甚至讨价还价压价收购、收购铸造雕像的模子和复制品(因为比原作要便宜),乃至对不愿向法国国王出售其珍宝的个人和机构——包括藏有韦罗内塞所绘的《最后的晚餐》的威尼斯塞维修道院——施加政治压力。正如艺术品的收集为政治服务那样,政治有时也为艺术品的收集服务。[25]

当然,仅收购古玩是不够的。路易十四还得找人——得找适合的人——绘制新画、雕制新雕像。科尔贝尔犹如在文学方面听从夏普兰的意见那样,在艺术方面通常听取国王首席画师夏尔·勒布朗的意见。[26]据 1665 年见过科尔贝尔和勒布朗在一起的贝尔尼尼所言:“科尔贝尔对待勒布朗就像对待情妇一样,对他是不折不扣的言听计从。”[27]另一位同时代的人则说勒布朗“由于科尔贝尔对他的信任”,已然“称霸画坛”。[28]这一说法使当今的史学家们有了这么一种印象:路易十四的专制统治与勒布朗的称霸画坛是并行不悖的。[29]这一说法有点儿夸张,因为有些画家并不依靠勒布朗而是自主地为国王效力的。[30]

不管怎么说吧,勒布朗凭借在皇家绘画院(他于 1648 年协助 56

成立的组织）中所处的领导地位、其在高伯兰厂——该厂当时正制作“国王演义”系列挂毯——所处的厂长的位置以及其作为一名负责卢浮宫和凡尔赛宫内部装饰的艺术家，成了一个重要的资助人。

同勒布朗、抑或同科尔贝尔关系不好的艺术家不会受聘从事其希望干的活计，皮埃尔·米尼亚尔在其资助人安娜·德·奥斯特里亚1666年去世后的遭遇就是这样；而勒布朗的门客们则往往得以为国王效力，遂功成名就。例如，版画家热拉尔·埃德林克——勒布朗曾参加他的婚礼——成了国王艺术品陈列室的版画师；雕塑家皮埃尔·马泽利纳——勒布朗在他的婚礼上充当证婚人——在凡尔赛宫效力，领取国王给的津贴。

至于建筑方面吗，科尔贝尔的顾问是夏尔·佩罗——当今他以作家闻名于世，因为他加工改写了一些诸如《小红帽》这样的民间故事；科尔贝尔1664年出任营造总监时，他任高级建筑事务官。佩罗在其回忆录中写道：科尔贝尔计划“竖立多座纪念性的建筑物（诸如凯旋门、方尖碑、金字塔和陵墓），以赞美国王”。他的话证实了夏普兰信中提及的状况。[31] 建筑师弗朗索瓦·芒萨尔和乔瓦尼·洛伦索·贝尔尼尼在圣德尼教堂设计修建一座陵墓——比较确切地说，供王室举行丧礼用的小教堂。而1660年国王进入巴黎城时，就有多座方尖碑和金字塔设计布置在市内，其中有座木制方尖碑；1666年夏尔·佩罗的兄弟克洛德·佩罗设计修建了一座赞颂国王的石制方尖碑（插图19）。17世纪70年代修建了数座凯旋门。

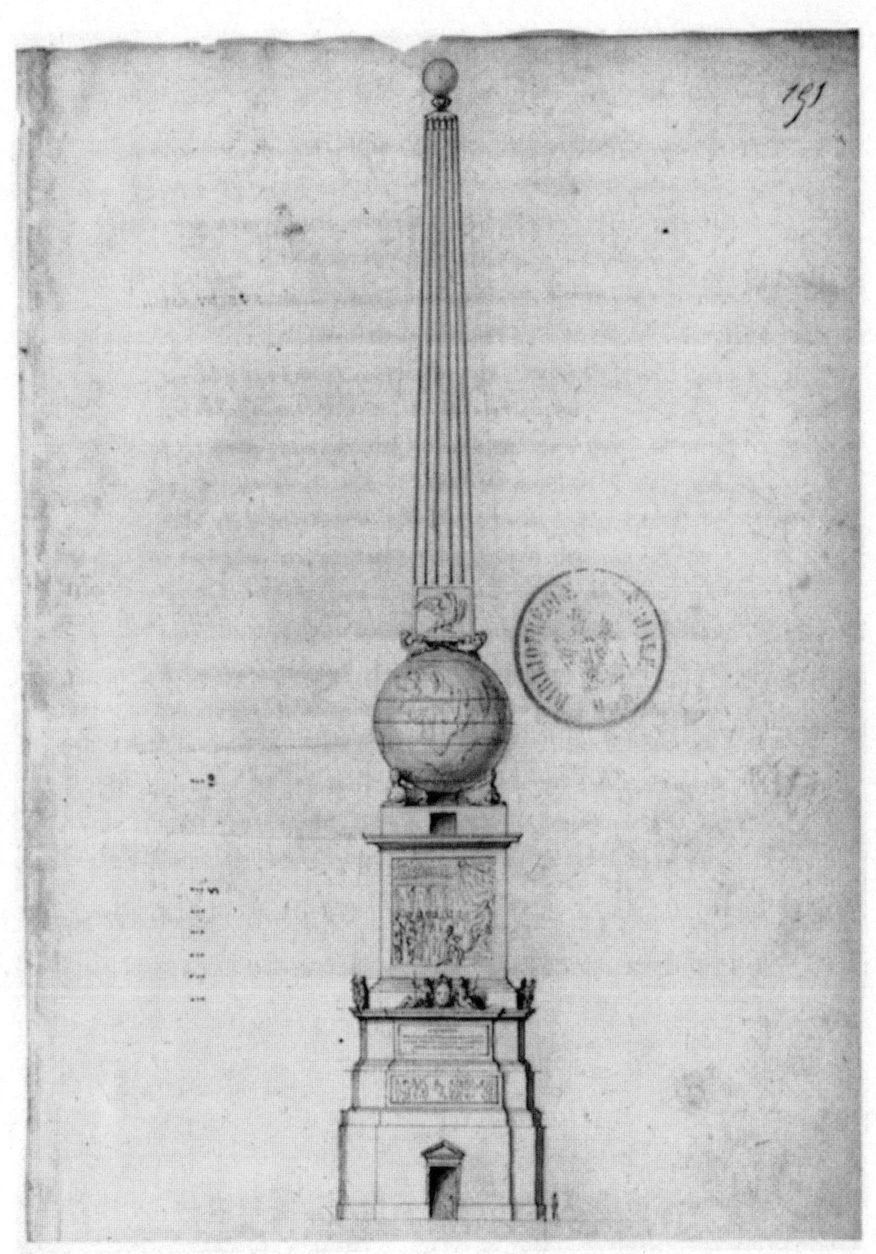

19.《方尖碑设计图》,克洛德·佩罗绘制,1666 年。现藏于巴黎法国国家图书馆。

科尔贝尔对艺术、音乐和文学并没有什么个人爱好。他也许是有意要显得与其前辈黎塞留、马萨林和富凯不一样，个人资助活动很少很少。他本人所感兴趣的是学术，而不是艺术，他的门客是些诸如夏尔·迪康热和让·马比荣这样的学者。[32]

然而这位对艺术不感兴趣的人在其享有权力的20年间，对艺术所花的心血要比像马萨林这样的一些朝臣们来得多，而这些人关心艺术只不过是为了一己之私而已。科尔贝尔招致了一大批艺术家和作家为国王效力。他们中有些人——像作家阿马布尔·德·布尔塞、夏普兰和让·德马雷早先曾为枢机主教黎塞留效劳。其他一些人曾为马萨林效劳：例如，诗人伊萨克·邦塞拉德、作曲
57 家让·康贝福尔、作家弗朗索瓦·夏庞蒂埃。一些最具才华者招引自富凯麾下，其中有勒布朗、勒诺特尔和莫里哀。拉辛通过夏普兰的推荐才引起科尔贝尔的关注，1663年开始领取津贴。那年他才刚刚20出头。

看来当时好像是有意识地制定了这么一种政策：即资助外国人施展其才干，为国王效力。诚如我们所知，外国学者得到了津贴。意大利天文学家乔瓦尼·多梅尼科·卡西尼应科尔贝尔所求从博洛尼亚移居巴黎（他的年俸为9000里弗尔）。外国艺术家应邀至法国在卢浮宫或凡尔赛宫从事创作。例如，瑞士画家约瑟夫·韦尔纳在法国大使力荐下，于1662年应邀前往巴黎。佛兰德版画家热拉尔·埃德林克1666年到巴黎。雕塑家马丁·范登博盖尔特1670年到法国，他的法文名字“德雅尔丹”即暗指他原籍佛兰德。

科尔贝尔的重大贡献在于他对各类文学艺术均能为国王的荣 58
耀增辉添彩这么一种总的看法。他听取专家们——主要是夏普兰、佩罗和勒布朗——的具体意见，而负责政府资助活动的组织工作，确切地说，就是使政府资助官僚机构化。

我使用“官僚机构化”一词，并不是要说近代早期在艺术界和政界起作用的庇护者－门客－评介推荐人这一传统的保护人体制就寿终正寝了。[33]诸如勒布朗和莫里哀这样的一些艺术家和作家在被国王招纳之前曾是财政大臣的门客。夏普兰在国王的文学资助制度下充当着评介推荐人。其他方面的评介推荐人也还在起作用。例如，拉辛通过一名中介人将其所写的第一首诗呈送给了夏普兰。作曲家安德烈·德图什通过未来的摩纳哥国王才受到路易十四的垂青。这类事例不胜枚举。

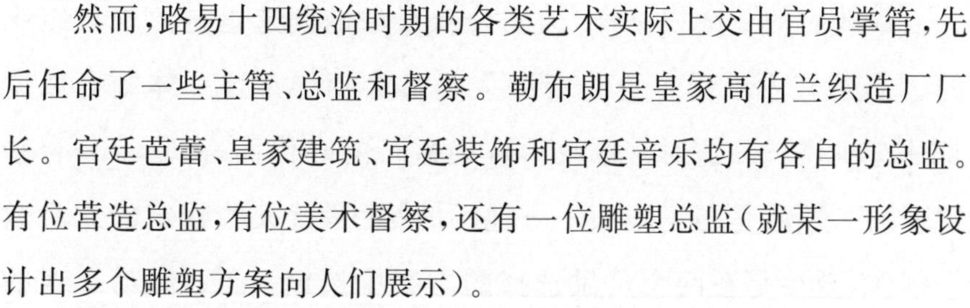

然而，路易十四统治时期的各类艺术实际上交由官员掌管，先后任命了一些主管、总监和督察。勒布朗是皇家高伯兰织造厂厂长。宫廷芭蕾、皇家建筑、宫廷装饰和宫廷音乐均有各自的总监。有位营造总监，有位美术督察，还有一位雕塑总监（就某一形象设计出多个雕塑方案向人们展示）。

艺术官僚机构化的另一组成部分是院所机构这一体制——相当于 17 世纪欧洲各国政府建立起来的各类艺术专门学会体制——的建设。科尔贝尔不仅创建了各类专门院所机构，还为其成员的工作规定了规章：以法兰西学院为例，为其成员确立了固定的作息时间，还给他们安了一座摆钟，以确保他们的时间观念像他这位大臣所想要的那么强。

官僚机构化的做法还有各类专门委员会的相继组建:像设计修建卢浮宫各种可行性图案的小组,而更为重要的是那“小学院”——这小学院原来根本就不是什么学院,而是“一种处理与纯文学有关的一切事务的小委员会”。[34]

这一委员会的成员(夏普兰、夏尔·佩罗、布尔塞、卡萨涅和弗朗索瓦·夏庞蒂埃)每周二和周五在科尔贝尔家碰头。他们的任
59 务主要是指导国王公众形象的制造。文稿——包括费利比安和佩罗本人描述纪念活动的文稿——付梓前由他们先行校阅。[35]他们审查挂毯和纪念章的设计,并撰写描述挂毯和纪念章的文稿。他们至少还花了几年的时间在路易十四时代历史的修编上。[36]这一委员会的成立表明科尔贝尔对执行制造国王形象这一任务是非常认真的、他的宣传意识是很强的。

跟政府的行政权一样,国王公众形象的制造也是由中央组织的。[37]各组艺术家受各自的资助人委员会指导。这一体制可以说是种有机体——这对官僚政治日趋盛行的时代而言,是十分合乎情理的。顶层是国王本人——他不时插手,就某些特定的作品邀人创作,至少是在两个可供选择的方案中选定一个。路易十四的下面是科尔贝尔——他尽管有其他事务要料理,但还是爱事事过问,操持一切。科尔贝尔下面是他的得力助手,特别是其中的三位:夏普兰、勒布朗和夏尔·佩罗。夏普兰向他提出文学方面的建议,勒布朗向他提供有关绘画和雕塑方面的建议,而夏尔·佩罗则在建筑方面为他出主意。音乐(包括芭蕾舞剧和歌剧)不受科尔贝尔掌管,由吕里指导。

总而言之，人们称之为“颂扬院”的成立是为了组织描绘国王形象的工作，更确切地说，是要制作一部描述路易十四统治时期重大事件的影片——“国王演义”。该把话题从组织工作转到组织工作的成果了。

22.《装扮成罗马皇帝的路易十四》(部分),采自夏尔·佩罗的《进首都庆祝活动》,1670 年。现藏于伦敦英国图书馆。

第五章　自主 61

生活在这样一位君主统治时期，
我们只不过是一群蝼蚁；
他从未关注过我们，
对我们的生死全然漠视；
他慷慨大方啊，
乐善好施：
只不过是封侯定官阶，
仅此而已。

——高乃依:《奥东》,第二幕第四场

上一章论述的内容,可称之为是对路易十四进行颂扬的组织机构——特别是从17世纪60年代初开始筹建的组织机构——的创建。本章拟论及国王形象本身——从1661年亲政到1667年遗产继承战开始这一时期的形象。我们可以称这些年为“自主时代”。年轻的国王在其导师、朝臣马萨林去世后,即可自行作出重大决策了。具有讽刺意味的是,这种自主犹要被视为一种集体行为——国王的顾问和形象制造者们均参与其间的集体行为。

亲政的神话

17 世纪 60 年代，年轻国王的形象是种全心全意处理国务和为其臣民谋幸福的掌权者形象。亲政本身就构成了一大值得庆祝的事件，而从戏剧性地提出亲政问题这一点来看，则构成了一种神话、一种“不可思议的事件”。

国王欲亲政的意愿，起初是在与掌玺大臣的一次交谈中表达的，而后又向一些大臣和秘书们作了传达，纯系一种半私下的运作。[1] 官方的《法兰西公报》当时没提及此事。1661 年 3 月 9 日马
62 萨林去世后，《法兰西公报》报导说，法国神职人员代表觐见国王表示慰唁，他们的发言人宣称国王不仅在军事行动中不屈不挠，而且在国务活动中亦孜孜不倦。[2]《法兰西公报》本身也在四月份述及了这层意思，着重提到国王对国务（诸如国务会议）非常关注。就连提到国王狩猎时，报纸也说平日里“十分勤勉”，一心一意为国务操劳，借这一活动休息片刻，放松一下。[3]

国王回忆录中记述的 17 世纪 60 年代这一时段里记载有一份 1666 年前后由国王的秘书们草拟的、用以教育——回忆录称之为培训国王工作——王太子的机要备忘录。备忘录在述及 1661 年时对上述事情作了详尽的叙述。路易十四在备忘录中说明：他决定“首要的一点是不再设首相”。备忘录有段极佳文字，把路易十四描绘成“了解所发生的一切；倾听朕的那些最卑微的臣民们的心声；时刻关心朕的军队的数量和素质以及朕的各要塞的状况；不断下令满足军队的所有需求；接受公文，批阅公文；有些公文朕亲自

回复，其他公文则口述让朕的秘书们执笔回复；规定朕的政府收支额度”。[4]

国王亲政这件事以各类文字形式和种种视觉形象广泛传输给公众。上文引用的《法兰西公报》所述也许足以使读者们理解高乃依当时在其戏剧《奥东》——1664 年在枫丹白露宫首次演出——中的言论。该剧以加尔巴皇帝统治时期为背景，他的一位大臣议论道：臣僚们对统治者无足轻重，他并不仰仗他们，他自行分发赠品、自行任命官员（见本章引语）。

路易十四统治后期也以种种视觉形象纪念国王亲政这件事。最著名的视觉形象是勒布朗绘制在凡尔赛宫大画廊天花板上的一幅画作，题跋为：“国王接掌其统治大权，一心献身于国事”（插图20）。[5] 路易十四双手掌舵，表明他这时候已是国家这艘航船的船长了。美惠三女神为他加冕；代表法国的一个人物形象抑制着纷
争；婚姻女神许门手持象征丰饶的丰饶角。智慧女神密涅瓦向国 63
王出示荣耀光环，要给他戴上，而胜利女神维多利亚和荣耀女神则伴随着国王。天上众神在援助路易十四。[6]

1661 年冲制的三款纪念章对国王亲政作了比较确切的说明。[7] 第一款铭刻着“国王接管政府”，象征着国王亲政后的“秩序与幸福”，而 1702 年的官方评论述及革除弊端、繁荣文学艺术和科学以及再现丰饶景象时，则又发展了“秩序与幸福”这一词组的内涵。另外两款纪念章使国王的形象更为丰满。其中的一款刻有铭文“国王勤勉议事”，而诚如 1702 年的官方评论所言：尽管有其他许多工作要他花时间去做，甚至生病了，他仍勤勉如常。另一款的铭文为“国王平易近人”。[8]

20.《国王亲政》，夏尔·勒布朗绘，天花板装饰画，1661 年。现藏于凡尔赛宫。

铭文和评论用词的相仿、回忆录与《法兰西公报》用词的类似这一现象，值得重视。第一款纪念章像回忆录那样，将国王亲政说成是秩序的恢复、“一片混乱”时期的结束。[9] 第二款纪念章像《法
64 兰西公报》那样，使用了“勤勉”这一词语。第三款纪念章则同回忆录一样，强调了臣民们易于接近国王这件事。这种不同文字形式和不同视觉形象之间的相互参照在当时对路易十四进行描绘时是种普遍现象；这使人们产生了这么一种印象：即存在着一种严密通力合作描绘国王的事实。夏普兰叮嘱意大利作家达蒂将国王平易近人一节写入他的颂文这件事，又证实了这种印象。[10]

较　量

17 世纪 60 年代初的一些事件表明，年轻的国王及其顾问们决心要给国内外公众留下一种果断干练的印象。所使用的手段是外交手腕和庆祝活动；其他传媒（艺术表现形式）均对这两种手段使用的状况作了精心的描述。

外交方面，两件大事标志着政策的改变：一件发生在伦敦，一件发生在罗马。1661 年，法国大使与西班牙大使之间就优先权所发生的争执，导致双方随行人员在伦敦街头发生了一次塞缪尔·佩皮斯称之为的“打斗”。这一事件不仅仅是场不成体统的斗殴，更搅扰了一次重要的外交活动（瑞典大使莅临拜见查理三世）。路易十四支持其使臣的行为，而西班牙驻法国宫廷大使则为所发生的事表示歉意。

也就是说，这一事件很可能是有预谋的，是要表明法国君主要强于西班牙君主费利佩四世——路易十四的舅父和岳父。[11] 法国 1662 年对教皇的科西嘉人禁卫队对法国驻罗马大使的所谓侮辱作出的反应，强化了这一看法。1664 年教皇通过其代表枢机主教奇吉表示了歉意。

这两次外交胜利都在图像中有所体现。勒布朗设计的两大幅挂毯图示了教皇和西班牙国王的正式道歉（插图 21）。同一主题反映在勒布朗为大画廊所绘的装饰画上，题词为“西班牙确认法国优势”和“科西嘉人为冒犯行为致歉”。西班牙的致歉也反映在大型“使节阶梯”的浮雕上，显然是为了激励世人。西班牙的形象是

21.“用以宣传的挂毯”。《费利佩四世与路易十四会晤》，采自《国王演义》组画，夏尔·勒布朗绘，挂毯，1670年前后。现藏于巴黎国家家具收藏馆。

个“在撕扯自己衣服”——这“象征着该国深怀怨恨”——的女人。[12]荷兰学者海恩修斯以其一首描述科西嘉人禁卫队事件的拉丁文诙谐短诗赢得了赏酬。此外，还制作了纪念章纪念这些事件，
65 包括纪念一件纪念物——为纪念科西嘉人禁卫队事件而在罗马竖立的一座金字塔碑（后遭毁）。[13]

收复敦刻尔克——1662年购自查理二世——也作为一重大胜利进行了庆祝。科尔贝尔让夏普兰请夏尔·佩罗写一写这件事。[14]勒布朗绘制了一幅国王骑马图。图上的背景为刚收复的敦

刻尔克市。[15]敦刻尔克也是皇家绘画院组织的首届有奖竞赛的主题。[16]

华美宏伟

用以给欧洲留下深刻印象的另一种方法，不那么激烈。礼仪、艺术和建筑均可被视为表现自主的手段，可被视为使战争和外交延续的另一种方式。路易十四统治期间，官方着重强调他是伟大慷慨的庇护者——资助人这一形象。这一角色如同他在政治和军 66
事上的角色一样，也成了一种神话。路易十四的一位御用艺术家在对皇家绘画院所作的一次讲座中说他“使大批杰出人士纷纷涌现、成才；他们成了为他的统治增光添彩的人”。[17]

这一时期的其他事件包括一些院所机构的建立和赐予一些文人的赏赉。这些事件后来都有纪念章对之加以赞扬。[18]

路易十四统治时期壮观的公开展示之一，是1662年组织的一次在杜伊勒里宫前广场上举行的骑兵竞技表演。骑兵竞技表演是骑兵进行的一种竞赛，有中世纪民众喜闻乐见的跑马用枪挑取悬挂的圈环和其他武艺表演。这种骑兵竞技表演在文艺复兴末期演变成了一种马上芭蕾。路易十四在马上的“罗马皇帝”形象同他在舞台上的形象一样，不过这时的观众要多得多。贵族们分成5队，各队统一身着奇装异服——据说有罗马服、波斯服、土耳其装、印度装和美洲装。每位参赛者的盾牌上有着各自的图案，国王盾牌上的图案是太阳，铭文为“我见，我征服”。国王在竞赛中确实表现不俗；一部大型对开本的版画册收有纪念这一事件的版画，并配有

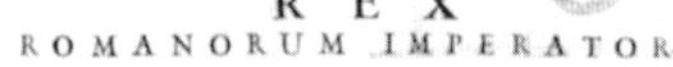

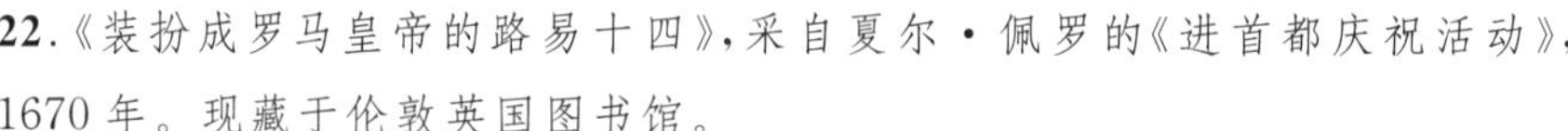
22.《装扮成罗马皇帝的路易十四》，采自夏尔·佩罗的《进首都庆祝活动》，1670年。现藏于伦敦英国图书馆。

夏尔·佩罗撰写的说明文字(插图22)。国王回忆录中强调了这一事件——路易十四统治时期首次十分壮观华美的娱乐活动——的政治意义。[19]

这十年间极其精美的大型工程当然是卢浮宫和凡尔赛宫的重建啰。卢浮宫原来是中世纪的一座离宫，弗朗索瓦一世统治时期按文艺复兴时期风格改建。其规模太小，难以满足17世纪宫廷的需求，而1661年那场大火又烧毁了其部分建筑，因而重建工作就紧迫地提上日程了。决定修建一座新宫，并决定聘请几位最杰出的建筑师——有法国人，也有意大利人：他们是路易·勒沃、弗朗索瓦·芒萨尔、克洛德·佩罗、卡尔洛·雷纳尔迪和乔瓦尼·洛伦索·贝尔尼尼(他曾深受枢机主教马萨林的赏识)——进行设计。[20]

贝尔尼尼1665年应邀赴法。人们想要知道的是：之所以邀请他是出于马萨林对他的作品感兴趣呢，还是要使教皇亚历山大七世失去其最杰出的艺术家，以进一步羞辱他。贝尔尼尼抵法后，受到隆重礼遇，国王亦感到如愿以偿；然而他与科尔贝尔和夏尔·佩
罗发生了龃龉，他们对他的设计进行了非难；他未能受聘参与设计 67
工作，但他却制成了一尊绝佳的路易十四半身像。[21]

科尔贝尔（抑或他的下属佩罗）几番上书，说贝尔尼尼的设计不切实际，不适合法国气候，未充分考虑到安全问题；总而言之，只注重外观，“根本就没有考虑国王的舒适问题”，花费 1000 万里弗尔，国王还是像从前那样待在窄小的空间里。[22]而贝尔尼尼则尖刻地诉说：法国政府只关心“厕所和管道”。

最终获得官方认可的卢浮宫建设方案是由勒布朗、勒沃和克洛德·佩罗组成的一小型委员会拟订的。根据这一方案建成了卢浮宫，并冲制了一些纪念章对之加以庆贺。[23]然而国王很少待在这座宫里；该宫成了形象制造者们的活动中心。几位最杰出的艺术家获准进驻卢浮宫，并获准在此设创作室。例如，吉拉尔东 1667 年移居该宫。法兰西学院也获准在卢浮宫拥有数间活动室，并冲制有一款纪念章纪念这件事。[24]读一读国王与科尔贝尔之间有关这件事的通信，是很有意思的。科尔贝尔进言道：卢浮宫“比较适合”于法兰西学院，但更适合于皇家图书馆。他像批评贝尔尼尼的设计那样，仍喋喋不休地谈论什么适合不适合的问题。然而路易十四不顾可能会给法兰西学院的人员造成不便，仍决定让法兰西学院进驻卢浮宫。[25]

国王这时已将注意力投向凡尔赛宫——当时是座小型离宫， 68
路易十三于 1624 年所建。路易十四亲政伊始即特约勒沃扩建凡

尔赛宫，特聘勒诺特尔设计花园；科尔贝尔对此提出异议，反对把钱花在“这所房子”上，理由是：这样做“想到的只是陛下的享乐和消遣，而不是您的荣耀”。[26]

对总将太阳王的荣耀同凡尔赛宫紧密相联的后人说来，这番话听上去很奇怪。我们应当认为这位年轻的君主比其重臣具有更为强烈的政治意识——或曰更为敏锐的宣传意识——吗？路易十四当时所想的很可能就是要消遣，就是要有个举行游乐会的地方、要有个与拉瓦利埃小姐幽会的地方。他和科尔贝尔很可能都没有想到凡尔赛宫在42年的修建、改建后会是个多么重要的场所。[27]

年轻的国王与这位中年大臣之间这次众所周知的冲突，提出了一个最最重要的问题。谁握有决定大权？卢浮宫嘛，是科尔贝尔说了算。国王从小型委员会提供的几个方案中亲自挑选核准了最终方案。[28]然而我们知道他偏爱贝尔尼尼的第二套方案。[29]科尔贝尔似乎说服路易十四放弃了他所偏爱的方案。贝尔尼尼意识了问题之所在。他有一次曾表示：他如果想要在法国待下去的话，“就要恳求国王就建筑问题直接同陛下单独商谈”。[30]路易十四推崇华美宏伟，并不赞赏舒适安逸。

如果说科尔贝尔在如何处理卢浮宫的问题上如愿以偿了的话，那么路易十四则在凡尔赛宫的建设问题上赢得了胜利。而国王又特爱音乐、舞蹈和戏剧。17世纪60年代，路易十四经常参加宫廷芭蕾舞剧的演出，扮演亚历山大大帝、波斯国王居鲁士、具有骑士气概的英雄人物罗杰。1661年舞蹈院的成立十分符合他个人的兴趣爱好，而同年任命让－巴蒂斯特·吕里为其室内乐总监也合他的心意。宫廷演出活动的组织工作由国王十分宠信的贵族圣埃尼安公爵掌管；而国王亲自参与这些演出活动，也是众所周知的事实。

例如，路易十四为1664年的《神奇岛乐趣多多》从塔索的著作 69
中选定主题，后来也为基诺的《阿马迪斯》从塔索的著作中选定了主题。[31]莫里哀承认是路易十四让他在其戏剧《不知趣者》（1661年）中加了一个人物，并承认是路易十四为《漂亮的情人们》（1670年）设计的情节。

国王这时似乎对他的图书馆和雕像收藏馆并不怎么感兴趣。这些形式上的华美宏伟只不过是其官场特质的一个组成部分。[32]而他则钟情于绘画作品——至少是某种类型的绘画作品（诸如战斗场面一类的画作）。1669年，专画战斗场面的佛兰德画家亚当-弗兰斯·范·德·莫伊伦刚出生的儿子洗礼时，路易十四抱了他一下，以此表示对画家的敬重。

众所周知，国王非常喜欢勒布朗以亚历山大大帝为题材的画作。不管是拉辛启发了勒布朗还是勒布朗启发了拉辛，反正画家和剧作家两人都选中亚历山大为主题——此外，1665年邦塞拉德的芭蕾舞剧也选用了这一主题——进行了创作：这表明，他们都认为路易十四这位年轻的征服者同亚历山大这位年轻的征服者一样伟大，要对他们表示同样的敬意。[33]

23.《路易大帝》,纪念章,让·瓦兰设计,1671 年。现藏于巴黎法国国家图书馆纪念章陈列室。

第六章　胜利的年代 71

看哪，胜利女神和荣耀女神是多么喜欢给这么一位非常仁慈的君主戴上一顶又一顶的桂冠啊！

——《法兰西公报》，1672 年

路易十四在 1662—1664 年期间采取了外交攻势后，就很自然地要踏上为王位增光的道路——一条赢得对外战争的道路——了。最初的几次战争——诸如 1667—1668 年的遗产继承战和 1672—1678 年的对荷战争（至少在战争初期是占据上风的）——的确是赢得了胜利。本章拟探讨、论述这些年赢得胜利的英雄形象，并要着重探讨、论述一大著名事件——1672 年入侵荷兰共和国，特别是国王的军队泅渡莱茵河。

遗产继承战

1665 年路易十四的王后玛丽亚・特雷萨的父亲费利佩四世驾崩，他以其后的名义要求继承西属尼德兰，以此发动了遗产继承战。宣传小册子一本本问世，阐明路易十四提出要求的理由，坚称他所想要的只不过是他理应得到的权益，以此树立路易十四作为统治者的良好形象。赫尔曼·康林——赫尔姆斯泰特大学法学教授，定期领取酬金的外国学者之一——主动撰文支持国王的要求。[1] 皇家出版社刊行了一篇匿名法文专论《最最虔诚的基督徒王后拥有继承西班牙王国诸领地的权利》。这篇专论是在布尔塞(小学院成员)指导下工作的班子撰写的，夏普兰和夏尔·佩罗对之作了修改，并很快即被译成拉丁文、西班牙文和德文。[2]

72 夏尔·索雷尔和安托万·奥贝里也撰文支持国王的要求。索雷尔——宫廷史官(以前曾任法律顾问的文书)——发表了数篇论述法国国王权利的文章，奥贝里——巴黎最高法院的律师——则发表了《法国国王对神圣罗马帝国的一些正当要求》一文。该文在受到德意志各诸侯的抗议后遭禁，其作者亦被投入巴士底狱；但“这些正当要求”很可能是官方授意提出的。[3]

文章中的论点提出后数周，法军即入侵西属尼德兰。国王在这次战役中起了引人注目的作用。路易十四依据传统亲率大军。而有悖传统的，则是他令王室(包括王后和两名王后陪侍——拉瓦利埃公爵夫人和蒙特斯潘侯爵夫人)随其出征。

还有两位画家亦应邀伴随国王：这可能是要使《国王演义》更显真实。他们中的一位是夏尔·勒布朗，另一位是亚当-弗兰斯·范·德·莫伊伦——他刚被任命为宫廷画师，诚如其姓氏范·德·莫伊伦所示，他是个佛兰德人；他发现伴随国王出征是在参与入侵自己的祖国。

诚如这两位画家的画作所绘，又如版画、挂毯、纪念章所示以及诗歌和当时编撰的路易十四时代史所述，这场战争的主要事件是：围攻杜埃(插图24)、里尔、乌德纳尔德和图尔内以及布鲁日附

24.“路易十四身处堑壕阵地”。《1667年围攻杜埃》，亚当－弗兰斯·范·德·莫伊伦绘，版画，1672年前后。现藏于罗得岛布朗大学图书馆安妮·S.K.布朗军事收藏室。

近的一次胜仗和攻占弗朗什－孔泰（插图25）。1668年在艾克斯拉沙佩勒*签订和约，弗朗什－孔泰归还西班牙，里尔则并入法国。凡尔赛宫里举行了一次大型活动庆祝战争的结束；勒沃、维加拉尼、吕里和莫里哀都积极参与了活动，作出了各自的贡献，而法国驻美因茨大使则安排了一场演出，剧名为《和平新曲》。[4]

同时也采用了一些具有比较长效性的艺术表现形式，来对这次战争进行庆祝和颂扬。皇家绘画院宣布举行一场角逐，以“路易十四给欧洲带来和平”为主题的最佳画作比赛。范·德·莫伊伦

* 即亚琛，又译称阿亨。——译者

25.“征服者路易十四”。《攻占弗朗什－孔泰》，版画，夏尔·西蒙诺仿制自勒布朗画作，1680年前后。现藏于伦敦英国图书馆。

不虚伴随国王佛兰德之行，绘制了表现国王在乌德纳尔德、阿拉斯、里尔和多尔的画作。这四幅画都刻印成了版画，从而得以更为广泛地流传；而夏普兰还为版画编配了文字说明。[5] 勒布朗设计的、反映路易十四朝重大事件的一组挂毯选绘了这场战争的五大
74 事件——围攻杜埃（一发炮弹差点儿击中站在壕沟里的国王）和图尔内（路易十四将头探出胸墙）、攻占里尔和多尔以及布鲁日附近的战斗。[6]

路易十四朝后期冲制的纪念章中，有一些分别纪念这场战争、

艾克斯拉沙佩勒和约、攻占弗朗什－孔泰、将弗朗什－孔泰归还给西班牙或占领七座城池(图尔内、杜埃、库特赖、乌德纳尔德、里尔、贝桑松和多尔)的徽章。

描绘围攻杜埃的纪念章同挂毯上的图案一样,所显示的形象是路易十四站在堑壕里,并刻有一段表明他在战场上的角色的铭文:"国王是统帅又是士兵"。[7]

将国王描绘成事必躬亲这一点值得注意。我们可以想见,蒂雷纳——一位杰出的、战斗经验丰富的将军——是真正的司令官;但官方却说他只是在执行国王的命令。夏普兰在一封私人信函中说孔代是征服活动的"主要工具"。而夏普兰在一首公开发表的诗作中则将攻占弗朗什－孔泰归功于国王。[8] 描述后来的胜利时,也是这种说法。我们可以将其解释为颂文的传统手法使然,也可以将其说成是因为国王极其不愿与他人分享其荣耀。

赢得这些胜利之后,国王就被称之为"路易大帝"了。这一称号好像首次应用于1671年巴黎市为向国王表示敬意而冲制的一款纪念章之铭文(插图23)。[9] 不久,一些纪念章和当时巴黎建造的一些凯旋门就都跟风而上,采用了这一称号。夏尔·佩罗在其回忆录中记有:"攻占佛兰德和弗朗什－孔泰后,科尔贝尔建议搭建一座凯旋门以颂扬国主。"[10] 1670年,夏尔·佩罗的兄弟克洛德设计了一个图样;国王认可了设计模型。

设计好的凯旋门在王权广场动工兴建,但一直没有建成。科尔贝尔在其一则备忘录中就动工兴建的凯旋门联想到了新落成的天文台(1671年开始使用),认为这新天文台似乎也是颂扬国王的一座纪念建筑物："凯旋门表示征服地。天文台表示征服天。"[11]大约也在这时——1668 年——国王决定在凡尔赛修建一座全新的宫殿，并将任务交给了勒沃。就像凯旋门那样，勒沃设计的凡尔赛宫巨型阶梯也是要成为一种"当这位伟大的君主得胜光荣回朝时迎接他的合适的"建筑物。[12]

诗人和撰史人也以不同方式表达对国王的颂扬。例如，夏普兰撰写了多首十四行诗赞颂入侵佛兰德、攻克弗朗什-孔泰和围
75 攻马斯特里赫特。[13]某药学博士对"国王的征战"作了逐日记述，并赋诗抒怀，为法国对尼德兰拥有继承权的主张进行辩护，赞扬国王的"非凡智慧"，"其智慧超越以往数世纪里那些最伟大的政治家们的智慧"。[14]73 岁高龄的让·德马雷——他大半辈子都在颂扬路易十三和黎塞留——亦为弗朗什-孔泰战役献诗一首。莫里哀也就此战役赋了一首十四行诗；而高乃依则在"国王从佛兰德凯旋归来时"称他为"头戴桂冠的""伟大征服者"，赞美他的"伟大行动"和他那"令人敬畏的勇气"，并说国王出征获胜神速，令诗人来不及提笔为一次次胜利献诗称颂。[15]这位高乃依还将耶稣会士夏尔·德·拉吕为赞颂 1667 年的历次胜利而写的一首拉丁文诗歌译成法文，诗中将国王在征战中的作用与圣路易在十字军东征中的作用相提并论，并再次提及他亲赴作战前线堑壕阵地一事。[16]

对荷战争

遗产继承战时，路易十四令画家陪他一同出征；对荷战争时，

他带的是撰史人。佩利松 1677 年以官方撰史人身份入住佛兰德；布瓦洛和拉辛 1678 年接替了他的职位。人们也许会认为，画家和作家们为赞颂遗产继承战已穷竭技艺、搜索枯肠，再也拿不出什么新鲜的语汇来表述 1672—1678 年的对荷战争。对这第二次战争（包括再次攻占弗朗什-孔泰）的描绘与对第一次战争的描绘的确有许许多多的雷同之处：实际上要用颂歌和战争画这类体裁本身具有模式化倾向这一点，来对此现象作解释。不过至少有一件事——1672 年横渡莱茵河——给了诗人和画家们一次创新机会，而他们也确乎牢牢把握住了这一机会。我也要利用这一机会，极其详尽地研究一下对这件事的种种生动描绘。

夏普兰对美化国王所作的最大贡献之一，就是帮助传播官方对这次战争的解释。他在给赫尔曼·康林的一封信中坚称，国王对荷兰发动战争只是要惩戒其忘恩负义，以儆效尤。他在送给科尔贝尔的一首十四行诗中将荷兰共和国拟人化，使她悔恨自己的“傲慢”、“无礼”和“不忠”。他还发现一个名叫弗里希曼的人用拉丁文写了一首关于这次战争的诗，于是将此人推荐给科尔贝尔，声称由一名德国作家来赞颂陛下的胜利及其事业的正义性“对陛下必定是有利的”。[17]

关于这次战争缘由的官方说法，我们可以从拉辛——1677 年 76
（同布瓦洛一道）被指定为皇家撰史人——那里了解个梗概。这一职位并不是个挂名差事，战争时期更是如此；几年来，拉辛将其注意力从戏剧转移至撰写赞美国王的“历史颂文”和记述 1672—1678 年国王的征战活动。[18]根据拉辛的说法，路易十四已证明自己

“既是个杰出的统帅，又是个伟大的政治家”，用不着再发动一次战争了。“当荷兰乃再次向他提供机会扬名天下、为世人永志不忘的行动开辟道路时，他已是受万民尊崇、敌人敬畏、全世界景仰，似乎除安享确凿无疑的盛名外就再也不用劳什么神了。”[19]

荷兰的“傲慢无礼”激怒了国王（高乃依在1672年写的一首诗中也称荷兰人为“这个傲慢无礼的巴塔维亚人*”）。按拉辛所说，荷兰共和国“与法国的敌人结盟”、压迫天主教徒、与法国贸易进行竞争、“并吹嘘说她仅凭自己的力量即已遏制住了国王的征服活动”。路易十四决定“惩罚”荷兰，并抛却宫中舒适生活，干冒沙场风险，不顾战事劳顿，御驾亲征。一日之内，连夺四要塞（莱茵贝尔格、韦瑟尔、布里克和奥尔索伊）。为纪念这一事件，冲制了一款纪念章；纪念章上的胜利女神手持四顶桂冠（而通常是一顶桂冠）。法军向前挺进，赢得了“一场彪炳千古的胜利”，其中最为著名的事件是跨越莱茵河。

各报刊自然都对这一胜利作了报导。《法兰西公报》发行特刊报导了“这位非凡的君主”的“值得称颂的行动”，且文风大变，一改其通常用以表述的简练质朴的文体，采用了颂文格调；报导强调国王就像“其军队中的最低一级军官或一名士兵那样”“冲锋陷阵”，并着重指出“他洞察一切，成竹在胸”。《法兰西公报》就像在描绘一幅国王画像或雕像时所评述的那样：“看哪，胜利女神和荣耀女神是多么喜欢给这么一位非常仁慈的君主戴上一顶又一顶的桂

* 荷兰古称巴塔维亚。——译者

冠啊！”[20]

而《法兰西公报》将“著名的跨越莱茵河”一事——这已是世人
熟知的事件——说成是就连恺撒也未能取得的成就：恺撒是架桥
渡的河，而路易十四——他“比恺撒们更会解决一切难题”——则
没有采用这种惯常的手段就克服了障碍。法国军队径直下河游到
了对岸。《法兰西公报》所发行的第二期特刊是专门报导国王得胜
回朝后一系列庆祝活动的：巴黎圣母院举行感恩礼拜和杜伊勒里 77
宫燃放烟火——伴有“发光的”阿波罗、胜利女神、带枷的荷兰以及
正义之手（以此表明维护正义是国王所有英勇行为的“唯一目的”）
“形象”。[21]

诗人们——高乃依、布瓦洛、弗莱希埃、菲雷蒂埃、热内等——跟随形势，立即赋诗赞颂国王的这些英勇行为。高乃依指出：西班牙的指挥官们——诸如阿尔瓦和法内塞——是不会赞同荷兰军队打过莱茵河的，并以国王的口吻宣称要胜过罗马人的业绩。他提及了一些泅渡官兵的姓名；但对路易十四说，他们的勇气完全是“源自于您亲临现场”。[22]诗中有许多生动的详情描绘，例如描述莱茵河时说它对国王的英勇行为“惊愕不已”。布瓦洛以同一题材撰写的《第四封信》和夏尔－克洛德·热内以同一题材赋就的颂诗，也描绘了河神惊恐万状的景象。[23]

艺术家继诗人之后亦开始行动。皇家绘画雕塑院以跨越莱茵河为主题举行了1672年的有奖竞赛。[24]17世纪七八十年代凡尔赛宫——正嬗变为“太阳宫”——进行装饰时所采用的图案均直接或间接地绘有国王的这些英勇行为。[25]凡尔赛宫内那著名的使节阶

梯的装饰——1680 年完工，可惜 18 世纪被毁——中有一浅浮雕，表现“国王在下令向敌人进攻。空中翱翔着英勇尚武之神的形象。莱茵河呈一老人形象，用手势表达其惊恐状”。[26]

17 世纪 80 年代，勒布朗在凡尔赛宫的大画廊中绘有 9 幅有关对荷战争的油画。其中有一幅是：路易十四乘坐战车，手持雷电，密涅瓦女神、赫拉克勒斯、荣耀女神和胜利女神拟人形象护卫他飞越莱茵河（插图 26）。勒布朗像高乃依和布瓦洛在他们的诗中描绘的那样，也在画中表现了河神的“惊恐状”。[27] 当时有篇描绘凡尔赛宫装饰画的文章流传甚广，文章要读者注意的地方不是那些画中的形象，而是渡河这件事本身——“这是一次极其英勇无畏、惊世骇俗、值得纪念的行动，委实史无前例”——以及路易十四的“勇猛刚毅”和“他那非凡的胆识”。[28]

当时有许多描绘渡河事件的画作；勒布朗的作品只是其中最著名的一幅。雕塑家米歇尔·昂吉埃以讽寓手法表现渡河事件：一女子形象寓意荷兰，坐于狮背，“呈惊恐状”。[29] 画家约瑟夫·帕罗塞尔为马利宫的走廊绘制了一幅描绘渡河场景的画作，“国王十
78 分赏识，下令将其挂置于凡尔赛宫的议事厅”。[30] 范·德·莫伊伦是根据这一渡河事件绘制成一件值得注意的画作（插图 27）的又一位画家。为纪念 1672 年的各大事件，还冲制了一组又一组的纪念章：有的描绘荷兰军队的失败，有的描绘对荷兰城市的占领，有的描绘横渡莱茵河。宫廷画师们谅必画腻了生有双翼的胜利女神。[31]

官方对 1672 年以后的战争——令人瞩目的事件是 1673 年

13天拿下马斯特里赫特要塞和1674年再度攻克弗朗什－孔泰——所作的描述，始终保持着必胜的信念。皮埃尔·米尼亚尔绘制了一幅著名画作：路易十四身跨战马，背景是攻占的要塞（插图28）；与此同时，德马雷撰写了一首颂诗，宣称路易十四不仅胜过法内塞和奥兰治亲王，也要优于庞培和亚历山大。老德马雷和安托万·菲雷蒂埃（以其所写的小说和所编的辞典更为世人所知）亦赋诗赞颂再度攻克弗朗什－孔泰。[32]

国王得胜回朝后为庆祝再次攻克弗朗什－孔泰，1674年七八月间在凡尔赛宫举行了一次连续数日的大型盛会。这一盛会的第五天，展示了纪念国王获胜的艺术作品：一件表现跨越莱茵河的金色浅浮雕和一件"令人难以理解的"装饰物——换句话说，一组令人费解的画面形象：计有赫拉克勒斯（象征着"国王陛下无敌的力量及其行为的高尚"）、密涅瓦女神（象征国王的智慧）、一条龙（妒忌的象征）、自然还有一轮太阳，外加一座方尖碑（标示着路易十四的荣耀）。[33]

较为永久性的庆贺形式是竖立在巴黎圣马丁城门旧址处的凯旋门（插图29），其上刻有铭文——来往行人均可清晰入目——"献给路易大帝"，饰有浮雕：国王头戴桂冠，接受效忠奉献品（插图30）。值得注意的是，这是接连建起的第五座凯旋门；王权广场的凯旋门是古罗马时期以来竖立的第一座永久性凯旋门，不过紧接着就分别在圣安托万、圣德尼、圣贝尔纳和圣马丁这四座城门旧址上竖起了凯旋门。[34]

在这齐声称颂中，人们犹能察觉出一丝丝忠告——委婉地向

26.《1672 年横渡莱茵河》，夏尔·勒布朗绘，天花板装饰画，约 1678—1686 年。现藏于凡尔赛宫。

27.《横渡莱茵河》，亚当-弗朗斯·范·德·莫伊伦绘，油画，1672 年前后。现藏于卡昂美术馆。

28.“获胜的路易十四”。《路易十四在马斯特里赫特》，皮埃尔·米尼亚尔绘，油画，1673 年。现藏于都灵美术馆。

29.《圣马丁城门旧址处的凯旋门》，亚当·佩雷尔制作的版画，1674 年前后。现藏于伦敦英国图书馆。

30.《路易十四接受效忠奉献品》，圣马丁城门旧址处的凯旋门上之拱肩浮雕，1674年。

国王进言：他的成就已十分辉煌，是让人们过过安宁生活的时候了。[35]可战争照样在进行，为纪念1676年和1677年的历次战役——马斯特里赫特的解围、占领瓦朗谢讷、康布雷和圣奥梅尔以
及攻克卡塞尔，均冲制有反映各次战役的纪念章；而保罗·塔莱 82
芒、布瓦洛以及高乃依亦赋诗（“路易十四一到，你们的城墙即倒”）赞颂这些战役。[36]1678年，庆祝活动达到高潮，为庆贺占领伊普尔、皮格塞尔达和（特别是仅6天即攻克的）根特，以及为庆祝奈梅亨和约的签订，共唱了5次谢恩赞美歌。

不管时间不长的遗产继承战的情况如何，就对荷战争而言，官方的说法与战斗的实际情况之间的一些差异是难以掩盖的。1672年，荷兰人在法军跨越莱茵河后的十天里掘堤开坝，国土汪洋一片，从而使法军沦落泽国难以展开军事行动。路易十四不得不在未能赢得决定性胜利的情况下返回法国。1673年，法军攻占马斯
特里赫特后撤出荷兰共和国。[37]1674年战场转移至弗朗什-孔泰： 83
这就意味着确认了荷兰人的抵抗力。1678年在奈梅亨和谈时（在英国、西班牙已与荷兰结成“三国同盟”这一实际情况的影响下）达成妥协，也是对荷兰人抵抗力的一种确认。

然而官方的说法是，路易十四能够克服一切存在的困难。很少有人提及水淹荷兰共和国的事（提及此事的人可能有点缺心眼），德马雷就提到了这件事，并说“掘堤开坝”的是国王而不是敌人。[38]

高乃依说国王是根据自己的意愿赐予荷兰人和平的，而不是什么进行妥协。“你一开口，和平立现你的威力，世人皆见”。[39]

31.“征服者的安宁生活”。《奈梅亨和约签订后路易十四的闲适生活》，诺埃尔·克瓦佩尔绘，油画，1681年。现藏于蒙彼利埃法布尔博物馆。

1679年，《时尚信使报》发表的诗歌、高伯兰厂上演的芭蕾舞剧、图卢兹举行的宗教仪式等等，都是以这样的调门庆祝和平的。这样的调门掩饰了国王的缺点，称颂他的威力、“温和”、“善良”、赐予欧洲“安宁”[40]（插图31）。

而高乃依却轻蔑地称“三国同盟”为“阴谋”、为“叛乱”（就好像这三个国家是法国国王的藩属似的）；正是他的这种轻蔑态度使他未能清楚地认识到当时的形势。[41]国王脚踏三个头的猛犬刻耳柏洛斯这一画面形象一而再、再而三地重复出现，也是因这些艺术家们未能清楚地认识到当时的形势。官方胜利说与法军受挫实情之间的矛盾问题，在路易十四朝后期更加突出。

32. “形象制造者的形象”。《夏尔·勒布朗像》,尼古拉·德·拉吉利埃绘,1686年。现藏于巴黎卢浮宫。勒布朗指着复制自插图25中的那幅画。

第七章　体制的重建 85

陆地和海洋上被战败的人们啊，

看一看国王们表现出的宽宏大量吧，

他若挥师意欲征服世界啊，

你们所有的人听到他的名字就颤抖吧。

——勒克莱尔：《牧歌》(吟颂胜利广场上的雕像)

1678年9月29日，鼓声咚咚，喇叭声响，巴黎市内11个地方同时庄重宣布奈梅亨条约；接着全市、各省礼炮隆隆、烟火阵阵、赞美歌声四起。[1] 而后是相对和平的十年，路易十四踌躇满志，安然领受臣民们的尊崇。当时能够想到的颂扬方式均已用上，而值得一提的则是用国王的名字给一个地方命名以向他表示敬意这一创举。17世纪80年代在萨尔地区修建的要塞被命名为“萨尔路易斯”，以此永远纪念路易十四(要塞已发展成小镇，但仍沿用原名；不过小镇今已归属德国)。[2] 这时——1682年——探险者拉萨尔将北美大陆的一部分地区命名为“路易斯安那”。

这和平的十年也使花费在艺术方面的钱大幅增加。譬如，这十年里朱尔·阿尔杜安-芒萨尔改建了凡尔赛宫，勒布朗及其合作者们则重新对之进行了装饰。该宫殿的功能有所改变，所以作了重新设计。1682 年，王室正式迁至凡尔赛宫，中央行政机构亦同时迁往。路易十四仍有时移住其他行宫（诸如枫丹白露宫和香波堡），但 1683 年他妻子去世，数月后他即与曼特农夫人秘密结婚，从此就不那么时时移居他处了。王后去世后，宫中就不再有两处内殿了，国王的内殿设在王宫的中心位置。[3]

86 幸亏有圣西蒙在其回忆录中对国王、宫廷和他称之为“机器”的出色描绘，路易十四朝后期重建的凡尔赛宫体制的生动情景得以给后人留下极其鲜活的印象。

1683 年不仅有王后去世，科尔贝尔也在这一年寿终正寝。科尔贝尔曾倾全力创建了第四章研讨的那个体制——颂扬路易十四的机器。卢瓦接替科尔贝尔后，对这一体制也进行了重建。

王　宫

1675 年，朱尔·阿尔杜安 - 芒萨尔被指定为宫廷建筑师；自此，他即深受国王恩宠，随时随地陪侍国王左右。[4] 他主要负责重新设计凡尔赛宫的工作（包括著名的大画廊、战争厅、和平厅以及使节阶梯）。勒布朗及其合作者们制作的装饰画构成了一部可说是最最令人瞩目的“国王演义”（插图 32）。《时尚信使报》刊登了对这些装饰画的描述文章，从而使只有朝臣们知道的这组对路易十四朝的叙述为更多的人知晓。（小学院的）弗朗索瓦·夏庞蒂埃、皮埃尔·兰桑（国王的纪念章保管人）以及后来的弗朗索瓦·费利比安（国王建筑史撰写人的儿子）出版的同一题材著作也使更多的人知道了宫中的这些装饰画。[5]

大画廊原来的方案是以神话——赫拉克勒斯的活动及其英雄业绩——为内容的。而委实耐人寻味的是：1678 年政治高层——枢机院——决定将其内容改为国王的活动及其英雄业绩。[6] 共有 9 幅大型绘画和 18 幅小型绘画，描绘“从比利牛斯和约到奈梅亨和约这一系列有关国王的传奇故事”。[7] 大型绘画中有 8 幅是描绘对荷战争的，另一幅描绘的则是亲政之初的情景（插图 20），“画中国王风华正茂，眼盯荣耀女神，婚后接掌国家大权，并……考虑如何使其臣民们幸福、令其敌人们屈服”。[8] 画中背景则是路易十四朝的国内事件（司法改革、财政改革、保护文学艺术、维护巴黎治安等等）。[9] 为了使参观者们正确理解这些画面，每幅画作均题有铭文。后来卢瓦认为原先由夏庞蒂埃题写的铭文辞藻太“浮华”，遂下令将其擦去，换上布瓦洛和拉辛题写的较简明的铭文：这件事足以说 87
明这些铭文所具有的重要性。[10]

当时的人们认为，差不多同样引人注目的是使节阶梯；这一蔚为大观的阶梯是为了庆贺国王得胜凯旋而修建的，此后又用之于礼仪活动——诸如使节们来觐见国王。该阶梯装饰于 17 世纪 80 年代，毁坏于 18 世纪，可以根据当时的资料记载加以重建。[11] 其装饰主题仍是胜利，众多战利品和战车突出了这一主题。被法国打败的敌人以一种讽寓的形式——九头蛇和巨蟒——现身，而所饰盾形纹章使参观者一眼就看出那蛇、蟒无疑就是指的西班牙和神圣罗马帝国了。阶梯上的浅浮雕描绘了路易十四朝的著名事件——包括司法改革、渡过莱茵河、弗朗什－孔泰的归附和西班牙承认法国的优先权。西班牙、荷兰和神圣罗马帝国的使节们登上这座阶梯可能会有什么感受呢？这一问题只好留给读者们去想象

33. 《路易十四蔑视其敌人》,安托万·克瓦塞沃制,灰泥浮雕,1681 年。现藏于凡尔赛宫。

34.《路易十四半身像》，安托万·克瓦塞沃制，大理石，1686年前后。现藏于伦敦华莱士收藏馆。

了。[12]战争厅更加深了对胜利的印象。厅中著名的灰泥浅浮雕——安托万·克瓦塞沃仿制于大理石浮雕——描绘的是国王骑马飞越两战俘(插图33、34)。

宫　　廷

当今，“凡尔赛宫”这个名字使人联想到的不仅是建筑物，还是社交场所——宫廷社交圈，特别是仪式化了的国王日常生活。清晨起床和晚间就寝这样一些事形成了一定的“起床”仪式和“就寝”仪式——而起床仪式又分为两个阶段：懒懒散散的“小起床”和正正规规的“大起床”。国王进餐也有一定的仪式。路易十四进餐分正规进餐和非正规进餐，而就是最最不正规的进餐也有三道菜和许多盘菜。[13]这些进餐都是给观众看的表演。获准观看国王进餐是种荣耀，国王进餐时与之交谈是种更大的荣耀，而应邀给国王端上食物或应邀与国王共同进餐那就是无上的荣光了。除国王外，在场的人都要戴着帽子，但对国王说话时或国王对观众讲话时都得脱帽（他们若在进餐时则不用脱帽）。[14]

诚如社会学家诺贝尔·埃利亚在一次辩论时所言（他的论点同马克·布洛赫关于国王触摸治病的论点一样）：不应将这些仪式
89 仅仅当作是些奇事异趣，应该对之进行分析，看看这些仪式能向我们揭示些什么相关的文化现象——君主专制、社会等级制等等。[15]我们完全可以将这一论点应用于国王日常生活的其他方面——每日弥撒、与其顾问们的会议，甚至他的体育活动（狩猎、漫步花园）。也许有人会认为：什么都用这一论点进行分析，“仪式”这一词语的概念就要模糊了，甚或就要失去其原意了。可评论家们指出：国王的所有举动都是筹划好的，“哪怕是个小小的手势”也是预先设计好的。每天同一时间发生同样的事：人们完全可以根据国王的行

为举止校对时间了。[16]

参加这种演出是有一定规则的——谁可以觐见国王、何时觐见、在宫中何处觐见、此人可否落座（椅子还是凳子）抑或必须一直站着。[17]构成国王日常生活的这些活动不仅仅是有规律地反复进 90
行着，而且有着象征意义：这是因为当众进行表演活动的演员是个至高无上的人物。路易十四只要醒着就差不多都在台上进行表演。与国王最最相关的一些实物因为代表着国王，也就身价百倍，至高无上了。因此背对国王画像、进入国王卧室不行屈膝礼、在摆有国王进餐用桌的房间里戴帽子，均为大不敬。[18]

在对宫中礼制进行社会学分析的同时，最好也要对这些礼制的创设和发展过程作一探究。在当今一想到路易十四就会联想到这些礼制的情况下，我们不应该认为这些礼制是一向就有的。这些礼制的起源问题明摆着，可又未受到注意；而这一问题提出容易，回答就难啰。凡尔赛宫传统“创建”——也许可以称之为“创建”吧——的情况仍不清楚。[19]这些饮食起居方面的礼制始于1682年路易十四定居在凡尔赛宫吗？他此前在凡尔赛宫逗留和此后在其他行宫逗留期间的情况如何？这些礼制是国王本人抑或是他的顾问们（或者是其他典礼官们）创设的呢，还是果真是依传统而行的？这些礼制是出于政治原因而创设的吗？

鉴于这些日常生活礼制在制造路易十四形象方面所具有的重要性，对所知晓的有关这些礼制的情况作一概述是有意义的。几乎所有相关的史料均源自路易十四朝相对稍晚的时候。圣西蒙在其《回忆录》中所说的“这位君主生活外壳”一词形容得最贴切逼真，且最经常被引用。圣西蒙《回忆录》中这一引人注目的段落可能是写于18世纪40年代，然而是凭自己对17世纪90年代——当时他是路易十四的侍臣之一——的记忆写就的。[20]另一份对这些礼制重要的、但不那么详尽的叙述，见诸勃兰登堡选帝侯派驻法国大使埃泽基埃尔·斯潘海姆1690年为其主子编写的一份有关法国宫廷情况的报告。斯潘海姆17世纪80年代一直是驻法大使，故而他对1682年可能发生的变化没有什么评述委实耐人寻味。

圣西蒙和斯潘海姆两人都对这一体制进行了全面系统的描述。而1690年前的相关史料则零零星星。很遗憾，著作等身的丹饶一直到1684年才开始写日记。意大利贵族普里米·维斯孔蒂的回忆录写到1674年时有段文字简单地描述了国王就寝第一阶

91 段的放松情况，对众多贴身男仆围侍国王左右——就连国王坐在便桶椅上亦如此——的景象惊讶不已。[21]1671年，一名前外交官安托万·库尔坦出版了一部论述礼制的书，其中载有凡尔赛宫中的行为规范。[22]萨伏伊公国君主委派的驻法大使记录有1661年在卢浮宫一伙人侍候国王起床的情景。[23]虽说亨利四世和路易十三的宫廷生活比起西班牙的宫廷生活来要无拘无束得多，但一定程度上对礼制的遵守还是有迹可循的。

鉴于凡尔赛传统之创设的相关史料情况，要作出一个明确的结论是不可能的。将零零星星的相关史料汇集整理成文，即可得出一假设性的如下结论：国王亲政开始前，其日常生活即已在相当程度上仪式化了；但后来借用西班牙宫廷的那套礼制，并根据法国宫廷情况，创设了一套完整的全新礼制。鉴于路易十四对舞蹈和戏剧的兴趣及其在这些仪式中的主角地位，很可能是他自己为这些仪式重新设计了舞步，至少是在他亲自严密监督下进行的重新

设计工作。凡尔赛宫日趋完善、精心设计的日常生活环境,使得这套礼制更具魅力,也更加刻板,从而产生了一种机械效应,极具规律性和准确性。

宫廷生活秩序有了一大变化:可以比较准确地说出其时间。国王1682年移居凡尔赛宫后,即向公众(系指上层阶级的人们)开放他的内殿,一周三次,进行“娱乐活动”(诸如玩牌、打台球),“国王、王后以及整个王室成员均放下架子,屈尊就俗,同众人一起消遣”。[24]对这一新仪规——国王内殿定期开放——的官方描述表明:其目的在于显示国王与其臣民亲近的形象——一些纪念章和国王回忆录均突出了这一主题。

组 织 者

呈现国王公共形象方面的其他变化,发生在17世纪80年代中期。这些变化很可能同科尔贝尔的去世和卢瓦的擢升有关系。科尔贝尔掌控内政,卢瓦主导外交;两人长期以来一直不和。1683年科尔贝尔去世,卢瓦趁机控制了文学艺术领域。科尔贝尔的第四个儿子布兰维尔侯爵接任营造总监一职——他为接手父亲的这
一职务曾受过专门培训。然而这个年轻人的工作表现并不令人满 92
意。[25]因而国王让卢瓦接过这一职务;卢瓦从而不仅控制了皇家建筑业,而且也控制了高伯兰厂和各院所机构。他立即以皇家绘画雕塑院的庇护人这一新身份给艺术家们分发奖赏。[26]

1683年控制权的这一变化所产生的影响,充分揭示了当时庇护资助制度的实施情况。将这一制度同美国19、20世纪的“政党

分肥制”相比较，也许并非全然是奇思妙想。可以将美国“政党分肥制”视之为一种早期现代政治庇护资助方式的遗习。主要的不同之处在于：17世纪没有正规的政党，这就意味着当时的这一制度比较具有专断性（抑或是比较具有随意性）。“大人”可以随心所欲地决定是否撤换现任官员。

总监易人对勒布朗的地位构成了威胁。诚如我们所知，他是科尔贝尔的人，而卢瓦则扶持他的对手米尼亚尔。勒布朗没有失去其官职，但确然失去了影响。另一被卢瓦晾在一边的科尔贝尔的人是夏尔·佩罗。他不再是小学院的成员，又失去了营造总监助理一职。[27]新任营造总监是卢瓦的门生——拉夏佩尔爵士，他还兼任小学院秘书。拉夏佩尔和勒布朗发生了冲突。[28]以前受科尔贝尔庇护的其他一些人也都失去了职务。皮埃尔·德·卡尔卡维失去了对科学院和皇家图书馆的控制，而安德烈·勒诺特尔则被迫退休。

皮埃尔·米尼亚尔感到自己的时机终于到了。他受命装饰凡尔赛宫的小画廊；他受封为贵族；勒布朗1690年去世后，他即接替了国王首席画师一职。科尔贝尔主事时期因与之发生冲突而备受冷落的雕塑家皮埃尔·皮热重新受到重用。卢瓦的另一门生《时尚信使报》主编让·多诺·德·维塞这时定期领取国王津贴。艺术评论家罗歇·德·皮尔也是卢瓦的人，被派到荷兰共和国以替国王收购绘画作品为名从事间谍活动。荷兰人看穿了他伪装的身份，将其逮捕；他在狱中得空撰写了一本书。[29]

由于颂扬国王这一主要目的未变，政策的改变——抑或更确切地说，对策的改变——就比人事的变动更为重要了。卢瓦在担任营造总监的8年里因规划、筹建了一系列宏伟的大工程而闻名

于世。他使花在凡尔赛宫上的经费增加了一倍。[30]他计划在旺多 93
姆广场修建一些专供皇家图书馆和各院所机构使用的房屋。卢瓦虽然否定了在卢浮宫外建路易十四纪念碑的科尔贝尔—勒布朗计划,但却支持被称之为1685—1688年“雕像运动”的主张——亦即请人在巴黎和省会城市——艾克斯、昂热、阿尔勒、贝桑松、波尔多、卡昂、第戎、格勒诺布尔、勒阿弗尔、利摩日、里昂(插图35)、马赛、蒙彼利埃、波城、普瓦捷、雷恩、图尔和特鲁瓦——的公共广场制作一组近20尊国王雕像(通常为骑马雕像)这一构想。[31]有些城市(贝桑松、波尔多、格勒诺布尔)一直没有竖立国王雕像;还有一些城市(蒙彼利埃、雷恩)在国王去世后才竖立他的雕像。即便如此,这一运动的规模依然令人惊叹,使人们想到的是古罗马皇帝们(诸如奥古斯都)的形象,而不是当时君主的样子。

每尊为颂扬国王而竖立的雕像揭幕式(我们也许应称之为“祝
圣仪式”)本身都是个重大的庆祝活动。例如,卡昂公共广场上的 95
国王雕像是在1685年国王生日那天揭幕的,十分隆重,游行队伍人潮如涌,演说激情洋溢,号声嘹亮,鼓声咚咚,钟声阵阵,礼炮声隆隆作响。有本小册子和《法兰西公报》及《时尚信使报》都对这次揭幕式进行了描述。[32]

1686年,《时尚信使报》报道说:“到处都忙于竖立他的雕像”。[33]大多是骑马雕像;但也有几尊是国王立姿雕像。最引人注目的是马丁·德雅尔丹为胜利广场制作的那尊雕像——国王立姿像,身披加冕袍,13英尺高,脚踏刻耳柏洛斯,胜利女神为他戴桂冠(“背生巨大双翅的女子,手持桂冠伸向国王头颅”)(插图36、37和38)。[34]雕像底部刻有“献给不朽的人”;大理石基座上铭刻有路

35. “外省的路易十四形象”。《为里昂皇家广场设计的雕像模型》，弗朗索瓦·吉拉尔东设计，蜡模，1687 年前后。现藏于耶鲁大学艺术画廊，文学士詹姆斯·W. 福斯伯格夫妇赠品。

易十四亲政以来的十大业绩。这是一组雕塑群，除国王雕像外，还
有 4 个铜制战俘像、6 件赞颂路易十四亲政以来最光荣的一些重
96 大事件的浅浮雕以及 4 根顶端安有每夜都点亮的火炬纪念柱。[35]

这尊雕像揭幕式壮观动人，进行了应有的庆祝活动，游行队伍人潮如涌，演讲激动情深，礼炮齐鸣，音乐阵阵，烟火升空多姿多彩。[36]1687年圣路易节那天，普瓦捷举行了由当地雕塑家让·吉鲁瓦尔制作的国王立姿雕像在其老市场上揭幕的庆祝活动。[37]路易十四很少巡访巴黎；1687年，他到巴黎巡视，去胜利广场看了看他的雕像；由于计划在旺多姆广场另竖一尊雕像，所以他又去那儿看了看。德雅尔丹和吉拉尔东这两位雕塑家陪侍左右。[38]

最早提出这一雕像运动想法的人好像是皇家建筑师芒萨尔；而竖立在胜利广场上的国王雕像则是这些雕像中最引人注目的一尊，系由弗亚德元帅私人请人制作的（黎塞留公爵请此人为他在吕埃的府邸再制一尊这样的雕像）。但如果没有卢瓦的支持，这些雕像一尊也制作不成。至于各省城的雕像，所刻的铭文提示：这些雕像是当地人爱戴国王自发请人制作的；《时尚信使报》的文章进一步证实了这一说法。例如："格勒诺布尔市"责成其市政会成员们"最最谦恭地恳求陛下允许他们在其主广场上竖立一尊他的雕像"。[39]又称，"卡昂市不愿在竖立陛下的雕像方面落在最后面。"马赛也提出竖立国王雕像的请求。[40]

然而事实证明，这种表忠心的活动根本不是自发的。各省总督和其他官员鼓动（且不说是下令）各市政当局和各省三级会议做出这种表示。例如：在卡昂，是总督巴里荣提出的倡议；在格勒诺布尔，是总督勒布雷提出的倡议；在勒阿弗尔，是圣埃尼安公爵提出的倡议；而在雷恩，则是肖尔纳公爵提出的倡议。如果没有来自巴黎的指示，这些官员是不会同时在不同的省份提出这一倡议的。[41]就连一些颂扬路易十四的纪念建筑物上的铭文及其他细节

36．“获胜的路易十四”。《竖立在巴黎胜利广场上由德雅尔丹制作的路易十四雕像》，版画，尼古拉·阿尔努制，1686年前后。现藏于巴黎卡纳巴莱博物馆巴黎市陈列馆。

37．“获胜的路易十四”。《胜利广场一览》，版画，无名氏制作，18世纪初。现藏于巴黎法国国家图书馆图片收藏部。

38. “获胜的路易十四”。《胜利广场一瞥》，诺特莱著《地志》的扉页，1702年。现藏于伦敦英国图书馆。

都是中央政府确定了的。在阿尔勒，官方撰史人佩利松撰写的铭文替换了当地法兰西学院拟定的铭文。在第戎，芒萨尔坚持要增补当地三级会议原先没有打算采用的内容。至于里昂，蓬夏特兰（卢瓦去世后由他负责小学院）干预了铭文的裁定。[42]

中央政府对国王在外省的形象问题越来越关注：这一点应该
97 引起高度重视。有人曾指出，雕像运动开展的主要地区是所谓的“国中之国”（诺曼底、布列塔尼、阿图瓦、勃艮第、朗格多克和普罗旺斯）——这些“国中之国”很晚才并入法国版图，并依然拥有高度独立性。这些地区差不多在并入法国版图的同时，就按巴黎模式组建了本地区的社会公共机构：例如，在尼姆成立了皇家学院；在马赛成立了歌剧院。政府当时之所以意识到要在外省加紧制造舆论，很可能是受了1675年布列塔尼地区农民叛乱（当地的权贵们为此受到了责备）的影响。

卢瓦也以其特有的方式竭力通过出版物大规模地宣扬国王的业绩。有些出版物出自科学院。[43]与路易十四形象更有直接关系的，是卢瓦倡导的（至少是他推动的）另一工程——“纪念章史"。计划中的纪念章史（或曰金属制品史）拟用编书的方式叙述路易十四亲政以来重大历史事件：将所有为纪念重大事件而冲制的纪念章翻制成版画，按年代顺序编排，再配上说明文字。下列事实充分说明了卢瓦对这一工程的重视：即1683年负责为国王纪念章草拟铭文的小学院扩充编制，而（除布瓦洛和拉辛之外的）新增成员之一就是徽章学家皮埃尔·兰桑——此人是卢瓦的一位门生，本章前文曾提及他对凡尔赛宫的描述。[44]卢瓦晚年，战争再度爆发；他严密注视着《法兰西公报》报导战事的方式，对一些文章提出了批评，对一些稿件进行了修改。[45]

如同科尔贝尔时代一样，协同配合很重要。然而可以毫不夸张地说：这一时期的工程确实反映了这位大臣的——而不是国王的——个性（严厉、苛刻、爱走极端）。动手的是德雅尔丹、米尼亚尼、兰桑等人，而动嘴的则是卢瓦。

重 大 事 件

虽然那是个相对和平安宁的十年，但人们能够发现：对这一时期所发生的重大事件同样十分重视，进行了同样的渲染。决定对之加以庆祝的重大事件包括两次海战、两起外交事件、国王病愈和废止南特敕令——这是重大事件中最重大的事件。

两次海战：一是1683年炮击阿尔及尔，一是1684年炮击热那
亚。之所以炮击阿尔及尔市（奥斯曼帝国的组成部分），是因为该 98
市庇护海盗；而之所以炮击热那亚（当时还是个独立的城市国家），则是因为其政府批准为西班牙海军建造战舰。为纪念这些重大事件而冲制的纪念章对之进行描绘的方式，在很大程度上向我们揭示了当时官方的态度。一款纪念章上的铭文为"雷击阿尔及尔"（插图39），隐然将路易十四与朱庇特（往往被描绘成手持雷电的形象）相提并论（插图40和41）——这一做法在其他地方要直截了当得多（凡尔赛宫里勒布朗的画作就是很好的例子）。另一则铭文为"哀求者非洲也"。[46]

冲制了两组关于炮击热那亚的不同纪念章：一组铭刻有"雷击傲慢无礼者"；另一组的铭文为"受惩治的热那亚"（插图42）。[47]这是一种家长主义的报复性语言。法国官方艺术家和作家们将诸如热那亚共和国这样的独立国家描绘成小孩，要为自己的过错"受责罚"。[48]

尤有甚者：热那亚总督被迫亲自到巴黎致歉——抑或如《法兰西公报》所说：是向路易十四“表示屈服”的；在此之前阿尔及利亚大使已道过歉（路易十四亲政初期西班牙大使和教皇的代表亦曾分别就大使马车事件和科西嘉人禁卫队事件向他表示过歉意）。热那亚总督同4名元老院议员一道前往凡尔赛宫致歉，道歉时每次提及国王的名字均脱帽致敬。路易十四庄重地接受了道歉，热那亚总督随之深深三鞠躬退出大厅；而后路易十四设宴招待这些热那亚人，并向他们赠送了礼品，又派人陪同他们参观了凡尔赛宫。[49]不仅是报纸和杂志对热那亚人的屈服作了绘声绘色的报导，而且有克洛德·阿莱作画一幅（插图43）、高伯兰厂制挂毯一幅以及附有铭文“热那亚之屈服”的数款纪念章对之进行了描绘。[50]

受到传媒差不多同样注意的一个使团是由“暹罗国王派遣的官员”组成的使团（1686年）；之所以备受关注，无疑是因为暹罗支持路易十四是“世界上最伟大的君主”这一说法。《时尚信使报》为使团的到访和到访者们对国王所表示的仰慕之情出了4期特刊。暹罗人应邀参观了高伯兰厂、皇家绘画院以及一些包括勒布朗的
102 《亚历山大史》在内的艺术作品。该使团的形象也出现在了版画（插图44）——根据油画复制的版画上、浅浮雕上和纪念章上。[51]

废止南特敕令

就对事件进行描绘而言，对这一时期其他事件的描绘比起对废止南特敕令的描绘来均要逊色。国王决定取缔新教，导致20万法国男女外逃：史学家们常常对此提出批评。这里需要强调的一

39.《雷击阿尔及尔》:纪念章的正面和反面,翻制自纪念章的版画,1702年。现藏于伦敦英国图书馆。

40.《雷击海德堡》,钢笔草拟的纪念章图案,采自《法兰西学会1694年以前的设计方案》。现藏于伦敦英国图书馆手稿收藏室。

41.《风》,一组 4 幅刺绣挂毯之一,大约 1683—1684 年。版权所有,大都会艺术博物馆,罗杰斯基金,1946 年。

42. “受惩治的热那亚”。《受惩治的热那亚》,弗朗索瓦·谢隆制,纪念章的反面,1684 年。现藏于伦敦英国博物馆钱币纪念章收藏室。

43. 《热那亚总督在凡尔赛宫》,克洛德·阿莱绘,油画,1685 年。现藏于马赛坎蒂尼博物馆。

44. “世界向路易十四表示敬意”。《国王接见暹罗使团》，图载《1687 年年鉴》。现藏于巴黎法国国家图书馆。

个核心问题是，当时传媒所作的好评之重要性。有些评论可以说是政府自我赞美的产物，而其他一些评论则来自诸如耶稣会士和教区神职人员这样一些最坚定的支持者。细细审视一下当时对废止南特敕令所作的描绘，我们就会发现：路易十四的形象并非像太阳光那样源自一个中心，而是官方和非官方作家、艺术家和庇护人的合作产物。

在官方对这一事件所作的描绘方面，我们可先看一看当时的报纸（特别是《时尚信使报》）：各报均花大量篇幅对这一事件作了描述。报纸开始作舆论准备：连续报导一些知名新教徒皈依天主教的消息，暗示新教“群体”在没有外在暴力的情况下正日趋自我削弱。[52]每向废止南特敕令跨前一步，均有对陛下的赞歌，赞颂他那极其高度的基督徒的“热诚”。[53]当国王废止南特敕令的消息最终宣布时，报纸作了报导，但未加什么评论。[54]然而随后的几期报纸均花大量篇幅刊载了一些就国王消灭“无耻的”异端邪说对他加以赞美的诗歌：

这位伟大的国王敢于消灭那无耻的、
离经叛道的异端邪说哟，
这就是无与伦比的胜利。
还有谁能拥有更为辉煌的荣耀？[55]

官方还冲制纪念章对废止南特敕令进行描绘；这些纪念章上有小学院拟定的铭文：诸如“真正的宗教胜了”、“邪教灭了”、“加尔文派教徒们的教堂毁了”或“二百万加尔文派教徒皈依基

45. “信仰的捍卫者路易十四”。《废止南特敕令寓意画》，居伊－路易·韦南塞尔绘，1685 年前后。

督教”（插图 58）。[56]胜利广场上的路易十四雕像（德雅尔丹制）包
104 括一幅描绘废止南特敕令的浅浮雕。皇家绘画院选定“基督教的胜利”和“脚踩邪教”为申请入院资格画作的主题。居伊－路易·韦南塞尔（1687 年成为皇家绘画院成员）绘制的一幅画阐明了第二个主题（插图 45）。基督教通常呈一女子形象，受路易十四的保护，而异教徒则不是仓皇逃窜就是倒地身亡。菲利普·基诺以一部名为《消灭异端邪说》的史诗为其 20 年的宫廷芭蕾舞剧和

歌剧歌词作者生涯画上了一个圆满的句号；而夏尔·佩罗则为“新皈依者”谱写了一首颂诗，对他们及其“宽宏大度的”君主进行了赞颂。[57]

教士们也对废止南特敕令进行了颂扬。这不奇怪，因为他们中的一些人就一直在怂恿国王下旨废止南特敕令。的确有人曾说过：教士们在这件事上为了达到自己的目的把国王当“枪”使了。[58]就这一不寻常的行动而对国王赞颂的最著名的颂词是波舒哀在前大臣米歇尔·勒泰利埃的葬礼上所致的布道辞，将路易十四说成是“狄奥多西一世再世、马西昂再世、查理曼再世”。[59]特别是耶稣 105
会士们就这件事为主题做足了文章。巴黎耶稣会学院（刚改名为路易大帝学院）教授菲利贝尔·卡尔蒂埃发表演说，赞颂国王“消灭了异端邪说”。1685 年该学院排演的芭蕾舞剧主题是将基督教定为法国国教的国王“克洛维”。两年后，另一位耶稣会士加布里埃尔·勒热选定“宗教的胜利”为其颂文、图章刻印文字、饰物文字的主题。[60]事后看来，早先的芭蕾舞剧——例如：《君士坦丁大帝：宗教的胜利》（1681 年上演；这一年斯特拉斯堡被迫重新加入天主教组织）和《虔诚的路易十四》（1683 年上演）——和演说可被视为是耶稣会士们在鼓吹反新教徒运动。[61]

法国国内外其他方面对废止南特敕令的看法就负面多了。事后看来，这一行动对国王的形象显然是害多益少。在路易十四朝后期，这一受损的形象失去了更多的光泽。

46. “苍老的路易十四”。《路易十四像》，安托万·伯努瓦绘，混合蜡画，1706年。现藏于凡尔赛宫。

第八章　日落 107

假如赫希施泰特的战局对他不利而对其敌人有利的话，他的军队就得撤离战场，失去的不光是赫希施泰特而很可能是整个世界。

——《时尚信使报》1704 年 10 月

对布莱尼姆战役的评论

1688 年路易十四 50 岁。他已在位 45 年，亲政亦已 27 年。以 17 世纪的标准而言，他算是个老年人了。没有人能想到他还会再统治 25 年以上。国王的身体健康状况不好，17 世纪 80 年代末曾动过两次手术。第一次手术使他的牙齿掉了大半。第二次手术比较大，是治瘘——官方委婉地称之为“微恙”（斯居代里小姐写了一首抒情短诗《陛下微恙》）或“不适”。[1] 路易十四疾病缠身，需要久坐了。国王 1692 年率侍臣坐镇围攻那慕尔城后，就没有再亲临过战场。

路易十四身患痛风，日益严重，活动能力越来越差，晚年就离不开轮椅了，人们有时能在凡尔赛宫的宫殿上或花园里看到他坐在轮椅上的身影。他这时仍注意自己的形象（1704 年，有一天他考虑到底要戴哪副假发的时间长了点，结果就感冒了）；不过同公众见面的次数越来越少了。[2]1705 年，就寝仪式取消。1701 年里戈为他绘制了那幅著名的画像（插图 1）；1706 年伯努瓦为其制作了蜡像（插图 46）；而后就很少有表现国王那衰朽残年形象的艺术作品面世了。

108 政治上亦呈衰微之势。亲政后半期的成就不如前半期。这后半期是个既无和平亦无胜利的时期。在法国难以战胜其敌人组成的“大联盟”时，那妄自尊大的题铭“与众匹敌”（插图 47）必然是显得越来越不适当了。奥格斯堡联盟之战从 1688 年一直打到 1697 年；西班牙王位继承战从 1702 年一直打到 1713 年。这两次战争耗资颇巨，致使国家负债累累；尽管打了几次胜仗——主要是在奥格斯堡联盟之战中，然而战争并未给法国带来什么荣耀。这是当时人们——法国人和外国人——的看法，也是后来史学家们的评价。

鉴于这些原因，路易十四在位的最后 25 年可说是他的“日落”时期。因此，就必须要比以前更加缜密地审察国王的公众形象与当时人们所意识到的实际形象之间可能会有的差异，以揭示形象制造者们处理这一问题的招数。

在这一困难时期，路易十四没有了利翁纳、勒泰利埃和科尔贝尔这样的股肱之臣。最后一位重臣卢瓦亦于 1691 年去世。像韦拉塞尔夫（他是科尔贝尔派的人，1691 年任营造总监，1699 年因一
109 桩财务丑闻辞职）和蓬夏特兰（接替卢瓦管理各院所机构）这样的官员与上述人等不在一个档次。他们中最有才干者可能就是托尔西侯爵了；他是大名鼎鼎的科尔贝尔的外甥，1696 年出任外交事务大臣；他的职责中有一项是树立——特别是在西班牙王位继承战争时期——国王在国外的公众形象。[3] 托尔西重视用津贴拉拢作

47. “路易十四的座右铭：与众匹敌”。《与众匹敌》，纪念章反面，让·瓦兰制，1674年。现藏于巴黎法国国家图书馆纪念章陈列室。

家，并关心各院所机构的活动（他创建了政治院）：这意味着他想要恢复他舅舅的政策。

制造国王形象的艺术家和作家们也没有前人优秀。没有新莫里哀，没有新拉辛，只有像拉夏佩尔那样的二流剧作家。由于缺少人才，史学家们称这一时期为“法国文学危机”时期。[4] 没有人能取代吕里（死于1687年）和勒布朗（死于1690年）。凡尔赛宫、马利宫和大特里亚农宫的新装饰均出自诸如勒内·安托万·乌阿斯（勒布朗的一个前门生）、诺埃尔·克瓦佩尔、夏尔·德·拉福斯、让·儒弗内和弗朗索瓦·德波尔特这样的二流艺术家之手。[5] 雕塑家吉拉尔东仍在干活，但到1700年也失去了国王的宠幸；而不管怎么说，他当时已是70多岁的老人了。由于南特敕令的废止，一些为国王效劳的艺术家离开了法国；譬如达尼埃尔·马罗，他转而效忠（奥兰治的）威廉。

宫内演出场景依然宏伟，王太子和路易十四的孙子勃艮第公爵去世后才有所收敛；再说，这些演出也只是出自像安德烈·德图什和米歇尔－里夏尔·德·拉朗德这样的二流作曲家以及安托万·德·拉莫特这样的二流诗人之手。拉辛活到1699年，布瓦洛则活到1711年；而拉辛早已不再写剧本供演出，布瓦洛也再未创作出好的剧本。年青一代的作家中最有天赋者当推让·德·拉布吕耶尔了；他有时会写点什么，颂扬一下国王及其政策。[6] 然而，他是以对他那个时代的宫廷社交进行批评而著称的。

还剩有建筑师朱尔·阿尔杜安－芒萨尔（他1699年被任命为营造总监）、雕塑家安托万·克瓦塞沃（他1702年出任皇家绘画雕塑院院长）以及肖像画师雅森特·里戈（他1709年领受爵位）。这三个人是有天赋的艺术家，但也顶不上先前为太阳王效力的那批杰出人物。

宫廷的资助和政府的资助（两家的资助项目有时相同，但也不完全一致）越来越无组织、无条理了。可称之为“卫星”宫廷的勃艮
110 第公爵府和奥尔良公爵府渐渐成了资助绘画和音乐的重要中心。卢瓦去世后，皇家建筑和皇家各院所机构不再由一人负责，其结果是小学院不再插手建筑事务，专心研制纪念章和题写铭文。

总之，国家财政境况窘迫，自然拿不出多少钱来从事资助活动了。完全可以把1689—1715年说成是“财政大紧缩”时期。1689

年熔化凡尔赛宫银制器物事件是战争对艺术产生影响的一个突出的例子。凡尔赛宫的营建和装饰暂停。卢瓦死后，国王下令停止旺多姆广场重建工程。资助费发放暂停。皇家出版发行活动亦暂停。纪念章史的刊印延期，科学院不得不放弃一些最引人关注的计划（诸如编写《植物志》）。[7]

本章密切关注年迈国王的形象，拟集中论述两个问题：在未获最终胜利的年代对战争的描绘和颂扬国王的两大工程——路易大帝广场上的巨型雕像及路易十四朝官方纪念章史——的完成。

军 事 行 动

有诗、文对奥格斯堡联盟之战——打了整整十年（1688—1697年）——的战事进行了赞美，但赞美的程度远比不上17世纪六、七十年代。托马·莱罗·德·利翁尼埃尔发表了一篇描述1689年战事的颂文。布瓦洛撰写了一首赞美占领那慕尔的颂诗，也出现了一些纪念这一胜利的绘画和版画。[8] 还有不下45款庆祝战争的纪念章，其中16款描绘了陆地和海上战役（包括在佛兰德的弗勒吕斯战役、皮埃蒙特的斯塔法尔德战役、勒泽战役、斯泰因基尔克战役、普福尔茨海姆战役、内尔温登战役、马尔萨格利亚战役和特尔战役），[9]20款用以庆祝对领土的占领和对城市（包括蒙斯、那慕尔、沙勒罗瓦和巴塞罗那）的攻克——还不算那款冲制来庆贺摧毁海德堡，而后又遭查禁的著名纪念章（插图48）。[10]参观者们可以通过审视描绘占领南美卡塔赫纳的纪念章和描绘英国舰队在加拿大战败的纪念章来认清最近有位史学家称之为“第一次世界大战”的

48.“洗劫海德堡”。《遭洗劫的海德堡》，热罗姆·鲁塞尔制，纪念章反面，1690年前后。现藏于伦敦大英博物馆钱币纪念章陈列室。

战区规模。[11]

111 而同早先的战役作一比较，即可看出这时纪念章所反映的事件意义就没有那么大了。所纪念的大多是一些不那么重要的事件：打败敌人保全了军粮运输队、王太子前往斯凯尔特河、敌人的炮击未能摧毁敦刻尔克——这件事上纪念章后，曾受到艾迪生*

* 1672—1719年，英国散文作家、剧作家、诗人、著有悲剧《卡托》、诗歌《战役》等。——译者

的嘲笑（“法国人究竟想要借此吹嘘什么？”）。[12]就连向法国海军水兵们颁发纪念章这件事也冲制了一款纪念章。

没有大张旗鼓地为1702—1713年西班牙王位继承战冲制纪念章。这一意味深长的现象表明，法国的形势不那么妙了。12年的战争才有24款纪念章问世。9款赞美九次战役的胜利，11款颂扬夺取敌人的11座要塞，另有两款描绘的是救援法国要塞（土伦和兰德雷西斯）——公开承认法国有时处于守势。[13]还有两款描绘的不是胜利或征服，而是1712年“战役”和1713年“战役”。[14]

然而任何一个了解新近发生在布莱尼姆（1704年）、拉米伊（1706年）、乌德纳尔德（1708年）和马尔普拉凯（1709年）的事件——马尔伯勒公爵和（萨瓦的）欧仁亲王统率的大军打败法军的战斗——的观赏者，都没有听说过卢萨拉、弗里德林根、埃凯伦等（这些法军取得胜利的地方）的名字，这些地名听上去令人心里不
踏实。马尔普拉凯战斗中敌军的伤亡实际上比法军惨重，但没有 112
冲制反映这一事件的纪念章问世：这意味着路易十四认为这一事件不值得赞扬。再也不那么需要胜利女神和桂冠了。

当时官方出版物描述这些战斗的方式亦暴露出了问题。国王的私人信函足以表明他已意识到了灾难的降临。[15]而且我们知道，巴伐利亚布莱尼姆战役（又名赫希施泰特战役）中法军败北及其司令官塔拉尔被俘的消息震惊了朝廷。消息传到凡尔赛宫后不久曼特农夫人写的一封信述说了国王得到消息时所表现出的悲痛和安然认输的神态。[16]《时尚信使报》竭力掩饰道：布莱尼姆战役压根儿就不是一次失败，因为敌军的“伤亡要比”法军的伤亡“严重得多”；但当时的人们（如絮尔维尔侯爵）则指出这种说法是自欺欺人，并揭示政府立即下令为一次海战获胜举行弥撒唱“赞美颂”是在力图转移人们对布莱尼姆战役失败的注意力。[17]

而我们如果翻一下 1708 年(这一年旺多姆公爵和勃艮第公爵在乌德纳尔德战役中战败,里尔失陷)的《法兰西公报》,就可能会以为一次仗也没有打过。[18]《内阁要闻》(一份非官方月刊)竭力申说乌德纳尔德战役不算是失败;而《法兰西公报》则很少提及这次战役,3 月份来自布鲁塞尔的报导说“这个国家的人民极其不满盟军对他们的骚扰,盟军正在断送他们的贸易”,7 月份来自西班牙的消息说法军占领了托尔托萨(为庆贺这次胜利举行了一次唱“赞美颂”弥撒、篝火庆典和其他形式的公众欢庆活动)。[19]《时尚信使报》称乌德纳尔德战役为“战斗”而不是“战役”,并说联军伤亡“极其”惨重,“如能突破敌军防线,我们就会大获全胜”。[20]因此,乌德纳尔德战役如果不算是个令人扫兴的事件的话,也不过是小事一桩。时运不济,国难当头,没有什么可称道的,值得赞颂的是国王面对灾难时的镇定沉着,或曰“坚定不移”——小学院为 1715 年冲制的一款纪念章拟定的铭文用语。[21]

托尔西却采用了另一种方式:即 1709 年以国王的名义致函各省主教和总督,大谈对民众的体恤,不像往常那样专谈个人的荣耀。路易十四不再呈高高在上之势,成了其子民们的父亲,只希望
113 他们“安宁祥和”。“我对我的子民之爱同对我自己的子女们之爱一样深。”[22]这种说法并不新鲜;大画廊里画上的题词就不乏先例,诸如“陛下慈父般地关怀着他的子民们的幸福”。[23]即便如此,所强调的重点有了十分明显的变化。

内　　政

路易十四朝的这段时期尽管相对较长，但用以纪念国内事件的纪念章却很少。一个特殊的事件是1687年国王治瘘手术后的康复。为此，冲制了纪念章、法兰西学院举行了一次特别隆重的庆祝大会、国王亲临在巴黎市政府大厦举行的一次庆祝宴会、制作了雕像（插图49）、撰写了大批颂诗和十四行诗——所有这些庆祝活动都在报刊上作了详细报导。[24]

也还冲制了纪念章用以纪念圣路易勋爵士团的建立（1693年）、勃艮第公爵的婚礼（1697年）、一尊国王雕像的揭幕（1699年）、贸易委员会的组建、禁止奢华和行乞敕令的颁布及菲利普·安茹登上西班牙王位（以上三件事均发生在1700年）。我们注意到，其中有两例是以“转借”的方式（我们曾多次述及这一方式）表现的：即将另一种表现形式所描绘的国王形象用于本表现形式对国王进行颂扬。

路易十四朝后期最值得关注的国内事件都是灾难性的：诸如1693年的饥荒、1702年的塞文山区新教徒叛乱、1709年的寒冬、1711年的王太子去世和1712年的勃艮第公爵夫妇辞世。[25]在这种形势下，官方很少举行庆祝活动了，只有传媒在做文章。真正所需要的是心理慰藉，抑或诚如当时的人们（如絮尔维尔）所说的那样：真正所需要的是转移注意力。

人们（像对待路易十四的父亲路易十三那样）从他小时候起就一直将其与圣路易相提并论；这一趋势随着圣路易勋爵士团的建

49. “路易十四康复”。《国王康复寓意雕像》，尼古拉·库斯图制，大理石浮雕，1693 年。现藏于巴黎卢浮宫。

立发展到了最高潮。譬如:1648 年,国王十岁时于 8 月 25 日圣路易节在耶稣会圣安托万教堂聆听了一次赞颂圣路易的演说;1668 年,学者夏尔·迪康热出版了一部中世纪风格的圣路易传,谨以此书献给国王,并在书中将两位统治者相提并论。就目前所知,至少绘制或雕刻有三种呈路易十四相貌的圣路易形象,制作的年代分别为 1655 年前后、1660 年和 1675 年。[26]

路易十四在位期间,将他同圣路易相提并论已然制度化了。115
圣路易节成了向路易十四顶礼膜拜的时刻。譬如:1669 年,圣热尔曼节那天上演了莫里哀编写的一部戏,就将路易十四同圣路易相提并论了。[27]将两位统治者相提并论已成了法兰西学院的惯例,每年 8 月 25 日都要举行活动,颁发奖赏——国王路易十四像章,同时也要发表赞颂演说一并赞美两位路易,[28]还吟唱经文歌;1703 年 8 月 25 日并向路易十四呈献了一枚纪念章。[29]耸立在普瓦捷的路易十四雕像在圣路易节那天揭幕。如同 1693 年圣路易勋爵士团的建立一样,曼特农夫人 1683 年在圣西尔为贫困的贵族妇女创办的一所学校"圣路易女校"是这种总趋势的一个组成部分。[30]凡尔赛宫中的小教堂——这一小教堂为纪念圣路易而建,其间装饰着他的生平事迹——也是这一总趋势的一个组成部分。

1699 年 8 月 13 日路易大帝广场上路易十四雕像(吉拉尔东雕制)的揭幕,犹如一次重大胜利那样受到了热烈的祝贺。雕像巨大无比。勒内·乌阿斯奉国王令绘制了两幅将雕像运送至广场的情景画(插图 50 和 51)。这座雕像在法国大革命时期被毁,现在可从版画(插图 52)上看到(胜利广场上德雅尔丹雕制的路易十四雕像的遭遇亦如此),也可以从(另一宣传形式)小型复制品(现尚

50.《1699 年运送路易十四雕像:离开嘉布遣会修道院》,勒内·安托万·乌阿斯绘制,油画,1700 年前后。现藏于巴黎市博物馆、卡尔纳瓦莱博物馆。

51.《1699 年运送路易十四雕像:抵达旺多姆广场》,勒内·安托万·乌阿斯绘制,油画,1700 年前后。现藏于巴黎市博物馆、卡尔纳瓦莱博物馆。

52. “巨像”。《国王骑马雕像》,仿自吉拉尔东所雕制的雕像,无名氏作,1697年前后。现藏于伦敦英国图书馆。

53. “小型复制品”。《路易十四骑马雕像》，路易大帝广场上的雕像设计模型，1691年。现藏于纽约市艺术博物馆，休斯特基金，1911年。

存六尊)上看到(见插图53)。

路易大帝广场上的路易十四雕像揭幕时，巴黎市政当局在塞纳河畔建造了一座“光荣神殿”；这座神殿建在一块岩石上(就像贝尔尼尼所雕制的那座著名的路易十四雕像那样)，以表明光荣之路困难重重(插图54)。还燃放了壮观美丽的烟火，不仅显现有赫拉克勒斯、亚历山大、克洛维和查理曼影像——路易十四的传统形象，还有珀尔修斯、伊阿宋、忒修斯、居鲁士大帝、狄奥多西一世、非比阿斯、庞培、恺撒、奥古斯都和亨利四世的影像。耶稣会士梅内斯特里埃年届六十有八，虽已引退，仍编写了一本带有插图的小册子，用以纪念这次庆祝活动。[31]

梅内斯特里埃还（非正式地）参与了另一赞颂国王的伟大工程——编写计划已久的路易十四朝纪念章史。小学院于 17 世纪 80 年代中期开始行动，但起初进展不大。1689 年，同小学院没有关系的梅内斯特里埃出版了他自己编写的纪念章史——《纪念章上的国王演义》。书中收录了根据路易十四继位以来反映国内、国际事件的 122 款纪念章复制的 122 幅版画，还有纪念币拓图和精
118 选的赞颂国王的献词、寓言诗和铭文。书的出版被小学院视为对其专利权的侵犯；后来这本书每再版一次，小学院就抗议一次：这就清楚地表明了小学院的立场。[32]这使我们想起了安托万·菲雷蒂埃出其不意地抢在法兰西学院的前头于 1684 年出版了他编纂的《辞典》（早于法兰西学院十年）所遭遇到的情况。团队合作不见得就比有事业心的个人独自工作来得效率高。

小学院面对着梅内斯特里埃的挑战，（1691 年）摆脱了皇家营造事务后，加快了编写纪念章史的步伐。1695 年底，纪念章史编写到 1672 年。到 1699 年，国王“急切地”想看到官方纪念章史的出版。1702 年，官方纪念章史终于出版问世，精装对开本，皇家出
119 版机构刊印；当时正值战火消歇时期，比较容易为此等宏伟工程筹措到资金（插图 55）。还刊印了一种廉价的平装四开本。《反映路易大帝时代重大事件的纪念章》（未用“演义”一词无疑是要有别于

梅内斯特里埃的书）收录了286幅复制自纪念章、以年代顺序编排的版画；剔除哪些纪念章由最高层决定。所附文字既有对纪念章图像作的说明，也有对所纪念的事件作的“历史说明”。据此可以说，这部书就成了许多宫廷史官受命编撰而一直没有出版的一部官方的路易十四朝史。各省总督遵命将这部书当作案头参考书。

国王亲自参与了这部书再版时的修订工作，这次收集了318
款纪念章，可他未能看到书的出版。1723年再版书问世时，路易 122
十四已去世八年。书中最后两款就是追悼国王驾崩的纪念章。

最后几个场景

路易十四暮年一病不起，大限将至，一些事仍安排得颇具戏剧性。有几幅画描绘了他弥留之际的情景：如他向其朝臣们作临终道别；他向其5岁的曾孙、王位继承人作临终遗嘱。他最令人回味的话是：“我太好战了：不要在这方面学我；我花钱如流水：也不要学我。”[33]

官方对国王下葬的报道给我留有一种隆重的印象。路易十四的葬礼是要留给人们深刻印象的，因为自1643年以来就未举行过法国国王的葬礼。然而根据当时的目击者所述：不能说公众感到喜悦，但他们的确怀有一种宽慰的心情。[34]

追念路易十四的悼词总共发表了50多篇。[35]这一机会千载难逢，教士们可以在国王听不到的情况下对他的统治作出评价。有些教士只谈论国王驾崩一事，根据基督教的观念说他有了一个善终，并说他是勇敢无畏、刚毅坚定的“伟人”。[36]另外一些教士谈论多

54.《光荣神殿》,盖拉尔制,收录在 C.-F. 梅内斯特里埃的书中。现藏于伦敦英国图书馆。

55. “赞美全球闻名的路易十四”。小学院的《反映路易大帝时代重大事件的纪念章》卷首插图，1702 年，版画，路易·西蒙诺仿制自诺埃尔·克瓦佩尔绘制的一幅画。现藏于伦敦英国图书馆。

56. “非路易十四化”。《热尔圣的招牌》(局部),安托万·瓦托绘,商店招牌,1721年。现藏于柏林夏洛滕堡宫。

的则是路易十四的一生及其统治作为。他们有意识地对他的品行——特别是他年少时“为所欲为”的品行——进行了批评。也提及了“连年战争给法国带来的灾难和痛苦”。[37]

然而,这些悼词总的调子还是正面赞扬为主的,甚至在布道时大谈特谈在佛兰德地区所获得的胜利和阿尔及尔与热那亚所蒙受的屈辱。还提及了路易十四对艺术的热爱。毋庸赘言,已故国王对宗教的虔诚及其善举（引人注目的是巴黎残老军人院的建立和圣西尔“圣路易女校”的创办）受到了极其高度的赞扬。

国王最后的形象生动地反映在其遗嘱（1714 年立于马利宫）和辞世前几天写给王储的信（要在 1727 年王储 17 岁时交给他）里。[38]路易十四在信中忠告未来的路易十五绝对不要同罗马决绝、要求和平远离战争、要控制税收。我们应该将路易十四的这封最后信函判读为对其在位期间所犯错误的确认，还是为了给后人留下好印象所作的最后尝试呢？

如果是为了给后人留下好印象所作的最后尝试的话，好像是 123
所图未遂的。国王死后，对他的统治所做的攻击性评论大量面世（见第十章）。摄政时期似乎有种反路易十四的情绪；瓦托的名画（插图 56）绝妙地表明了这一点：艺术品商店在将一幅卖不出去的路易十四画像装箱藏入地窖。[39]

57. “历史研究”,蒂特马希(W. M. 萨克雷):《巴黎素描册》卷首插图,1840年。现藏于伦敦英国图书馆。

第九章　形象描绘出现危机 125

政治形势的变化必然要有查禁或修正。

——比尼翁

就连当时那些对路易十四相当敬仰的人也意识到，官方制造的国王形象与人们熟知的实际情况有差异，委实令人难堪。这种差异对这位奇特的统治者说来当然并不奇特，但却难坏了画师、作家和其他一些与“处理”国王形象有关的人。

譬如，路易十四个头不高，只有 1.6 米(5 英尺 3 英寸)上下，因而就得用种种方法来增高其实际身量，使之达到所谓的“社交要求的高度”，以处理其身高方面的差异。他儿子大王子比较高大，但“通常在绘画和版画中都不那么显眼”。[1] 假发和高跟鞋(插图 1 和 57)使路易十四给人们留下了更为深刻的印象。假发还掩盖了国王 1659 年生病时掉了大量头发这一事实。路易十四虽然并不在意描绘出自己的老态、甚至牙齿掉光的样子，但他的画像往往还是对他的形象进行了修饰美化。

还有另外一种差异要注意。上文的一些事表明，官方对国王英勇事迹的描述和从其他渠道获得的信息之间存在着明显的差异。战无不胜的英雄这一神话显然与法军的多次失败这一实情是不相符的;现在对官方传媒报道——或者说未能报道好——这些败绩的方式进行一下研究是很有意义的。有些事件当时受到了庆贺,可后来又不再提起了:众所周知的例子就是海德堡被法军摧毁
126 一事。诚如比尼翁神父(官方审查官,后任法国各院所机构总负责人)措辞谨慎地言道:“政治形势的变化必然要对消息有所查禁或修改。”[2]

我们也能发现一些与之相反的例子——换句话说,赞扬一些凭空捏造的事件(美国历史学家丹尼尔·布尔斯廷称之为“假事件”)。[3]1670 年前后,塞巴斯蒂安·勒克莱尔制作了一幅路易十四视察科学院的版画(见插图 18),然而路易十四从未视察过科学院。[4]

这些例子揭示了官方描绘统治者的形象时所存在的一些“经常发生的”——抑或称之为“正常的”——问题。然而 17 世纪后半叶出现了另一种问题(或曰另外一些问题)。我拟将这样一些问题的出现——也许是颇具戏剧性的出现——称之为“形象描绘危机”,并将其归纳为两大问题:否定古典文化和扬弃类比。

17 世纪法国进行了一场关于扬弃古典文化模式的大讨论,具体表现为古典派与现代派之间的论战——抑或如乔纳森·斯威夫特所言:“典籍之战”。17 世纪 80 年代末论战最激烈。布瓦洛和拉封丹维护古典派,而佩罗兄弟和丰特内尔则支持现代派。[5]论战的主题是古代作家——特别是诗人维吉尔和贺拉斯——是否比现代作家强。讨论必然要涉及现代文化(包括科学)是否优于古典文

化这一问题。涉及的问题还有：选用后古典时期的英雄人物（如克洛维和查理曼）为诗歌的主人公和戏剧的主角是否合适，用现代语言书写纪念建筑物上的铭文是否合适，纪念建筑物上雕饰现代武器（滑膛枪、炸弹等）是否合适，画当时的人物（如国王）身着现代服装是否合适。[6] 现代派"赢得了"论战；说他们"赢得了"论战，是因为古典派主将布瓦洛最终表示接受他们的观点。

这一论战并不仅仅是文学上的事。参与论战的人完全明白论战的政治意义。如果路易大帝时代比奥古斯都时代美好的话，那么路易十四也就比奥古斯都强了。夏尔·佩罗甚至对亚历山大和奥古斯都进行了批评，说亚历山大"太傲慢"，说奥古斯都"太残暴"。[7] 卢浮宫选用新的"法国风格"柱型代替传统的多利斯、爱奥 127
尼亚和科林斯柱型一事，表面上看是个美学上的选择，实际上有其政治寓意，传达了一种政治观点。

现代派的胜利显然就是路易十四的胜利。别忘了，支持这一派的主要人物都是科尔贝尔的门生。[8] 然而，对国王的描绘与古典传统的传承密切相关；否定古典传统的意义就给画家和作家们出了难题；例如，布瓦洛描述 1672 年战役的《第四封信》述及的主要问题之一就是这一难题。

第二个问题是扬弃类比和所谓的"简单类推法"；而当时西方知识分子正好视世界为一大型机器。科学史学家、哲学史学家、文学史学家和政治思想史学家们很了解这一问题。[9] 20 世纪 30 年代以来一直在讨论这一问题。[10] 这一问题也在一定程度上引起了艺术史学家们的注意。[11] 然而就我所知，讨论并未就所描绘的君主的形象进行分析。

中世纪和文艺复兴时期的君主神话在相当大的程度上有赖于传统的世界观和心态。要是将这一时期的某位君主说成是(例如)赫拉克勒斯的话,这就不仅仅是一种隐喻,说他很强壮,他会像赫拉克勒斯不费吹灰之力即完成自己的任务那样很容易地解决其王国的问题。将两者联系起来——有时称之为“类比”(如将国家比作船[见插图20]、将国王比作父亲、将政府比作人体、将微观世界比作整个宇宙)——的内涵要比隐喻丰富得多。[12]类比有个重要含义,即将这位君主与赫拉克勒斯等同了起来,就好像这位赫拉克勒斯的光环转移到了这位君主的头上。这种类比不是非常确切,而这种类比也难以做到十分确切;这是一种潜意识的活动,而不是有意识的作为。

不能将这些类比看作是主观的臆断,应将其看作是客观的类似。这些类比的真实性也体现在政治主张中,例如,政治主张提出:“尊敬你的父母”,这一戒律禁止违抗国王意旨。[13]因此,我们可以说这是一种“神秘心态”,注意一下其与20世纪初期法国哲学家、人类学家吕西安·莱维-布律尔提出的“神秘参与”(但删除了
128 他的“原始的”一词)这一概念的类似性。莱维-布律尔使用的“神秘”一词系指难以察觉的联系(或曰同一性——就像某一部落认为双胞胎具有同一性和飞鸟具有同一性那样)。[14]

国王与王国密不可分这一观念,可说是神秘心态仍在起作用的一个好例子。(诚如我们在第三章中所见)法国国王的加冕典礼体现了这一观念;威尼斯与海洋的密切关系也体现了这一观念。詹姆斯六世(即英格兰的詹姆斯一世)在与国会发生冲突时也都诉诸这一观念;“我是丈夫,整座岛屿是我的合法妻子”这一观念好

像是不证自明的。从难以察觉的联系这一意义上说，将国王比做太阳也是一种“神秘”类比，从而起到了使政治秩序“合天理”的重要作用——换句话说，使政治秩序就如天理那样不可规避、不可置疑。

17世纪里，西欧一些国家（至少是法国、英国、荷兰共和国及意大利北部）的一些精英中发生了一场知识革命；这场知识革命动摇了这一神秘心态的思想基础。这场知识革命主要与笛卡尔、伽利略、洛克和牛顿有关，一些二流人物也参与了这场革命。

在此不宜详细论述这场知识革命的起源和影响、其与经济发展和社会演变（诸如从封建主义向资本主义的过渡）的关系、其与早先的知识——诸如与14世纪哲学家威廉·奥卡姆有关的唯名论——运动（从知识和社会意义上说，这场运动规模都不大）的关系。这场知识革命的一大影响是所谓“神力之衰微”——世俗化（或者说是马克斯·韦伯所探讨的“世界摆脱迷信”）总运动的一个组成部分——意思是说精英们对神力的灵验性越来越怀疑。[15]

新思想视世界为一台机器，而不是一种有机体（或者说一种“动物”）。新宇宙是笛卡尔称之为的“台球宇宙”，其中任何一个物体只有受到另一物体撞击后才会移动，诚如帕斯卡所言，上帝轻弹手指万物开始运行。

这一新思想同样导致了类比性质的一大变化：即从客观实物的类比变成了主观臆断的比喻。象征手法更具自我意识。这一变化导致了比喻、象征和仪式的重要性的降低——越来越被称之为“纯粹”是种比喻、“仅仅”是种象征、“只不过”是个仪式而已了。因此，最好将这场知识革命称之为“只讲究实际之风的形成”，然而可 129

以更为确切地说:是对实际意义与象征意义间之不同有了越来越多的认识。[16]这时,赫拉克勒斯只体现一种力量、狮子般的勇猛等等;观赏者和读者们好像比较赞同抽象性,不那么认可神话。

简而言之,比较抽象的思想形态取代了比较具体的思想形态。必须重视"形态"这个词。我并不想否认经验论——对自然界具体事物的关注——在17世纪的重要性。问题在于当时比较抽象的思想形态在渐次取代中世纪和文艺复兴时期思想上的类比方式。与这些变化同时产生的是对理性的信仰和可以称之为"文化相对主义"思想——也就是说,特定的社会、文化状态不是上帝安排好的,也不是必然的,而是偶然的,是依地点不同而各异、时间不同而改变的。

1700年,西欧可能只有少数知识分子如此这般地改变其世界观,但这一改变的影响极其深远:例如,不再搜捕行巫术者;不再将宗教列队进行祈祷用作抗瘟疫的方法。重新界定了仪式的意义:这一点在路易十四朝的一位法国本笃会修士克洛德·德·韦尔所写的论文中最引人瞩目;论文对仪式作了一种所谓"如实的"阐释——上文刚述及的"只讲究实际"便是个很好的例子。

譬如,做弥撒时圣坛上为什么要点蜡烛?传统理论——这一理论是13世纪杜兰杜斯提出的——认为:点蜡烛表示基督光照世界。而克洛德·德·韦尔则不同意他称之为"神秘性的"阐释这种传统理论。他认为:白天之所以要点蜡烛,是因为弥撒早先是在地下墓地中进行的;这一习俗一直延续了下来(社会学家们现在称之为"文化调适迟缓")。[17]

这场知识革命有着重大的政治和宗教影响。君主们失去了大部分皮埃尔·布尔迪厄称之为其象征性资本的东西。[18]这些影响极其明显地展现在洛克对将国王比作父亲的类比所作的绝佳批评中。罗伯特·菲尔默爵士在其所写的《家长》一书中认为这一类比是合情合理的；洛克要批驳的正是他的观点。[19]总之，国王们在一件一件丢失其象征性外衣，在一步一步走下神坛，在一点一点揭开神秘的面纱。

因此，将于尔根·哈贝马斯的名言——“合法性危机”用来说 130
明这一时期应该是切合实际的。虽然查理一世正巧在17世纪中叶掉了脑袋，但我不想说当时的欧洲君主们就失去了其合法性。然而我要说：一种重要的合法化手段在渐次失去其功效。

这与路易十四的形象有什么关系呢？诚如我们所知，路易十四同其他君主一样（也许尤甚于同时代的其他君主）被用含有家长主义和父权制意味的语言说成是其臣民们的父亲。他被描绘成圣路易、赫拉克勒斯、阿波罗、太阳的形象。他是个被尊崇为神的君主，他的触摸也就自然被说成是具有一种神奇的治疗力了。

这种治疗力显然同笛卡尔和伽利略的力学体系是不相容的。孟德斯鸠在路易十四去世数年后出版的《波斯人信札》中对之进行了嘲讽：波斯客人的家书中将法国国王说成是个“伟大的巫师”。[20]法国国王的问题在于：在一个日益世俗化的世界里，他却是个被尊崇为神的君主。他当时被认同于太阳，而这种认同或类比的逻辑当时又正受到质疑。国王回忆录中的说法是：将君主比作太阳是十分确切的，因为太阳是天体中“最高贵的”星球。而这时伽利略已在竭力反对将一些富有道德意味——如“高贵的”、“完美的”——的词语应用于非动物界。

路易十四周围的人并非不了解这场知识革命。文化相对论者的主将之一拉莫特·勒瓦耶就曾做过路易十四的教师。菲雷蒂埃——他在其著名的《辞典》中将象征手法说成是一种简单化的方法——也是个写诗颂扬国王的人。1666 年成立的科学院是要将国王树立为一位伟大的知识庇护人的计划的一个组成部分。佩罗兄弟与新科学的关系密切，同时也积极参与了官方对路易十四形象的制造。夏尔·佩罗认为一些古典神话只不过是哄哄孩子们的寓言故事而已。[21]贝尔纳·德·丰特内尔不仅为用古典神话赞美国王的歌剧撰写歌词，还撰写消除神话影响的文章，说神话不过是种比喻罢了。他的这篇文章——文章题名叫《寓言故事的起源》——是在路易十四死后发表的，但好像早就写好了。

面对当时的情况，路易十四周围的人该怎么办呢？人们自然会像什么事也没有发生那样，照常行事。波舒哀依然将国王尊崇
131 为神和父亲；路易十四继续触摸病人（1697 年复活节星期日那天就触摸了 2000 多人，四年后的复活节星期日触摸了 1800 人）。[22]凡尔赛宫里的“国王起床仪式”仍旧与日出同步。而法国大学则禁止教授笛卡尔学说（好像是国王本人下的禁令）。[23]

形象描绘上出现的危机也引起了一些变化。人们注意到，路易十四在位期间触摸病人时所说的套话变了。他的先辈们说的是“国王摸摸你，上帝治好你”。新的、比较审慎的套话是“愿上帝治好你”。[24]

从 1680 年前后——也许在此之前——开始，人们即已发现路易十四及其谋臣们采用了新谋略。[25]太阳徽记尽管一直在使用着，但与17世纪50或70年代芭蕾舞剧鼎盛时期相比，不再那么受重视了。诚如我们所知，不大提及亚历山大和奥古斯都了。1679年，大画廊中原先以赫拉克勒斯为主的神话标题画换成了描绘国王本人行为举止的画像。这一时期冲制的大量纪念章也写实地呈现国王的形象了，再也不用象征手法了。看来，1680年前后弃用古典神话一事意义十分重大。

路易十四的新神话靠的是艺术语言——是现代的艺术语言，而不是古代的艺术语言；是写实的艺术语言，而不是象征性的艺术语言。[26]先前用以纪念国王英勇事迹的纪念章上的铭文，模仿自罗马皇帝们的纪念章的铭文。而现在我们发现一些纪念章上有统计数字。1672—1700年冲制的纪念章中有22款的铭文中含数目字："王太子一个月内占领莱茵河畔20座城镇"（1688年）、"占领80座城市"（1675年）、"修建300座教堂"（1686年）、"俘虏7000敌军"（1695年）、"6万水兵应募"（1680年）、"二百万加尔文派教徒皈依基督教"（1685年）（插图58）。这些数目字使人想起了20世纪报纸上的大标题。[27]不愧是科尔贝尔和沃邦的时代；他们两人都是伟大的统计资料收集者。[28]

这一潮流不仅见诸法国。英国也有其统计（抑或如17世纪称之为的"政治算术"）专家：威廉·佩蒂、格雷高里·金、约翰·格罗恩特。罗伯特·沃波尔爵士说：18世纪初，英国下议院听辩论时 132
比较看重"统计数字"，不那么在意"修辞手段"。

也可以说：法国政府之所以会看中冲制大量纪念章、刻制大量骑马雕像、织制大量挂毯……（特别是路易十四在位的后半期）来表现路易十四，就是对这一危机——更确切地说，是一系列危

58.《二百万加尔文派教徒皈依基督教》,纪念章正面,1685年。现藏于巴黎法国国家图书馆纪念章陈列室。

机——所作出的一种反应。

首先,最明显的危机是投石党叛乱时期的政治危机。这一危机是与所谓的普遍性危机同时发生的、至少是与欧洲一系列暴乱——这些暴乱使1648年(像1848年那样)成了革命年——同时发生的。其次是路易十四朝的后半期的政治困境。与以前相比,这一时期法国军队胜少败多,财政十分拮据。第三,我认为:对制

造国王英雄形象逐渐增加的投资(同国王形象发生的某些变化一
样)与形象描绘出现危机有着一定的关系。诚如一位现代著名的
政治传播分析家哈罗德·拉斯韦尔所言:“一种得到公认的思 133
想……不用着意宣传自会影响深远……当费心考虑用什么方式方
法来坚定信仰时,就说明信仰已然发生了动摇。”[29]

59. “窃取者路易十四”。《用窃取来之土地上的象征物装饰的服装》，无名氏制，荷兰版画，17世纪初的私人收藏。

第十章 反面形象 135

祖父爱吹牛，

儿子呆头呆脑，

孙子见事溜，

啊，这一家子多美好！

——无名氏，1708 年前后

流传在世的路易十四形象并非都是英雄形象。诚如路易十四朝末期一首流传的手抄诗歌所言：还有“反面形象”。[1] 现存有大量太阳王反面形象——这些形象在很大程度上有别于官方大大拔高了的路易十四形象。[2] 路易十四有时被描绘成法厄同（驾驭太阳车狂奔失控者），而不是阿波罗——这是荷兰画家罗穆因·德·胡格的著名画作。一些评论家认为路易十四不是奥古斯都，而是尼禄。恪守《圣经》的新教徒认为他不是所罗门、大卫，而是希律、法老。像官方拔高的路易十四的形象那样，反面形象通常也是以日常琐事为题材创作而成的。而各人进行创作时，也都同样别出心裁地对同一主题创作出了不同的形象。[3]

“反面形象”这一概念用之于以诙谐模仿和颠倒转位这些表现方式为主的一些诗文和图像不管多么合适，要认真分析起来自然就太模糊了。至少要将反面形象分为两类。

第一类是那些自视——抑或至少自我表现——为忠实臣民的人所作的描绘:像比西·拉比坦那样拿宫廷开开善意的玩笑,或像费内隆大主教那样向国王提出一些逆耳忠言。第二类反面形象则是公开与国王及其政权为敌者们的杰作;他们中的许多人是在自己的国家(英国、荷兰共和国、神圣罗马帝国)与法国交战时从事这
136 样的创作的。胡格诺派教徒*对国王的批评开始时采用的是第一类方式,后来就转入第二类阵营了。

这些反面形象借以流传的艺术表现方式计有绘画、纪念章、版画、诗歌和各类散文作品(不但有用法文写的,也有用拉丁文、荷兰文、德文、英文和意大利文写的)。路易十四并不是唯一的嘲讽对象。在他统治期间,讽刺作家们的矛头也指向安娜·德·奥斯特里亚、马萨林、科尔贝尔、卢瓦、曼特农夫人、勃艮第公爵、国王的告解神父拉雪兹以及国王的一些战多胜少的将领(诸如维尔鲁瓦)。

这些散文作品的体裁、风格和语气各不相同,丰富多彩。有些作品只是简单地指责路易十四为“法国暴君”、“法国马基雅弗利”、“法国阿提拉”、“法国尼禄”等等。然而当时多种多样的讽刺手段也大多被采用,而用得最多的是各种形式的诙谐模仿手法。

例如,有种“主祷文”(Pater Noster)式的诙谐模仿诗文(欧洲现代早期通俗文化中并不少见)。“我们的父亲,你住在马利宫,你的名字不再受尊崇,你的王国行将消亡,你的遗愿永难实现……”。[4]在斯居代里小姐和拉斐德夫人撰写的浪漫故事风行的

---

* 指16—17世纪法国基督教新教徒,多数属加尔文宗。——译者

时代，出现模仿浪漫故事的讽刺传奇不足为怪。有则传奇描述的是“伟大的骑士纳索尼乌斯（也就是纳塞的威廉）”与“力大无比的巨人加利埃诺”（“也有人称之为头号大坏蛋”）之间的战斗。[5]

另外一种常用的诙谐模仿手法是模仿遗嘱的讽刺诗文，诸如“路易大帝的遗嘱”以及所谓的马萨林的政治遗嘱、科尔贝尔的政治遗嘱和卢瓦的政治遗嘱。还有一种模仿外交报告的讽刺诗文，如《法国御前会议报告》。我们还发现了模仿《教理问答》的讽刺诗文、模仿忏悔祷文的讽刺诗文（如《法国国王路易十四的忏悔祷文》）、模仿婚礼赞的讽刺诗文（如《法国国王婚礼》）、模仿诊断书的讽刺诗文（如给路易十四开药方，让他吐出所征服的土地）、模仿墓志铭的讽刺诗文（1715 年特别流行）。还不止一次采用过以梦境作背景进行的描述：如描述马萨林的鬼魂拜访正在睡觉的路易十四；曼特农夫人的首任丈夫斯卡隆的鬼魂探望她（插图 63）。

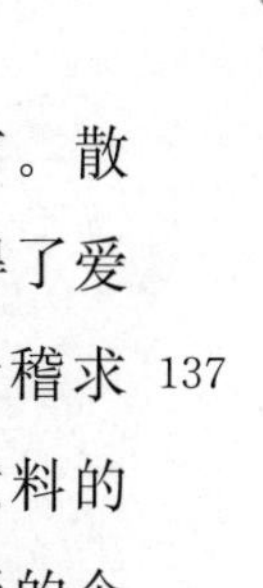

这些散文作品的语气各种各样，从说教到冷嘲热讽都有。散文作品的风格也各种各样：有典雅的《伟大的阿尔坎德雷赢得了爱情》；也有粗俗的《法国国王婚礼》（描述的是“路易十四的滑稽求 137
爱、像猫那样地叫春以及同其前政府雇员曼特农夫人出人意料的婚礼”）。文学手段亦各种各样：有直接的抨击，也有含沙射影的个别人知情的“秘史”。

这支另类管弦乐队——其主旋律时有走调现象——的主题内容是路易十四的野心、寡廉鲜耻、不恪守宗教信仰、暴戾恣睢、爱慕虚荣、怯阵、好色、弱智。我们先来简要地对这些主题逐一加以审视，整合成具有各种典型性格的另类国王形象（就像前几章整合美好形象那样），而后分述反面形象描绘者们的不同观点。

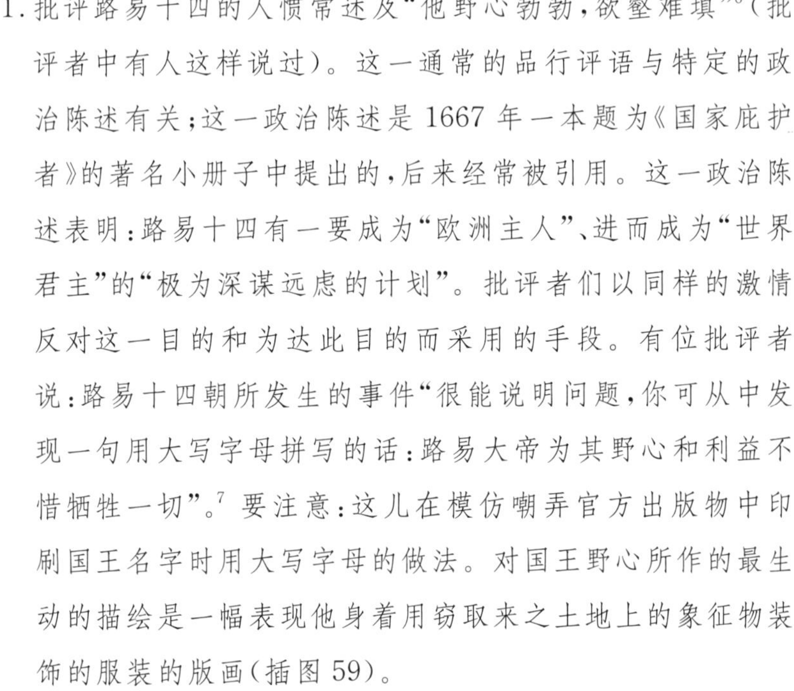

1. 批评路易十四的人惯常述及“他野心勃勃，欲壑难填”[6]（批评者中有人这样说过）。这一通常的品行评语与特定的政治陈述有关；这一政治陈述是1667年一本题为《国家庇护者》的著名小册子中提出的，后来经常被引用。这一政治陈述表明：路易十四有一要成为“欧洲主人”、进而成为“世界君主”的“极为深谋远虑的计划”。批评者们以同样的激情反对这一目的和为达此目的而采用的手段。有位批评者说：路易十四朝所发生的事件“很能说明问题，你可从中发现一句用大写字母拼写的话：路易大帝为其野心和利益不惜牺牲一切”。[7] 要注意：这儿在模仿嘲弄官方出版物中印刷国王名字时用大写字母的做法。对国王野心所作的最生动的描绘是一幅表现他身着用窃取来之土地上的象征物装饰的服装的版画（插图59）。

2. 经常有人攻讦他寡廉鲜耻。小册子编写者们认为他的这一品行的形成是受了“国家至上”说和马基雅弗利思想的影响。人们认为这些东西是他从马萨林枢机主教那儿学到的：“我曾试用过马基雅弗利的所有计谋/亦藐视宗教的一切规约。”[8] 马基雅弗利劝告君主们要背信弃义：路易十四则被指控为“失信”、“诈骗”、“不诚实”，而他废止南特敕令就是失信于胡格诺派教徒。[9] 路易十四还被指控背弃国际法，“入侵爱好和平、文明友善的邻国，在其领土上烧杀、抢掠，无恶不作”，特别是法军入侵法耳次伯爵领地时尤为“残暴、野蛮”。[10]这次入侵被称之为“比土耳其人、鞑靼人、野蛮人还要残暴”的行为实例，抑或——借用一本德文小册子的题目——称之为“法国国家至上”。[11]

3. 另一经常的指控是说路易十四暴戾恣睢。这一指控是最著 138
名的反国王小册子之一《悲歌受奴役的法兰西》(1689 年)中提出的,别处也常常重复这一指控,特别是一本题为《法国暴君》(1702 年)的英国小册子最引人注目。国王的专制、独裁、专横之气日盛,胡格诺派教徒、贵族、最高法院、城市的自主权以及民众的自由权利则日益丧失。路易十四被说成是“世界舞台上一个邪恶、残忍、暴虐、专横的大坏蛋”。[12]特别是他有时被说成是“征税国王”、“特税征收国王”等等。

4. 对路易十四的第四点指控是说他不恪守宗教信仰。《法国暴君》借他之口(重复舞台上的马基雅弗利的话)说道:“我们认为宗教是骗人的东西。”[13]他对胡格诺派教徒的迫害(《法国暴君》借他之口说道:“他们是我的龙骑兵镇压的对象。”[14])自然成了他敌视宗教的例证。反对他的人还说他与非基督教国家奥斯曼帝国结盟,借此揭示他不恪守宗教信仰。有枚颇具讽刺意味的纪念章描绘路易十四与奥斯曼苏丹苏莱曼三世、阿尔及尔“傀儡”代伊*和詹姆斯二世结盟状况,人像下方有言“反基督”(插图 60)。反面为魔鬼形象,附有铭文“第五位盟友”。对这一结盟进行嘲讽的还见诸两本小册子的题目:一为《最信奉基督教的土耳其人》
(1690 年),一为《路易十四的古兰经》(1695 年)。官方的太 139

* 1671—1830 年奥斯曼帝国统治时期阿尔及尔统治者的头衔。——译者

60. “路易十四反基督”。《反基督》，翻印自仿梅内斯特里埃的《国王演义》所撰写的书中一纪念章反面的版画，1691 年。现藏于伦敦英国图书馆。

阳王崇拜亵渎上帝，信奉异教：是路易十四不恪守宗教信仰的又一例证。

5. 官方的太阳王崇拜也使反面形象的制造者们发现了他们称之为国王的“极其自负、爱慕虚荣”的性格。[15]有本德国小册子专门论述这一问题，书名《自我吹嘘令人讨厌》。小册子论及了国王的“阿谀奉承者们”在诗歌、歌剧中的“溢美之词”，认为这些溢美之词“将他比作太阳，从而使他野心勃勃”,[16]并以此为例对路易十四进行了指控。小册子还述及花巨资修建凡尔赛宫一事,认为这同样出于一种虚荣心;小册子也述及了路易十四的雕像——特别是竖立在胜利广场上的那尊雕像。

6.与官方的赞扬相反,反对路易十四的人着重指出他作为一个凡人所具有的许多弱点。斯潘海姆和圣西蒙说他弱智,但他们的这一说法没有公之于世。斯威夫特在书中述及了路易十四的“恶疾”——也就是他的瘘症,借此对他进行攻讦:这种做法在当时实属罕见。[17]小册子的作者们对路易十四弱点的描述大多集中在军事和性欲方面。这两个主题实际上是紧密相联的,诚如一句笑话所言:“你逃避战争,却追求女人。”[18]一幅描绘路易十四携其“女眷”撤退和一款描绘
路易十四乘一辆由四名妇女拉离前线(尼德兰某地)直奔凡 142
尔赛宫的双轮战车的纪念章,绝妙地表达了这句笑话的意蕴(插图62)。路易十四被描绘成了一名怯阵者,完全不同于官方所描绘的英雄形象。他因战败而遭到嘲讽。描绘四名妇女拉战车的纪念章上的铭文“我来,我见,但我不能征服”(插图61),不仅模仿了恺撒的名言“我来,我见,我征服”,而且也模仿了路易十四为1662年骑兵竞技表演亲自设计的盾牌上的铭文“我见,我征服”。

路易十四求爱的本领甚于求战这一思想也是《伟大的阿尔坎德雷赢得了爱情》的中心主题。故事的背景还是尼德兰,而男主角的名字“伟大的阿尔坎德雷”则恶意地模仿了斯居代里小姐的一部小说中将路易十四比作亚历山大大

61.《我来，我见，但我不能征服》，纪念章反面，1693年。现藏于伦敦不列颠博物馆钱币纪念章馆。

帝那样的赞颂。将性爱比作战争。故事集中描述了路易十四的四个情妇：拉瓦利埃尔（说她是个“平庸无奇的美人”）、蒙特斯潘（她还有另外几个情夫）、丰当日和曼特农（见插图63）（“她现在故作正经”）。[19]故事最后说：“伟大的阿尔坎德雷虽然凌驾于众人之上，但他的喜怒哀乐无异于众人。”[20]现在看来，这一结束语没有什么棱角；然而在官方正大张旗鼓地将路易十四描绘成一个英雄的时候，说出这样的话看上去就颇具颠覆性了。

将性爱比作战争的手法也出现在《路易大帝的新欢》一书中。书中描述的是路易十四跪在他刚看中的圣特隆夫人面前(插图64)。路易十四听到最新的战场失利消息时声称比起马耳斯*来我还是更喜欢维纳斯**,而曼特农则颇为尖刻地对他说:“陛下在默东宫、在马利宫或在凡尔赛宫是一仗也打不赢的。”[21]再次将性爱比作战争。而在《法国国王婚礼》中又将战争比作了性爱。小册子未将(乌德纳尔德战争那一年的)路易十四描绘成一个沉溺于女色者,而是个衰老昏聩者(一个“年老拙劣的君主”),性爱无能,军事无成:

战祸啊,与妻子串联,
国王无能啊,卷铺盖走人;
你的妻子啊,欲壑难填,
你啊,难以使她满足安分。

称曼特农“妻子”,就表明路易十四的第二次婚姻当时已是公开的秘密了。

我们探讨了官方描绘国王形象的手法,也要审视一下反对者们描绘——确切地说,巧妙地处理——一些特定事件的手法。那些为庆贺法军在布莱尼姆、乌德纳尔德、拉米伊等战斗中的失败而冲制的纪念章自不必说。1711年乌得勒支还出版了一部反映

* 战神。——译者

** 爱与美的女神。——译者

62．“路易十四是个沉溺于女色者”。《路易十四率其后宫一起撤退》，版画，无名氏作，1693 年。现藏于伦敦不列颠博物馆图画馆。

63. “曼特农遭袭”。《斯卡隆显形曼特农夫人身旁》卷首版画，1694 年。现藏于伦敦英国图书馆。

1708—1709 年战斗的纪念章史。[22]法军 1695 年失去那慕尔时，英 143
国诗人马修·普赖尔模仿布瓦洛三年前赞美该城被法军占领的颂歌，撰写了一首讽刺诗，庆贺法军在那慕尔的败北。

研究一下可作多种解释的事件或杜撰的事件，可能更有意义。先来看一下那枚描绘四个女人把路易十四拉离战场的著名纪念章。这一形象显然是这么一件事——即遗产继承战期间路易十四不但带着王后，而且还带着拉瓦利埃尔和蒙特斯潘随行出征尼德

64. “卑贱的路易十四”。《路易大帝的新欢》卷首插图，版画，1696 年。现藏于伦敦英国图书馆。

兰——获得的灵感。[23]

另一根据杜撰的事件创作的例子，显然是路易十四与土耳其苏丹结盟的形象。1681 年，利奥波德皇帝面临困境。路易十四兼并了斯特拉斯堡，匈牙利人起义反抗帝国统治，土耳其人趁机在贝尔格莱德集结军队，准备入侵神圣罗马帝国。路易十四其实并未与土耳其人结盟。然而他在土耳其人围攻维也纳时，亦未理会教皇的呼吁，拒不出兵援助皇帝。这件事就成了描绘路易十四阴毒地结盟这一形象的灵感源泉。[24]

至于废止南特敕令一事，就无需编造了。事件本身就是送给荷兰、英国和德国宣传家们的好礼物。他们只要将其描述和谴责为“法国从未有过的最野蛮、最残暴的一次迫害”即可，他们利用纪念章、绘画和小册子竭力对之进行宣扬。[25]

当然，这些事件均受到了法国官方传媒的赞颂。这两种全然异趣的路易十四形象——英雄与恶棍——之间的实质关系，值得进一步研究。

反对者们所着力描述的，当然是那些官方传媒忌讳的话题——特别是国王的情妇们及其秘密的第二次婚姻。尽管两种异趣十分明显，两个对立集团的画家和作家们双方均一再选择一些相同的主题，描绘出彼此全然异趣的形象。诚如我们所见，反面形象多半源自模仿。他们模仿一些官方媒体表现形式——诸如纪念章和铭文，但将其所表现的内容颠倒了过来。[26]他们常常述及“日落”或“至日”(即一年中最短、最暗的日子)。[27]他们认为路易十四不是太阳，而是“一道流星”。[28]他们将路易十四比作法厄同，而不是阿波罗。[29]他们将他比做叛教者尤利安，而不是君士坦丁大帝。[30]路易十四的座右铭是妄自尊大的“与众匹敌”。在那大联盟时代，难免有人要将他描述为“已经不敌众人的法国人”。

小册子通常把路易十四说成胆小如鼠，而不是勇猛如虎；十分 144
自负，而不是荣耀异常；“不公正”，而不是“公正”……。他的官方头衔“路易大帝”导致了许多人的批驳。他“卑下”，而不“伟大”；他“伟大得十分厚颜无耻”；“他只是野心很伟大”。[31]

另一官方头衔“最虔诚的基督徒国王”也经常招致模仿嘲笑，诸如这样一些小册子的标题：“最虔诚的基督徒战神马耳斯”、“最虔诚的基督徒土耳其人”、“最信奉基督教的人需要成为基督徒”和“最虔诚的基督徒国王违背基督精神的炮击”。[32]

反对者们也未放过国王对学术和艺术的资助；国王此举受到的是指责，而不是赞扬。凡尔赛宫的绘画被说成是国王妄自尊大的好例证；各院所机构被视为暴政的工具；而国王发给作家们的津贴，乃至天文台的建设均被说成是使学者们远离政治、不再批评政府的手段。[33]将卢浮宫比作尼禄的金宫。反对者们也指责路易十四挥霍无度。[34]

反对者们常常提及我们所说的国王个人崇拜，称之为阿谀奉承、虚荣浮夸、亵渎上帝、侮慢信仰。“这就是这位国王的阿谀奉承者们的古怪念头：他们不断地促使他野心勃勃，将他比作太阳……他们似乎要将他树立为偶像，让所有人都对之顶礼膜拜……那些食客好话说尽，使他显得白璧无瑕、光彩照人，简直就在亵渎上帝。”[35]

有些小册子——最突出的是《自我吹嘘令人讨厌》、《精华选萃》和《路易十四受骗赞》——的中心主题就是路易十四的个人崇拜。《精华选萃》攻击了宫廷史官佩里尼对国王的阿谀奉承，而《自我吹嘘令人讨厌》则对另一宫廷史官夏尔－克洛德·德·韦尔特隆所撰写的《评比》（1685 年）——作者在书中将路易十四同历史上那些称之为“大帝”的统治者（从亚历山大到查理曼）一一作了比较，对路易十四好评如潮——进行了批判。马修·普赖尔在诗中同样对布瓦洛和路易十四进行了攻击：

品达,这只雄鹰遨游苍穹;
布瓦洛,光明大道他不走:
却利欲熏心,
蝇营逐臭。
你终生受雇,就得卑躬屈节, 145
吟唱那些不断赢得的胜利和踌躇满志的国王,
就得胡吹乱捧这位永生不朽者,
千方百计给他戴桂冠增添荣光。[36]

在胜利广场上竖立路易十四雕像向反对者们提供了一个机会;他们及时抓住了这一良机。竖立雕像三年后,《悲歌受奴役的法兰西》(1689 年)指出:路易十四容许“雕像摆放在为向他表示敬意而镌刻着亵渎上帝的铭文的基座上”(文中脚注补充说明,这铭文就是“永生不朽者”)。[37]有本英国小册子描述这座雕像说道:“头顶光芒四射、星星照耀,就像古罗马人制造他们的主神朱庇特所使用的表现方式那样……他们在基座四角各塑有跪在他脚下代表欧洲、亚洲、非洲和美洲的形象,好像他在主宰全球。”[38]另外一本小册子则宣称:“法国人……就在这一天向路易大帝这尊神像敬香膜拜;他那头顶光环的雕像下方写有这么几个亵渎上帝的大字:‘神圣的路易大帝’……他们向这位永生不朽者奉献一切。”[39]1690 年出版的德国小册子《追名求荣、妄自尊大的雕像记》所论述的正是这尊雕像。[40]1715 年,有首攻击已故国王的诗述及这尊雕像时吟道:

基座应受到谴责,

基座上那个人受到的奉承可耻、卑劣、荒谬，
而向人们展现的形象恰似永生不朽。

就连桂冠也成了借以攻击路易十四的对象。有首诗开玩笑说胜利女神在给国王戴桂冠时有点犹豫，而模仿胜利广场上雕像冲制成的纪念章图案则是胜利女神摘除国王头上的桂冠——俄国评论家巴赫廷称之为“无桂冕者”的一个不折不扣的好例子。[41]用形象进行模仿也许是破坏官方形象的最有效的手段。1694年巴黎市面上有幅版画，画面上描绘的是：胜利广场上的路易十四雕像基座四角所置的不是原来的形象，而是四个用铁链套着国王的女人——拉瓦利埃尔、丰当日、蒙特斯潘和曼特农。[42]

对路易十四进行攻击的年代顺序值得注意。就连众多小册子也难以按年代顺序拟就一份准确的目录，因为难以区分忠言逆耳性的文字和攻击性的文字。所能做的，只是研究一下收集起来的
146 75本较详细地论及路易十四本人的小册子。四本小册子（包括著名的《国家庇护者》）面世于17世纪60年代——这期间发生了遗产继承战。六本小册子写于17世纪70年代——这期间发生了对荷战争。17世纪80年代相关小册子大增，一下有了16本（包括那著名的《悲歌受奴役的法兰西》和其他一些批评废止南特敕令的小册子）。而17世纪90年代相关小册子则骤增，总共有35本（仅1690年一年就有七本）。而后面世的小册子数量又开始骤减，1700—1715年总共才有14本问世。

谁是这种非官方的国王形象的制造者？对将这些小册子和图像收集成册的组织和销售情况知之甚少。标明的出版地通常不可信。出版地有时标的是“弗里斯塔特”或“维尔弗朗什”：这是当时地下印刷商通常开的一种玩笑。有时标的是“巴黎”、“凡尔赛宫”，甚或“特里亚农宫”。小册子标题页上最常标的地名是“科隆”，最常标的印刷商是“皮埃尔·迪马尔托”——也许根本就没有这么个人，而肯定的是，一个多世纪里标有他名字的小册子不全是他出版的。[43]

书目编制专家有时根据印刷特征，循迹追踪至莱顿和阿姆斯特丹的埃尔泽菲尔印刷世家。法国大量反路易十四的小册子看来是在荷兰共和国印刷、而后偷运入境的。荷兰有用外文印刷书籍供出口的传统；而17世纪80年代逃到尼德兰的胡格诺派教徒也往往靠写书或售书谋生。他们中的一些人很可能积极地参与了向法国偷运书籍的地下活动。1691年地下印刷商有一次非常漂亮的行动：即伪造梅内斯特里埃编纂的纪念章史，偷偷地加印了五款嘲讽路易十四的纪念章，并附有按语——“下列五款纪念章对‘路易大帝史’来说与前面的纪念章同样重要，但梅内斯特里埃神父根据自己的喜好而没有将其收入他的著作。”[44]（插图60）

而反面形象创作者们通常同印刷商们一样，也都不具名或署假名；但至少还可以鉴定出几个画家和作家来。主要的艺术家是荷兰人罗穆因·德·胡格——他的蚀刻最有名；他还是个积极从事创作的画家、雕刻家、纪念章冲制者和作家。他那被称之为反路易十四的“讽刺画运动”始于对荷战争爆发的1672年，一直延续到
1708年他去世。这些讽刺画中有1685年的《残暴迫害法国新教 147

徒》以及将路易十四描绘成法厄同和瘸腿阿波罗的令人难忘的形象。[45]另一坚决反对路易十四的人是尼古拉·谢瓦利埃。他是名胡格诺派牧师，废止南特敕令后离开法国，在荷兰共和国成了一名书商和纪念章制作者，参与了编纂反映1708—1709年战役的纪念章史。[46]

其他艺术家好像是谁出钱为谁干活。我们上文提及的瑞士画家约瑟夫·韦尔纳17世纪60年代是个宫廷画师，把年轻的路易十四画成阿波罗。韦尔纳由于在法国未能发迹，遂前往德国，将苍老的路易十四画成一个狂饮作乐的萨梯*（插图65）。我们应将这种由赞颂转为讽刺的变化说成是个人失意所致呢，还是仅仅因为换了资助人？[47]而我们又怎么看待尼古拉·拉尔梅森呢？这位版画家兼书商因其为《皇家年鉴》所制作的一系列卷首插图而享有盛

148 誉。他的这些作品是对颂扬国王的重大贡献；然而1704年他被投入巴士底狱，罪名是绘制、出售讽刺国王和曼特农夫人的漫画。[48]

小册子的作者也分两类：一是坚定的反对者，一是只为金钱者。他们中有些人当时很有名气。《国家庇护者》是弗朗什—孔泰的一位律师弗兰茨·保罗·冯·利索拉，后来成了一名为利奥波德皇帝效力的外交官。[49]通常认为，《法国马基雅弗利》的作者是约翰·约阿希姆·贝歇尔；他是一名为利奥波德皇帝效劳的炼金术士、经济学家。[50]通常认为《悲歌受奴役的法兰西》的作者是胡格诺派牧师皮埃尔·朱里厄。[51]

---

* 希腊神话中的“森林之神”，人形，生有羊角、羊耳、羊尾、羊腿，酒神巴克斯的随从，嗜酒、好色。——译者

65.“路易十四成了萨梯”。《盛宴上的路易十四和蒙特斯潘夫人》，约瑟夫·韦尔纳绘，油画，1670 年前后。现由苏黎世冯穆拉尔拉收藏。

最为人们熟知的小册子著作人是戈特弗里德·威廉·莱布尼茨。通常认为他是《最虔诚的基督徒战神马耳斯》的作者。他以哲学和数学方面的研究成就而闻名，对路易十四进行批判似乎太出乎意外了;然而他成人后的大部分时间里一直在为两位德意志诸侯——美因兹的选帝侯和不伦瑞克公爵——效力,还曾提出过一个入侵埃及以使路易十四不与德意志为敌的方案。

其他一些反路易十四的小册子作者都是职业作家,当时的名声不怎么样。最最反复无常者当推米兰人格雷戈里奥·莱蒂;他是一名转而信仰加尔文教的人,写了许多反教皇的小册子,1680年到法国,向路易十四呈递了一篇赞美他的颂文,而五年后又开始撰文攻讦他。通常认为著名的《伟大的阿尔坎德雷赢得了爱情》的作者是位名叫库蒂尔·德·桑德拉的法国贵族。此人好像也曾是个蝙蝠式的人物,既撰文赞美国王,又撰文攻击国王。[52]《最信奉基督教的人需要成为基督徒》是英国人马奇蒙特·尼达姆写的,此人是个变节的报人。

英国文坛三巨匠——乔纳森·斯威夫特、马修·普赖尔和约瑟夫·艾迪生——均对路易十四的反面形象作了细致入微的刻画。斯威夫特在一首赞扬威廉三世远征爱尔兰的诗歌中贬责路易十四为“贪得无厌的暴君”。普赖尔——当时受命任外交官——向英国政府官员散发他颂扬夺占那慕尔的“叙事诗”。诗歌同外交一样,也是另一种形式的战争的延续。而艾迪生则在其看似无恶意的《纪念章研究对话录》中有意无意地对路易十四提出了一些尖锐的批评,并应官方之约撰写了一首赞颂布莱尼姆之战的诗歌。[53]

149 反路易十四的宣传运动显然没有颂扬他的运动那么行动一致、协力同心。伦敦的报人、纽伦堡的纪念章制作人、流亡在荷兰共和国的胡格诺派教徒和批评国王的法国人难以相互联系。官方的国王形象竟然使对国王的攻击一致了起来,真有意思。

最重要、最难以回答的问题留待最后：这一运动影响如何？谁读过这些小册子？谁赏玩过这些纪念章？人们对这些批评的想法若何？人们对路易十四的反面形象和对官方所描绘的太阳王形象的接受情况将在下一章中进行论述。

66.《银御座》。御座版画，转载自《时尚信使报》，1686 年 10 月。现藏于巴黎法国国家图书馆。

第十一章　受众与反应 151

观察宫廷即识城市。

——布瓦洛

本书前几章同以前对描绘路易十四的研究一样，重点论述的是生产而不是消费，是制造形象的情况而不是接受形象的情况。然而，诚如研究文学史和艺术史的人们所认识到的那样：不对接受信息的情况、受众的类型及其所作出的反应方式进行一定的探究，对传媒的研究就不能认为是全面的。[1]

换句话说，我们不仅必须研究"谁说了什么"，还必须研究"对谁所说"和"有什么影响"：这么一说就将第一章最后一段述及的定则简明化了，从而便于论述为曲解信息原意而对之进行阐释并加以应用的手法。就路易十四而言，有关蓄意曲解信息原意的受众的文献资料至少是相当丰富的，档案材料也使我们得以有趣地一瞥某些人的反应。

国 内 受 众

这一形象展示了 70 多年，是要给谁看、使谁心悦诚服呢？好像不是要给路易十四的普通臣民——生活在1643年、1661年或1715年的2000万法国男女(路易十四朝末期法国人口数与其初期相当)——看的。路易十四的传媒不是大众传媒。纪念章只有
152 在诸如朗格多克运河通航典礼或胜利广场上的雕像落成仪式这样的特殊时刻才发行,但冲制的数量不大。所有的巴黎人都能够看到竖立在其城市里的座座凯旋门和尊尊雕像,但没有几个人能懂用拉丁文刻写的铭文,甚或没有几个人能明了其意象。凡尔赛宫向所有佩剑的成年男子开放,并能在门口租剑佩带,但只有少数人进得去。国王的内殿每周向所有被称之为"上流人士"者开放三天。[2]

节庆活动可能同现代电视一样五彩缤纷、魅力无限、既悦目又悦耳,但同样也只是宫中少数受众聊以自娱而已。宫中芭蕾舞剧是种小范围演出的沙龙剧。颂文、颂诗起初只朗诵给一个听众——国王本人——听;而这些诗、文通常在付梓前国王可能已经阅读过(抑或听别人读过)。国王的《回忆录》原本也是写给一个读者——皇太子——阅读的。这一机要文献一直到1806年才出版问世。

那么谁(或谁们)是公众呢?这个问题要比看上去的难回答得多。首先,"公众"这一概念当时还刚刚出现。法国人使用诸如"公众利益"、"向公众布道"等说法,但不单用"公众"一词。"公众舆论"这一概念当时尚未出现——首次述及"民意"一词是在路易十四朝的最后一年——1715年。[3]"公众愿望"一词的意思是"公众的意见"(或许是"公众的抉择"),有那么一点"公众舆论"的意思,但又不全是。"我们如果说公众的意见对某人有利,就是说他广受

好评。”[4]

有人会说，之所以没有这一词语，是因为不存在与之相对应的含义。可以视公众为某一社会群体；这一社会群体同某一社会阶级一样，要有自我意识方能持续存在。[5] 这一自我意识的形成得益于传媒的发展。因此说，官方制造路易十四形象的人们对法国公众舆论的形成作出了重大贡献。从这一意义上说，他们使得非官方的路易十四形象和官方的路易十四形象一样较易于流传了。

再者，17 世纪的传媒——同当今的传媒一样——是应公众之需求和意愿（抑或至少是传媒人自认为是应公众之需求和意愿）而形成、发展的。不能简单地将全知全能的君主这一形象说成仅仅 153
是一帮宣传人员和马屁精们制作的产物。法国英雄国王和其他文化中的英雄人物一样都表明，官方形象——在一定程度上——体现了一种集体需求。虽说只是一种推论，但看来，17 世纪中央集权国家的兴起是同国王（国王是中央权力的象征——更确切地说，是中央权力的化身）崇拜的兴起有着某种联系的。

将 17 世纪的听众和观众看成是个没有差异的整体，当然是错误的。依我看，当时的传播人员特别想要赢得三类受众。他们想要赢得的三类受众是：后代人、巴黎及外省的法国上层阶级和外国人——特别是外国王室。让我们来依次探查一下这三类不同的群体。

国王的传播人员想要赢得**我们**——抑或更确切地说，想要赢得像他们所设想的后代人：这在今天看来似乎有点奇怪。诚如国王的《回忆录》所言，国王们应该把自己的一言一行记录下来留给“所有的后代人”。[6] 夏尔・佩罗为科尔贝尔草拟的一封信中将绘画和雕塑说成是根据国王所说应该对“将他的名字传给后代”作出特殊贡献的艺术手段。[7] 特别要将纪念碑设计成方尖状的一大原因是，方尖碑象征着名声的永恒。纪念碑本身之所以使用诸如大理石和青铜作材料，也是为了能够长期流传。描绘路易十四朝重大事件的纪念章被埋进建筑物——例如 1665 年的卢浮宫、1667 年的天文台和 1685 年的皇家大桥——的地基。[8]

最能证明政府一心想着后代的事，无疑是着力寻找适当人选编写官方路易十四朝史。夏普兰 1662 年向科尔贝尔提交的报告中提到了 90 位文人学士，其中 18 位是史学家。至少有 20 个人担任皇家史官，抑或领有这一头衔，抑或受政府之命编写历史（附录 3）。国王本人也参与了官方史的编写工作，亲自记述一些具有重大意义的战役。[9]

国王的形象也是制造来给他的臣民们——“我们所统治的人们”——看的。首先是给那些朝臣们——特别是上层贵族——看
154 的；他们必须入宫陪侍国王。圣西蒙讲述了国王对他未经许可私自出宫表示不满的故事。之所以要求上层贵族入宫陪侍国王，不仅是要使他们与其地方权力基础隔绝，也是要他们叹服国王的荣耀。宫中戏剧、芭蕾舞剧、歌剧和其他演出（包括国王起床仪式）的观众通常主要是朝臣们——有男也有女。遇有特殊活动，观众人数会更多。1664 年，600 名出身高贵的女士、先生们观看了《神奇岛乐趣多多》的演出；而 1668 年有 1500 人参加了精心策划的娱乐活动。值得强调的一件事是妇女参加活动的条件和人数与男士相当。

布瓦洛在其《诗艺》里的一句名言中将法国文学公众定性为“宫廷与城市（也就是巴黎）”。[10] 宫廷往往瞧不起城市，视其“平庸粗俗”——17世纪60年代这一词语用以专指律师和其他平民。至于路易十四吗，传统观点认为：他经历了投石党运动后转而对城市不满是情有可原的。国王婚礼后举行了隆重的进入巴黎仪式，当时可能有10万人目睹了入城盛况；然而此后巴黎人就少有机会见到他们的统治者本人了。[11]1673年“审判会议”后，路易十四就很少待在卢浮宫、很少参加巴黎的公开活动了。一直到1687年，国王才巡察巴黎市政府大厦，以此表明他已不再把投石党运动放在心上，着手同城市和解了。[12]

然而，对路易十四的颂扬一直影响着这个城市的公众。巴黎人可以读到在卢浮宫印刷的《法兰西公报》，获得最新消息。宫中的演出往往移至巴黎重演。例如，莫里哀的《埃利德公主》（《神奇岛乐趣多多》片断）1664年5月在凡尔赛宫首演，而后于11月间又在巴黎的皇宫剧院再次上演。1665年，拉辛的《亚历山大大帝》也在皇宫剧院上演过；该剧并于同年在与巴黎市政府大厦齐名的勃艮第政府大厦上演过。1673年，皇宫剧院转由吕里掌管；他的歌剧即在该剧院上演。

皇家文学院、绘画院、建筑院和音乐院均设在巴黎。皇家高伯兰工厂也设在巴黎，每遇重大节庆活动即公开展示其生产的挂毯。例如，约翰·洛克曾于1677年圣体节期间观看过展出的挂毯，并记述道：“每幅挂毯图案的主角都是路易大帝。”[13]较大的剧场和唯一的歌剧院都在巴黎。卢浮宫的重建、巴黎荣军院的建立、众多凯旋门的搭建以及胜利广场和路易大帝广场（旺多姆广场）上国王雕 155
像的竖立在巴黎留下了国王的形象。有款纪念章是用以纪念国王对巴黎市态度的转变的；纪念章刻有铭文“盛饰的巴黎”。

还有证据表明，官方也越来越顾及外省公众。1669—1695年间，按照法兰西学院的组织形式在阿尔勒、苏瓦松、尼姆、昂热、维尔弗朗什和图卢兹成立了六个省级学院；与此同时还按照科学院的组织形式在卡昂（已建有人文学院）、蒙彼利埃和波尔多成立了省级科学院。[14]1684年，按照巴黎的组织形式在马赛成立了一所音乐院兼歌剧院。这些机构同其相对应的巴黎机构一样通常都以竭力颂扬国王为己任。阿尔勒和昂热的学院奖励对路易十四进行的赞扬，苏瓦松的学院为圣路易节组织庆祝活动，而卡昂的人文学院则参与了国王雕像的竖立工作。

路易十四也对法国的一些城市做过政事巡访，使居民们有机会见到他本人。按照惯例，他1654年前往兰斯举行加冕典礼。1658年他进里昂时，为他举行了正式入城仪式。他亲政期间巡访过不少城市，且大多是一些刚兼并的城市——包括敦刻尔克（1662年、1671年）、里尔（1671年、1680年）、第戎（1683年）、贝桑松（1683年）、斯特拉斯堡（1683年）和康布雷（1684年）。

政府要求巴黎和各省庆祝诸如军事胜利、皇家新成员的诞生等这样一些大喜事。公文发至各主教，指示他们要相机在其大教堂内唱感恩赞美诗，甚至指定了必须参加宗教仪式的个人和团体。[15]

庆祝活动通常都是经过精心策划的。例如，1678年在阿布维尔（那儿悬挂有一幅国王画像）、卡昂、沙特尔、勒阿弗尔和蒙彼利埃都为奈梅亨和约的签订举行了大型欢庆活动。[16]1682年，从雷恩到马赛各省都举行了庆祝勃艮第公爵诞生的活动，而勃艮第省及其省会第戎的庆祝活动尤为热闹。[17]1684年，为另一皇孙安茹公爵的诞生举行了同样规模的庆祝活动，昂热的庆祝活动特别热闹。[18]

1687 年，阿尔勒等城市都组织了欢庆国王病体康复的活动。[19]这类庆祝活动通常都要赞颂国王，可由总督、市政当局或省级学院的成员出面筹组。

有关国王的消息由报刊——主要是官方《法兰西公报》和《时 156
尚信使报》——定期传播到外省。《时尚信使报》的编者（从 1684 年起领取国王津贴）以很想知道一些有关巴黎、国王和宫廷消息的外省人为读者对象撰写文章。文章是以书信形式发表的；信是写给外省一位女士的——关心女读者至关重要。[20]政府越来越顾及外省的一个明显迹象是这些官方报刊的普及。1685 年，巴黎出版的《法兰西公报》同时在外省城市（波尔多、里昂、鲁昂、图卢兹和图尔）刊行；1699 年，刊行《法兰西公报》的城市增加到了 21 个，路易十四朝末期则有 30 个。[21]《时尚信使报》也在外省的波尔多、里昂和图卢兹刊行。

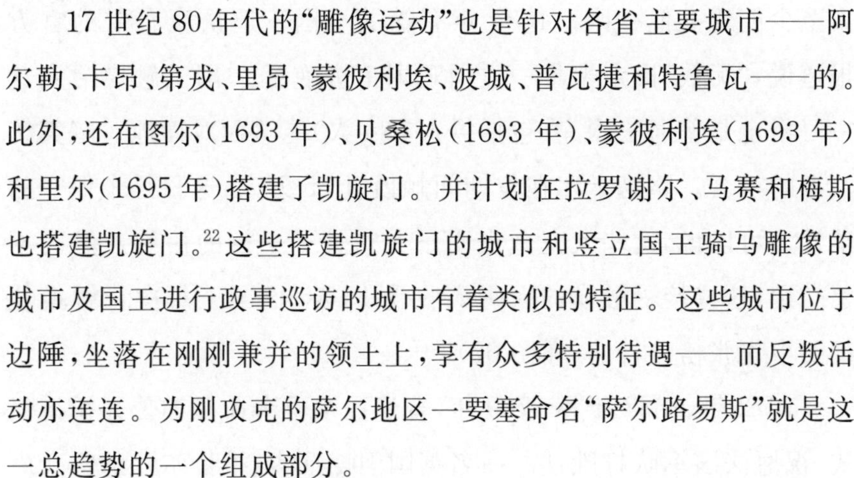

17 世纪 80 年代的"雕像运动"也是针对各省主要城市——阿尔勒、卡昂、第戎、里昂、蒙彼利埃、波城、普瓦捷和特鲁瓦——的。此外，还在图尔（1693 年）、贝桑松（1693 年）、蒙彼利埃（1693 年）和里尔（1695 年）搭建了凯旋门。并计划在拉罗谢尔、马赛和梅斯也搭建凯旋门。[22]这些搭建凯旋门的城市和竖立国王骑马雕像的城市及国王进行政事巡访的城市有着类似的特征。这些城市位于边陲，坐落在刚刚兼并的领土上，享有众多特别待遇——而反叛活动亦连连。为刚攻克的萨尔地区一要塞命名"萨尔路易斯"就是这一总趋势的一个组成部分。

1709 年为敦促各省必须继续参战而写给它们的那些著名信件应被看作是这一总趋势的顶峰。这些写给各省总督和主教的公开信是由路易十四签署、托尔西执笔的，写的是政府求和的努力、敌人的背信弃义和国王对其子民的热爱。法国各地的印刷机构均刊行了这些信件。[23]

对国内公众所描绘的路易十四形象如同政府一样，主要是针对权贵的。《法兰西公报》每版印刷量不会超过 2000 份，每份报的价格在 1—4 苏(1 苏相当于 1/20 里弗尔)之间。比较精美的月刊《时尚信使报》17 世纪 80 年代每份价值 25 苏。纪念章由于生产成本高昂，只能在一小部分人群中发行；官方的纪念章史是一部精美、昂贵的对开本图片册，同样只能在一小部分人群中发行。[24]纪念币发行的数量较大(例如，1682 年发行了 2.6 万多枚)，但仍仅限于少数人口。[25]

157 这并不是说普通民众对他们国王的样子一点儿也不知道。国王对一些城市所做的政事巡访可使任何一个想要见到路易十四的人至少能看上他一眼。1684 年有篇关于国王巡访康布雷的官方报道说，“无数”民众聚集一道围观国王进晚餐。[26]国王触摸治病这一习俗也是普通法国人(包括男人和女人)能够面对面地一睹其统治者的机会。路易十四在位期间触摸过 35 万人：这只是个保守的估计。可以说，这些人完全表明了其对神圣王权的信仰。然而不要忘记：这些接受触摸的人每人收受 15 苏；而国王每次行触摸礼都要事先张榜公告的(插图 67)。[27]

1672 年、1683 年和 1709 年，普通民众也奉命参加公开祈祷仪
158 式，祝愿法国军队打胜仗。一名英国间谍证实：维拉尔元帅曾高声向“全军”宣读 1709 年国王写给各省总督的信。[28]由于仅在 1701—1703 年间即有约 65 万法国男子从军，因此让普通民众参加公开

DE PAR LE ROY,

ET MONSIEVR LE MARQVIS DE SOVCHES,

Preuoſt de l'Hoſtel de ſa Maieſté, & Grande Preuoſté de France.

ON faict à ſçauoir à tous qu'il appartiendra, que Dimanche prochain iour de Paſques, Sa Maieſté touchera les Malades des Eſcroüelles, dans les Galleries du Louure, à dix heures du matin, à ce que nul n'en pretende cauſe d'ignorance, & que ceux qui ſont attaquez dudit mal ayent à s'y trouuer, ſi bon leur ſemble. Faict à Paris, le Roy y eſtant, le vingt-ſixieſme Mars mil ſix cens cinquante-ſept. Signé, DE SOVCHES.

Leu & publié à ſon de Trompe & cry public par tous les Carrefours de cette Ville & Faux-bourgs de Paris, par moy Charles Canto Crieur Iuré de ſa Maieſté, accompagné de Jean du Bos, Jacques le Frain, & Eſtienne Chappé Jurez Trompettes dudit Seigneur, & affiché, le vingt-ſixieſme Mars, mil ſix cens cinquante-ſept. Signé, CANTO.

67.《国王触摸礼公告》,1657 年。现藏于巴黎法国国家图书馆。1692 年的一则公告提及向患者授款一事。

祈祷仪式这一做法是在全国广泛宣传官方的国王形象的一种手段。[29]国王的视觉形象可以冲破因不识字而形成的交流障限;而有些视觉形象——特别是雕像——是极易看清的。就连载有"国王演义"的系列挂毯也有时——例如圣体节期间在高伯兰厂——向公众展示。[30]

然而,形象的制造者们还是很少注意到普通民众。夏庞蒂埃是个例外:他建议在公共纪念建筑物上使用本国语言,以使平头百姓"得以分享一下国家的壮丽及其国王的荣耀"。[31]然而他的建议没有受到采纳。在农民占人口大多数的国度里，官方使国王有个良好的公众形象的努力却仅着眼于城市。实际上在农村很难见到国王雕像。我们知道的唯一例外是吉米利奥村（菲尼斯泰尔省），那儿有尊形同圣路易的路易十四雕像。[32]这尊雕像竖立于1675年，而就在那一年布列塔尼人发动了反对国王的叛乱。

国外受众

拿“国王演义”说吧，国外公众受重视的程度并不亚于国内公众。例如，1698年蓬夏特兰要求小学院列出一个适合向外国人赠送的纪念章名单。

枢机主教马萨林把年纪轻轻的国王说成是“世界上最伟大的国王”[33]（插图68）。可以说，这一说法完全是种夸张说法，也完全是种民族优越感的表现；然而赞颂国王的人却一再重复、进一步发挥了这一说法。为纪念奈梅亨和约冲制的纪念章将路易十四描绘成“世界和平缔造者”，画面为胜利女神向他授予地球。四大洲（或曰“世界四角”）——当时澳洲仍为未知大陆——公认太阳王拥有最高权威的形象描绘见诸“使节阶梯”和别处。[34]胜利广场上路易十四雕像附刻的铭文中述及了“远方国家”的使节，并具体提到了来自莫斯科、几内亚、摩洛哥、暹罗和阿尔及利亚的使节。1701年在格勒诺布尔举行的一次文艺会演中扮演路易十四者端坐御座接受世界各地使臣的朝觐；这些使臣中有“暹罗人、东京*人、阿尔及

* 越南北部一地区的旧称。——译者

68. “接受纪念章史”。《格拉夫·冯·德恩像》，尼古拉·德·拉吉利埃绘，1702年前后。现藏于不伦瑞克“赫尔措格·安东·乌尔里希博物馆”。

160 利亚人、中国人、易洛魁人*”。[35]这五个地区正好与路易十四朝的一些事有关。

这些形象是根据一项着眼于欧洲境外的明确规划制造出来的。特别是1686年给予暹罗使节的礼遇(有款纪念章描绘了这一情节)和1715年给予波斯使节的礼遇,就完全证实了这一计划的存在。[36]为了给法国人视之为“东方专制国家”的使节们留下深刻印象,路易十四接见奥斯曼帝国和波斯帝国的使节时端坐在“一把异常高大的御座”上[37](插图66)。

路易十四结交奥斯曼帝国苏丹是有其非常现实的理由——与神圣罗马帝国的皇帝为敌符合双方利益——的。阿尔及尔和摩洛哥是奥斯曼帝国的属地。1684年阿尔及尔遭炮击后已臣服法国。至于波斯吗,主动采取外交行动的是波斯国王,而不是路易十四,侯赛因国王1715年派遣一名使节觐见路易十四,以期在他攻取波斯湾的马斯喀特港时能得到法国海军舰艇的支援。

路易十四在美洲至少拥有一处据点。魁北克市是法国移民1608年建立的,1663年成了新法兰西省省会。“雕像运动”在法国各省开展之际,1686年于该市的皇家广场安置了一尊路易十四半身像。反抗法国统治的易洛魁人在法国总督弗隆特纳克强力威逼下于1696年求和。探险者罗贝尔·德·拉萨尔就是从魁北克出发前往路易斯安那——这是一片比美国现在的路易斯安那州大得多的地区,1682年他将其强行占为己有,并以路易十四的名字为其命名——的。

* 北美的印第安人。——译者

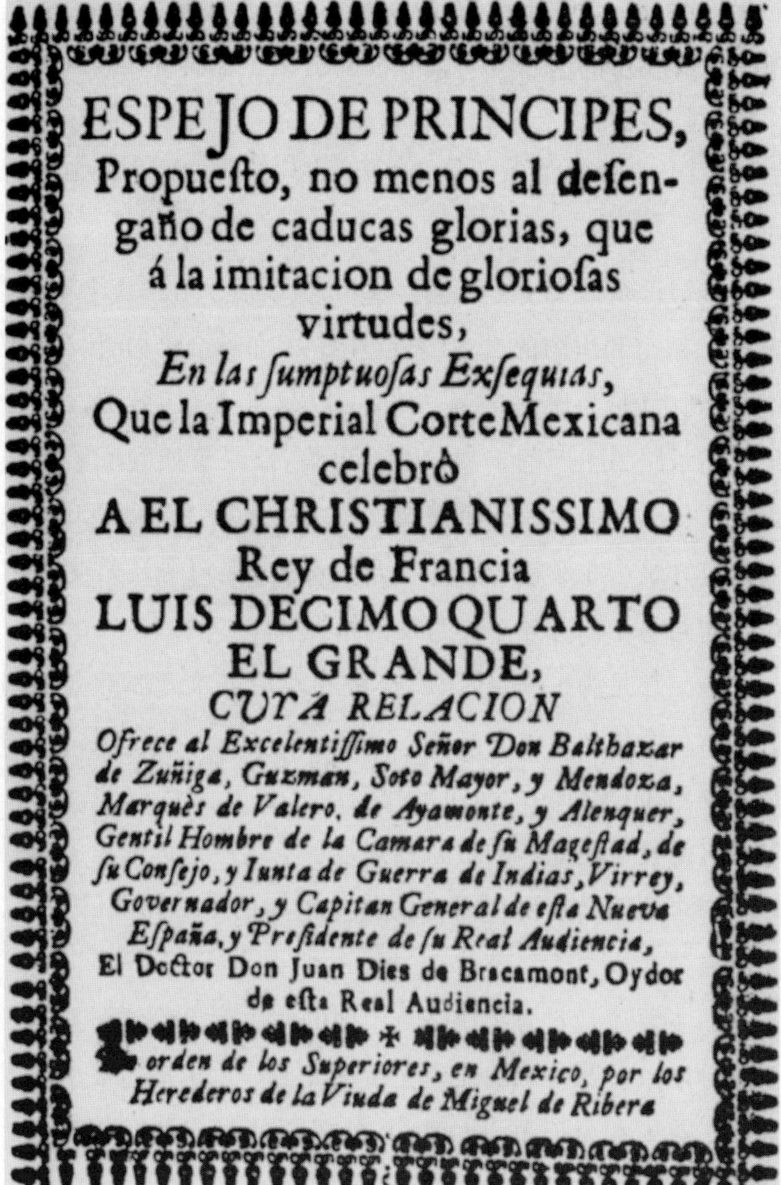

ESPEJO DE PRINCIPES,
Propuesto, no menos al desengaño de caducas glorias, que á la imitacion de gloriosas virtudes,
En las sumptuosas Exsequias,
Que la Imperial Corte Mexicana celebrò
A EL CHRISTIANISSIMO
Rey de Francia
LUIS DECIMO QUARTO
EL GRANDE,
CUYA RELACION
Ofrece al Excelentissimo Señor Don Balthazar de Zuñiga, Guzman, Soto Mayor, y Mendoza, Marquès de Valero, de Ayamonte, y Alenquer, Gentil Hombre de la Camara de su Mageſtad, de su Consejo, y Iunta de Guerra de Indias, Virrey, Governador, y Capitan General de esta Nueva España, y Presidente de su Real Audiencia,
El Doctor Don Juan Dies de Bracamont, Oydor de esta Real Audiencia.

orden de los Superiores, en Mexico, por los Herederos de la Viuda de Miguel de Ribera

69. “路易十四在新大陆”。《国王们的典范》之标题页，墨西哥，1715年就连西班牙美洲也举行了悼念路易十四驾崩的活动；那是因为他是当时在位的国王费利佩五世的祖父。墨西哥大教堂内放置了一副象征性假棺，大主教兰西埃戈做了一场布道，并发表了一篇赞美已故国王“路易十四大帝”的颂文，说他是“国王们的典范”（插图 69）。[38]

官方与远东的交往可追溯至 1661 年；那一年路易十四向“交趾支那*、东京和中国的君主”表示友好。[39] 耶稣会士白晋（Joachim Bouvet）到中国，为康熙皇帝（1662—1722 年在位）效劳。白晋向康熙陈述了路易十四的丰功伟业。可惜，路易十四到底给康熙皇帝留下了什么样的印象不得而知。按中国标准，统治 2000 万人的
161 君主只应算是个小小诸侯而已。虽说如此，但白晋还是受命回凡尔赛宫向路易十四陈述中国宫廷的情况。[40]

这些交往是为了满足宗教、经济和政治需求。耶稣会士们以远东的第一个传教士沙勿略（St. Francis Xavier）和中国传教团的创始人利玛窦（Matteo Ricci）为榜样，主要从事传教活动。科尔贝尔一直对发展与亚洲的贸易感兴趣。与这些遥远的王国建立关系的另一个原因是想要传播有关路易十四的丰功伟业的消息、以使他更显荣光。

然而主要还是着力于使路易十四的伟大形象给欧洲其他宫廷留下深刻印象。路易十四在外交活动方面——包括同很小的国家结交——花了大量时间。以一个很平常的月份为例，路易十四
162 1682 年 11 月份是在枫丹白露宫和凡尔赛宫度过的。他在枫丹白

---

* 越南南部一地区的旧称。——译者

露宫时两次接见萨伏伊大使（同他商谈皇族联姻问题），分别会见了汉诺威的两位特使，萨伏伊和巴伐利亚的特使回国临行前向他告别。他在凡尔赛宫时接见了沃尔芬比特尔和帕尔马的特使，汉诺威和策尔的特使向他告别。[41]在某个特定时刻，各外交使团会一个接一个向他致意；例如，王后辞世时，各外交使团则一个接一个向他表示了哀悼之情。[42]

使节们是宫廷节庆活动以及戏剧、芭蕾舞剧和歌剧演出的基本观众。他们常常获赠礼品——反映路易十四朝重大事件的纪念章和挂毯、路易十四藏品复制图册和镶嵌宝石的路易十四本人画像；这些礼品将改善路易十四在国外的形象。这类赠品起到了一石数鸟的作用：表明国王的慷慨、传颂他的形象，还可以达到其他一些目的。有理由认为：将那幅描绘热那亚总督向路易十四致歉的挂毯作为礼品赠送给教皇，意在警告。[43]

在国外组织演出活动是用以在欧洲其他地方提高路易十四声誉的另一种手段。1668 年，派驻美因茨选帝侯宫廷的大使接到来自巴黎的指示，要他在亚琛组织一场以“最近实现的和平”为主题的音乐剧演出。1682 年，法国驻威尼斯、罗马、马德里、柏林，乃至共和政体的瑞士的大使们均举行了庆贺勃艮第公爵诞生的大型招待会。[44]1688 年，法国驻罗马大使举行一场烟火晚会庆祝占领菲利普斯堡。[45]

用外文出版、发表颂扬路易十四的书籍和文章，表明了对外国读者的重视。尽管有诸如夏庞蒂埃和德马雷这样一些“现代派人物”的反对，但纪念建筑物和纪念章上还是用拉丁文刻印上了铭文：这不仅仅是遵循古典惯例，还是为了更好地影响全欧洲有学识的人们。[46]一些赞扬路易十四的颂文是用拉丁文撰写的。语言文字的选用有时取决于学者的喜好——例如，雅克·德·拉博纳就曾用拉丁文写过一篇颂文，文中称路易十四为文科七艺的庇护者；他是耶稣会路易大帝学院的教授。而将颂文翻译成拉丁文（如：夏尔·德·拉吕翻译的高乃依的作品）则肯定是要给外国人阅读的。描述路易十四加冕典礼和杜伊勒里宫前广场上举行的著名骑兵竞
163 技表演活动的文章也有拉丁文稿。[47]《国王演义》的一些复制品上印有拉丁文题词。阐释发动遗产继承战和西班牙王位继承战有理的小册子，也都翻译成了拉丁文；官方编写的纪念章史也翻译成了拉丁文。[48]

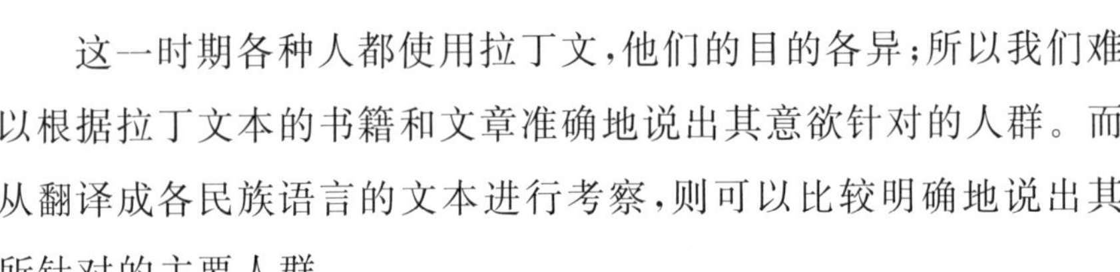

这一时期各种人都使用拉丁文，他们的目的各异；所以我们难以根据拉丁文本的书籍和文章准确地说出其意欲针对的人群。而从翻译成各民族语言的文本进行考察，则可以比较明确地说出其所针对的主要人群。

西班牙语（或曰卡斯蒂利亚语）是马德里宫廷使用的语言。17世纪 60 年代，路易十四与马德里宫廷的对立情绪特别强烈；所以官方为发动遗产继承战作辩解（说是为维护路易十四的西班牙籍王后的权力而战）的文稿立即翻译成了卡斯蒂利亚语就不足为奇了。而有意思的是：有篇用西班牙文描述著名的 1668 年娱乐活动的文章（一位名叫佩德罗·德·拉罗萨撰写的《豪华盛宴记略》），不是在西班牙而是在巴黎发表的；这表明译文是政府授意的。除此以外，在路易十四的孙子费利佩五世登上西班牙王位之前赞颂路易十四的西班牙文书籍和文章就没有什么了。阐释西班牙王位继承战有理的小册子翻译成西班牙文后，是通过法国驻马德里大

使散发的。[49]里戈描绘老年路易十四的那幅画像完全是受命悬挂在费利佩五世的马德里王宫的。

德文是神圣罗马帝国皇帝——路易十四在欧洲舞台上的另一个主要对手——的宫廷语言，所以能弄到德文书籍和文章亦不足为奇。有篇当年描述国王婚礼的文章被译成了德文。[50]官方阐释发动遗产继承战有理的小册子和纪念章史也被译成了德文。费利比安对高伯兰厂制作的、绘有四大要素*和一年四季——内含对路易十四的赞扬——的挂毯所作的描述被译成德文，1687 年在奥格斯堡出版。[51]

也是在奥格斯堡，有位名叫埃利亚斯·海因策尔曼的德国版画家绘制了一幅赞扬路易十四征服异端邪说的版画（插图 70）；这表明欧洲人并非都对废止南特敕令持有异议。有些阐释发动西班牙王位继承战有理的小册子被译成了德文，[52]而与此同时也出版了大量攻讦路易十四的德文版书籍和文章（附录 3）。

将颂扬路易十四的书籍和文章译成意大利文，是想要使教皇 165
以及都灵、摩德纳和其他地方的朝廷对他钦仰。1654 年用意大利文出版了一篇描述路易十四加冕典礼的文章；1660 年用意大利文出版了一篇描述路易十四婚礼的文章。路易十四用津贴收买摩德纳公爵的秘书希罗拉莫·格拉齐亚尼，要他对自己进行颂扬。格拉齐亚尼不仅撰写十四行诗颂扬路易十四取得的胜利，还散播法国对发动遗产继承战有理的阐释。[53]埃尔皮迪奥·贝内德蒂——科尔贝尔的著名艺术顾问之一——撰写的、在里昂发表的一篇赞

* 土、风、水、火。——译者

70.《征服异端邪说者路易十四》,版画,埃利亚斯·海因策尔曼绘制,1686年。现藏于巴黎法国国家图书馆。

扬路易十四的颂文《路易大帝：道德之光体现者》，可能是要出口销往国外的。[54]另一篇由佩利松撰写的赞扬路易十四的颂文被译成了意大利文。一些阐释法国发动西班牙王位继承战有理的小册子也被译成了意大利文。[55]

相对说来，似乎不那么着力于使英国人及荷兰人认识到路易十四的伟大。对荷兰人吗，似乎没有必要勉力而为，因为荷兰统治阶层使用法语。而不着力于出版英文书籍和文章，这一说法就站不住脚了。只是在西班牙王位继承战期间，才竭力使英国公众认识到法国发动战争的正义性。路易十四的一份声明——声明中称其“唯一的目的在于维护和平”——被译成英文，由法国驻伦敦特命全权公使负责散发。这位公使还试图找查尔斯·戴夫南特爵士撰写支持法国正义事业的小册子。一些支持法国军事行动的报道文章(由《时尚信使报》编辑多诺·德·维塞撰写)被译成英文发表。[56]

反　应

至关重要的问题最难解答。这些形形色色的公众对将路易十四描绘成一个光彩照人的、战无不胜的、伟大的君主有什么样的反应呢？所能做的至多是举出一些个别的例子——民众中的一些头面人物。他们的反应是否就是其所属群体的反应，实在难说；但他们所作出的种种反应至少可以起到一种启示作用。

我们可以从上层贵族中截然相反的反应着手进行考察。圣埃尼安公爵——路易十四的一名亲信——竭尽全力为其主子涂脂抹粉增添光彩。他在《时尚信使报》上刊登广告，有奖征集颂扬国王

的诗歌。他本人就撰写这类诗歌。他在筹建阿尔勒法兰西学
166 院——该学院经常为国王唱赞歌——和在勒阿弗尔市竖立路易十四塑像时起了重要作用。而法国元帅弗亚德公爵则倡议在胜利广场竖立起那尊著名的大型国王雕像。虽说这一倡议得到了政府的支持、国王还供给了他大理石，但实际上是他自己出钱请人雕刻、竖起了这尊雕像。然而读过圣西蒙公爵回忆录的人都知道，他对国王及其受颂扬的方式是持极度的批判态度的。

较低社会阶层共同体的群体反应——特别是耶稣会士们的反应和各市政当局的反应——比起个体反应来，容易从文献资料中看出。相当多的耶稣会士为通过各种传媒制造国王形象作出了贡献；他们中的著名人物有儒旺西、拉博纳、勒热、梅内斯特里埃、卡尔蒂埃和拉吕。耶稣会士们在巴黎、里尔、里昂、图卢兹以及其他城市组织颂扬路易十四的演出活动。他们不仅把路易十四当作一位反对异端邪说、笃信天主教的君主加以颂扬，也把他当作征服者和文科七艺的庇护人加以赞颂。耶稣会之所以在颂扬路易十四方面投入大量人力、财力，似乎并不仅仅是为了怂恿他镇压新教。

各市政当局也热衷于颂扬国王。例如，1676 年阿尔勒市的执政官们竖立起刚发现的一座罗马人统治时期的方尖碑残体，又在碑顶镶一金色的太阳，并在碑上镌刻佩利松用拉丁文题写的铭文，以此用作献给路易十四的纪念品。城市耗资 6825 里弗尔。[57]然而有份 18 世纪的资料表明：波城市政当局对要它在公共广场竖立路易十四雕像的建议并不那么感兴趣。[58]一些市政当局接受了要它们竖立国王雕像的建议，但难以说明它们的动机。它们也许是在表忠心，也许是在讨好中央政府，也许是要改善本市的形象，也许

是要借此进行自我标榜。[59]

这种地方上对中央意旨偷梁换柱或上有政策下有对策的做法令人困惑,也令人着迷。而这种做法之所以获得成功,靠的就是含含糊糊。1715 年蒙彼利埃搭建了一座凯旋门,门上有尊路易十四雕像;雕像上镌刻有铭文“陆地海洋一派和平景象”。乍看起来,这铭文是种古典式的官方夸张手法的运用。而仔细瞧来,这一纪念建筑物可能意在纪念乌特勒支和约,而不是颂扬路易十四。

有关上述贵族和较低社会阶层共同体以下的社会阶层的资料零零星星,十分有限。巴黎人口财产统计册显示,一些个人拥有国王画像。[60]巴黎的一些商店招牌上印有国王的肖像:例如,皇家版 167
画师纪尧姆·瓦莱的商店招牌上印有“路易十四半身像”,面临小桥街的大型零售商店里都贴有“献给伟大的君主”字样。[61]一些不值钱的陶盘上也有路易十四的像。之所以制造这些物品,意在表明民众对国王怀有一定程度的热爱之情,但这种热爱之情的深度和广度委实难以测定。我们所能做到的,只能是列举出一些个人对国王及对其崇拜所作出的截然不同的反应。

乍看上去,“个人”这一概念不大好理解。例如,有幅路易十四触摸病人的画像(插图 71)是一位名叫夏尔·达利格尔的圣里基埃修道院院长委托他人绘制的。而这位院长已故的父亲埃蒂安纳·达利格尔则曾任法国掌玺大臣,还是另一掌玺大臣米歇尔·勒泰利埃——卢瓦的父亲——的表兄。政府官员及其亲戚和门客们委托他人制作颂扬国王的作品这件事,值得好好儿地加以研究。

我们在从众人中挑选几个突出人物时不要忘记这一点。在反国王阵营方面,我们可以从一名图阿尔人说起。此人 1707 年因极

71. “奇迹创造者路易十四”。《路易十四在医治瘰疬》，让·儒弗内绘，油画，1690 年。现藏于圣里基埃修道院的大教堂。

其率性地嚷嚷“国王是个混球儿，是个强盗”，从而被送上法庭。1709年，由于食品匮乏，出现了圣西蒙称之为的反国王标语“大潮”。一些路易十四雕像被砸；有封匿名信声称要杀死他。[62]并非每个人都按传统做法将国王与臣子们截然分开，说什么“好国王”、“坏臣子”。（刚并入法国的城市）里尔有一位名叫保尔－伊尼亚斯·夏瓦特的教士服制作工匠就是一个例子。他在其私人日记中以较为斯文的口吻对国王作了相反的评价，特别批评他不宣而战，出兵入侵别国，怂恿士兵抢劫烧杀。[63]

而同样位于法国边陲的土尔的教长皮埃尔·戈尔蒂耶则征集了31尊路易十四雕像，专辟一陈列室，用以“颂扬路易大帝”。最最引人注目的一尊路易十四雕像“形同巴黎胜利广场上的那尊路易十四雕像（见插图36），只是雕像手握一支像赫拉克勒斯拿的那支大头棍，以此表明他是个“真正的英雄、征服万国者”。当时对这尊雕像的描述中有一处奇特而可能会令人深思的文字提到：该有“一小天使”给国王戴桂冠。我们不知道到底有多少观看胜利广场上国王雕像的人会想到要对胜利女神的形象作如此的艺术处理。[64]至于较低的社会阶层方面，有位乡村牧师的日记中将废止南特敕令说成是虔诚的信仰战胜自私自利的一个实例，并称路易十四为“伟人”。[65]

关于外国人对路易十四形象的反应，威尼斯的使节们在其报 169
告中作了最为详细的描述；而他们中立的政治立场又使其描述十分可信。英国人——包括艾迪生、伊夫林、普赖尔和斯威夫特——的反应比较强烈，但也比较片面。艾迪生和普赖尔的反应上文已述及。约翰·伊夫林鄙视“那些对国王阿谀奉承的人：佩罗、卡庞

蒂埃、拉夏佩尔[原文如此]”,并说根据胜利广场上的路易十四雕像复制成的纪念章“毫无价值”。[66]有位名叫约翰·诺思利的英国医师——他曾于17世纪80年代访问过法国——也不认同镌刻在路易十四雕像上的那些“荒谬的”铭文以及将专用于描述基督的文字和基督的形象(包括“他头上的光环”)“大不敬地滥用”到路易十四身上的做法。[67]这些评论同反路易十四的宣传言论显然如出一辙。诺思利和伊夫林可能是受了他人影响才这样看待路易十四的。然而受他人影响而作出的反应同样也是出自他们内心的一种反应。

还有一名英国乡村绅士在其1686年的一封私人信函中指责路易十四“对他的新教徒臣民残忍无比”,甚而对他得病(他患瘘症的消息显然是不胫而走啊)幸灾乐祸:“我听说他活得好好的身上却发出了臭味;而他死后尸体会更臭;且必将遗臭万年。”[68]

并非只是英国人对颂扬路易十四的方式表示反感。法国大使的“傲慢”也震惊了维也纳的宫廷:1682年,他在庆贺皇次子诞生时向众人展示了一枚描绘路易十四称帝的徽章。[69]卡尔十一世指示他派驻法国的大使:如果胜利广场上那组众所周知的纪念建筑物上的浅浮雕将瑞典国王雕成一名哀求者(插图72)的情况属实,立即离开法国。勃兰登堡-普鲁士大选帝侯对他领地里的奥得河及易北河被描绘成不光彩的形象同样深感气愤。[70]1688年法国驻罗马使团在法军占领菲利普斯堡后举行庆祝活动,一些罗马市民深感震惊。[71]圣西蒙说:凡尔赛宫里的《国王演义》组画使“欧洲各国大为恼火,群起反对国王”。

然而也有一些外国宫廷仿效路易十四自我标榜的做法:以此

72.《瑞典人回归日耳曼》，让·阿尔努制作，浮雕，1686 年。现藏于巴黎卢浮宫。

表示对他的赞赏。特别是凡尔赛宫被当作典范。

最明显的仿效实例是路易十四的孙子费利佩五世在位时的西班牙宫廷。里戈绘制费利佩五世标准像仿自他自己绘制的路易十四标准像（插图 73 和插图 1）。西班牙宫廷仿效法国宫廷进行了 170
自我变革；西班牙国王接见的人多了，接近他的人也多了。费利佩五世的拉格朗哈宫花园里的雕像均仿制自凡尔赛宫的雕像——阿波罗、赫拉克勒斯、拉多那等等。画家乌阿斯和建筑师罗贝尔·德·科特既为费利佩五世效力,也为路易十四效劳。年迈的路易十四亲自干预西班牙王宫的重新建造和重新装饰工作。费利佩五世也仿效法国建立了艺术院、语言学院和历史研究院。[72]

其他外国宫廷的仿效事例是种较为主动的行为。"北极星"瑞典国王卡尔十一世的营造总监尼科德穆斯·特辛曾在凡尔赛宫受到过路易十四的接见;他亦曾会晤过勒布朗、里戈、米尼亚尔及其他艺术家,并在斯德哥尔摩建造王宫时吸收了他们的经验教训。[73]
172 而巴尔塔萨尔·诺伊曼 1723 年受命为维尔茨堡的国君兼主教修建宫殿后,即前往法国研究"凡尔赛宫"(他将"Versailles"拼写为"Verailie"),并将自己的设计方案送交皇家建筑师罗贝尔·德·科特审阅。维尔茨堡宫的大阶梯无疑仿制自凡尔赛宫的"使节阶梯"。[74]欧美地区有许多宫殿式建筑被说成是凡尔赛宫的仿制品;可这么说并没有公认的标准。[75]而太阳宫*只是路易十四形象的一个组成部分;伦敦、圣彼得堡和维也纳这三处的宫廷认为路易十四的典范作用是多方面的。因此,对这三处的宫廷作一研究可能是比较有所教益的。

查理二世以法国为楷模,1665 年创办了《伦敦公报》,1675 年建立了"皇家天文台",1681 年开办了"切尔西医院"(英国"残老军人院")。而路易十四的仇敌威廉三世在效法路易十四方面比查理二世更认真,委实不可思议。威廉三世雇请南特敕令被废止后不

---

* 即凡尔赛宫。——译者

得不离开法国的胡格诺派教徒建筑师达尼埃尔·马罗帮他重建赫特卢宫,要建一座同凡尔赛宫内使节阶梯一样的阶梯。威廉三世同他的对手路易十四一样,也有一部纪念章史《威廉三世纪念章史》(1692 年)纪念他的军事行动[76](插图 74)。也就是说,一些最最强烈反对路易十四的人却深受他形象制造之风的影响,也要跟风而上。

就个人而言,约瑟夫·艾迪生建议小学院成立一所铭文学院,然而他并不支持路易十四。威廉三世的支持者蒙塔古公爵一世雇请一名法国建筑师为他设计建造伦敦蒙塔古府,又雇请一名法国画家(路易十四特别喜爱的拉福斯)为该府进行装饰。据尼古劳斯·佩弗斯纳说,蒙塔古那座位于北安普敦郡的乡间宅第鲍顿府"也许是英格兰境内最具法国情调的 17 世纪建筑";而当年的描述是:"仿照凡尔赛宫的式样设计建成,有延展的翼部、精致的道路、美丽的近景和开阔的远景"(插图 75)。蒙塔古任驻法大使的那几年影响了他的情趣。[77]

1717 年,彼得大帝在法国参观了凡尔赛宫和铭文院。他一回国即函请铭文院为圣彼得堡的他那尊骑马雕像拟定铭文。[78]这位沙皇仿照《法兰西公报》创办了一份官方报纸,仿照高伯兰厂开办了一家挂毯织造厂,仿照法国科学院成立了俄国科学院。圣彼得
堡的彼得霍夫宫(插图 76)可被看作一座新凡尔赛宫——如果说 173
外形上不那么相似的话,其功能是一样的,而也别忘了这么一个事实:即哪怕是按俄国的距离标准衡量,离莫斯科也是相当远的。彼得霍夫宫有一部分是 J. B. A. 勒布隆(凡尔赛宫内花园的设计者勒诺特尔的弟子)设计的;宫中花园里建有洞室;宫中有个庭院名

73. “路易十四是榜样”。《费利佩五世像》，亚森特·里戈绘，油画，1700 年前后。现藏于巴黎卢浮宫。

74. “另一与国王比肩者”。尼古拉·谢瓦利埃编著的《威廉三世纪念章史》卷首插图(版画),1692 年。现藏于伦敦英国图书馆。

75．“英国凡尔赛宫”。鲍顿府外貌，北安普敦郡，约1690—1700年。

字叫“马利”。[79]圣彼得堡也有与路易十四内殿每星期开放三天同样的做法，不过其目的有点儿不同——在于对俄国贵族进行西方礼仪培训。

维也纳宫廷在仿效法国宫廷方面表现得尤为积极，跟风跟得更紧。[80]利奥波德一世（插图77）——1658—1705年在位——同路易十四不仅是竞争对手，也是连襟（他娶了玛丽亚·特雷萨的妹妹马加丽塔·特雷萨公主）。利奥波德一世也爱好音乐；他的宫中同
175 样盛行芭蕾舞剧和歌剧，最值得一提的是1688年《金苹果》上演。剧本写得十分精彩，剧中的朱庇特和朱诺就是皇帝和他的新娘。[81]

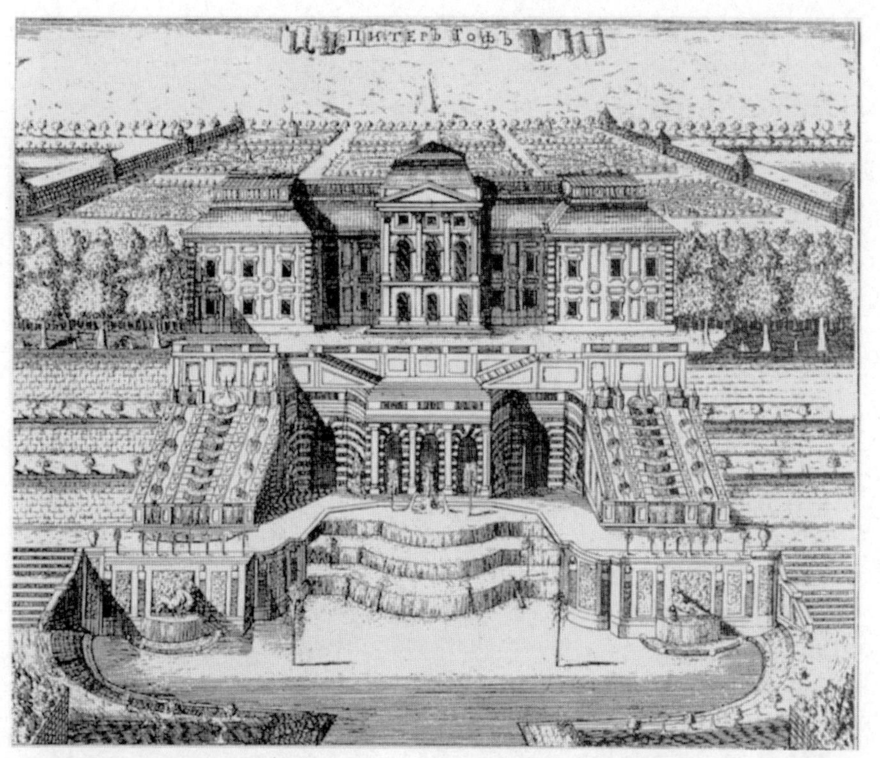

76．“俄国凡尔赛宫”。《彼得霍夫宫视觉透视图》，阿莱克西斯·苏博夫绘制，版画，1717 年。

利奥波德一世的统治风格一般说来比较稳重，不那么浮泛。“简朴”是官方用以形容他的一个词；他的寝宫比起凡尔赛宫中路易十四的寝宫来的确是简朴多了。他生前从未用过“大帝”这一称号，1705 年死后才有这一称号。利奥波德一世出资雇聘史官（意大利贵族加莱阿佐·瓜尔多·普里奥拉托和乔瓦尼·巴蒂斯塔·科马齐）在维也纳重建霍夫堡宫，是当时君主们理所当然的、十分正常的行为。就是将利奥波德一世比作君士坦丁大帝或天神阿波

77. “与路易十四比肩者”。《征服土耳其者利奥波德一世皇帝》，马蒂亚斯·施泰尔因制作。现藏于维也纳美术史博物馆。

78.《利奥波德一世皇帝如同阿波罗》，克里斯蒂安·迪特曼和格尔奥格·冯·格罗斯制作，版画，1674 年。现藏于维也纳国家图书馆绘画馆。

罗(插图 78)也极为寻常，没有必要将其说成是受了路易十四树立自我形象的影响。

而 1667 年在霍夫堡宫举行的骑兵竞技表演倒可被看作是对 177
五年前杜伊勒里宫前广场上举行的那场骑兵竞技表演的翻版；在维也纳开办一家军医院也是受了巴黎荣军院的启示。委托 J. B. 菲舍尔·冯·埃拉赫在维也纳郊外舍恩布龙建一新宫(插图 79)

79. “奥地利凡尔赛宫”。《舍恩布龙宫草图》，约瑟夫·伯恩哈德·菲舍尔·冯·埃拉赫绘制，约翰·亚当·德尔森巴赫根据这位建筑师所绘草图制成的版画，1700 年前后。现藏于维也纳国家图书馆绘画馆。

肯定也是受了凡尔赛宫的影响——最为明显的证明是：新宫草图绘制的时间正值奥格斯堡联盟之战爆发之际。有位名叫 I. V. 沃尔夫冈者冲制的纪念章甚至将舍恩布龙宫描绘成了太阳宫（插图 80）。因此，我们可以称之为一场“形象战”，也可以说艺术是战争继续进行的另一种手段。[82]尽管并非出自本意，但选用这样的手段实际上就是将路易十四视为楷模而向他表示敬意的一种方式。

官方表现约瑟夫一世——利奥波德的长子、王位继承人，1705—1711 年在位——的方式更类似于法国官方表现路易十四的方式。

80. “奥地利凡尔赛宫”。《舍恩布龙宫恰似太阳宫》，I. V. 沃尔夫冈制，纪念章，1700 年。现藏于维也纳美术史博物馆。

1690 年，约瑟夫一世当选为神圣罗马帝国皇帝后进入维也纳时举行了凯旋入城式。他被赞颂为“新太阳”；舍恩布龙宫的御膳厅天花板上绘上了将他描绘成阿波罗的画像。他的石棺刻有四胜法军——包括拉米伊战役——的浮雕：死后还要同路易十四继续较劲呢！[83]

81. “征服者路易十四的楷模”。《马背上的费利佩四世》，迭戈·德·贝拉斯克斯绘，油画。现藏于马德里普拉多博物馆。

第十二章　客观地评价路易十四 179

路易十四说过他触摸瘰疬是否就表

明在效法波利尼西亚酋长这样的话?

——雷纳克[1]

我在上文各章中集中描述了路易十四的形象在其统治时期渐次形成的情况、探究了路易十四的形象所要影响的受众及其被接受的情况。我要在本章中应用比较法对路易十四的形象进行评论。我拟作三种比较:第一种,路易十四与他同时代的其他统治者之间的比较;第二种,与历史上的统治者们——主要是路易十四及其顾问、艺术家和作家们最常用以作比较的那些统治者们——进行比较;最后,回过头来再谈第一章中论及的几个问题之一:路易十四的形象与一些当代国家首脑的形象之间的对比。

路易十四及其时代

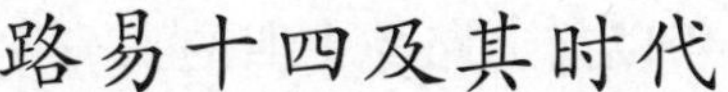

路易十四并不是他那个时代唯一的关注自我表现方式的统治者。其他统治者同他比,同他争;他也同他们比,同他们争,向他们学,并明确表示自己要做一个殊异于他们的人。虽说路易十四不像利奥波德效法他那样效法利奥波德，但他却羡慕他的皇帝头衔（并在1658年皇帝选举时还真试图把皇帝头衔弄到手哩）。

路易十四就像近代早期——特别是1648年以后——的其他国王一样，试图把自己描绘成皇帝，把自己的王国描绘成帝国。[2]例如：在官方对1660年路易十四及其王后进巴黎时举行的入城式
180 所作的记述中，即借用维吉尔的《埃涅阿斯纪》里的一句名言“我已建立了一个没有疆界的帝国”赞颂法国的国王们，把他们说成是罗马皇帝的继承人。奥贝里1667年出版的小册子声称路易十四对神圣罗马帝国拥有主权：这就更加明确、毫不含糊地提出了建立帝国的主张。[3]

许多时候提及路易十四时看似信口而出的一些话又进一步证实了这一主张。例如，韦尔特隆这位宫廷史官曾拟定一则铭文，竟称路易十四为“法兰克人的皇帝”。[4]每每提及路易十四时总要说他“令人敬畏”，抑或说他是“世界上最伟大的君主”：这应该被视为一种对特定政治主张的支持、一种通常对路易十四进行颂扬的方式。路易十四使用传统的帝王象征太阳这一行为也应被视为其政治主张的一种体现：意即天上有个太阳，人世间有个最高统治者。

要想从历史视角探究对路易十四的制造，就必须追溯至1660年以前，甚或1643年以前。路易十四的上一代帝王中有两位国王对他影响特别大：一位是他父亲路易十三，另一位是他舅舅兼岳父费利佩四世；他要仿效他们，还要超越他们。

费利佩四世很注意自己的公众形象。他面对公众时竟至巍然兀立，只见他嘴唇在动，“犹如一尊大理石雕像”；这给像法国大使

这样的外国人留下了深刻的印象；而将“形象”这一词语用于这样一位国王是再适当不过了。[5] 其实费利佩四世很少面对公众。他通常只参加宗教仪式和外交礼仪活动，偶尔也乘坐马车出宫，但更爱深居简出。他当众进餐每周只有一次。

作为国王所具有的这种举止并非费利佩四世所独有，而是西班牙传统的一个组成部分。镇定自若——抑或如西班牙人所云：“温文尔雅”——是西班牙传统中极其珍贵的一种品质。庄严持重不等于不关注自我表现——现存的费利佩四世画像数量有力地证明了这一点。费利佩四世同样关注宫廷礼制，他精心修订官方礼制就是明证。因此，国王的兀立不动和径自独处均应被视为宫廷戏剧的组成部分。费利佩四世大部分时间深居简出，是使他公开露面时令人更形倾心的一种手法。[6]

对像费利佩四世这样的庄严持重的君主来说，用“令人倾心”一词可能不那么合适。费利佩四世（像他父亲费利佩二世那样）通 181
常身着深色服装（中年后尤其如此），佩戴一般的皱褶领，而不是当时宫中流行的华丽的轮状皱领（插图 81）。贝拉斯克斯为他所绘的那些肖像画均显庄严持重，给人一种朴实无华的印象。[7]

然而费利佩四世依然被比作太阳，被称为“全球之王”；他在世时也被称为“费利佩大帝”。意大利雕塑家皮埃特罗·塔卡为费利佩四世雕刻了一尊雄伟的骑马雕像，1640 年竖立在马德里的东方广场上。费利佩四世为了能在面对公众时有个华美的环境，不惜花巨资大兴土木。他在位期间，17 世纪 30 年代于马德里市郊修建一座新宫“布恩雷蒂罗宫”，耗资约 200 万杜卡多*，宫中有一宏

* 西班牙古金币名；1 杜卡多金币约值 7 比塞塔。——译者

82. "大画廊之典范"。《明镜厅里的西班牙国王卡洛斯二世》,胡安·卡雷尼奥·德·米兰达绘,油画。现藏于马德里普拉多博物馆。

伟的觐见厅"万国殿"[8],他在位期间,17 世纪 40 年代于马德里市中心的阿尔卡萨尔宫里还修建了一宏伟的"明镜殿"(插图 82),用作国王接见宾客的地方。法国代表团在马德里与西班牙王室商讨路易十四婚姻大事期间，就是在这儿受到费利佩四世接见的。[9]

费利佩四世委任贝拉斯克斯为其宫廷画师，让他负责装饰各王宫。实际上，“装饰”是个意思极其含混的词语，因为宫中大厅里悬挂的绘画都传递出某种政治信息。马德里阿尔卡萨尔宫中“明镜厅”里悬挂着一幅鲁本斯绘制的费利佩四世画像：费利佩四世被描绘成阿特拉斯*，肩扛地球，寓意哈布期堡王朝称霸世界。“明镜厅”里还悬挂着提香绘制的那幅著名的卡洛斯五世**骑马画像以及一些罗马皇帝的画像：这些画像使表现帝王这一主题更加突出。[10]布恩雷蒂罗宫中“万国厅”里悬挂着贝拉斯克斯绘制的费利佩四世骑马画像和苏尔巴兰创作的10幅反映（费利佩四世的虚构的祖先）赫拉克勒斯生平业绩的绘画。厅里还悬挂有12幅反映费利佩四世在位期间历次重大胜利的绘画，其中最引人注目的是贝拉斯克斯创作的《放弃布雷达》和胡安·鲍蒂斯塔·迈诺创作的《收复巴伊亚》（插图83）。[11]费利佩四世穿着可以简朴，但其住所则必须豪华。

首相奥利瓦雷斯伯爵和酷爱艺术的费利佩四世及其宫廷画师共同负责国王形象的制造工作。奥利瓦雷斯跟他同时代的黎塞留一样懂得绘画、宣传小册子、历史书籍、诗歌和戏剧的政治意义。他雇聘诗人凯维多等撰写小册子论述当时人们关注的问题、编写剧本反映当时人们关注的问题，并聘任意大利贵族维尔希利奥·

* 以肩顶天的巨神。——译者

** 1519—1556年为神圣罗马帝国皇帝；1516—1556年为西班牙国王，称卡洛斯一世。——译者

83.《收复巴伊亚》,胡安·鲍蒂斯塔·迈诺绘,1633 年前后。现藏于马德里普拉多博物馆。

182 马尔贝西为宫廷史官颂扬国王。[12]奥利瓦雷斯也想受到赞颂。迈诺在《收复巴伊亚》中不仅颂扬了获得胜利的指挥官和国王,也颂扬了这位首相。就连在 1660 年法国国王进巴黎时举行的入城式中受到赞扬的马萨林,也没有这么干过。奥利瓦雷斯还出现在贝拉斯克斯为王位继承人巴尔塔萨尔·卡洛斯王储绘制的一幅画像的后景里。而他失宠后这幅画像复制时抹去他的形象这件事,完全可以判断出他出现在画像后景中的政治意义。[13]

路易十四的母亲和妻子都是西班牙人，从而洞悉费利佩四世的个人专制统治方式。法国大使在为路易十四的婚姻大事同西班牙王室进行商讨期间，曾应邀参观过阿尔卡萨尔宫中国王的内殿。1660年，路易十四同他舅舅首次见面（见插图21）。

1661年优先权之争充分表明，路易十四的目的在于胜过费利佩四世。用文艺复兴时期的话说，他的做法是先模仿而后超越。183
他虽说从未让科尔贝尔成为奥利瓦雷斯那样的人，但还是有他自己的贝拉斯克斯，此人名叫夏尔·勒布朗——他负责保管国王的收藏品，为国王从欧洲各地收购艺术品。[14]凡尔赛宫在坐落位置的选择和装饰上很像布恩雷蒂罗宫，同样地处首都郊外，都挂着反映国王获胜的画像。而镜厅则是模仿的——并超过了——阿尔卡萨尔宫中的明镜厅。凡尔赛宫的日常礼制要比路易十三宫中的日常礼制正规得多：这在某种程度上是因为西班牙宫廷提供了范例。法国宫廷的朝臣们似乎对西班牙风格颇感兴趣。情况到底如何，我们先不细究；有件事是很能说明问题的：即1684年至1702年间，西班牙人巴尔塔萨尔·格拉西安撰写的《宫廷生存法则》法文版至少出版过8次。路易十四可能比他的前几代国王难以接近，不那么愿意见人。圣西蒙就持这一观点，他批评了那种他称之为 184
“少露面更受人尊敬的想法”。[15]

官方的国王形象所突出的却是他易于接近。路易十四回忆录清清楚楚地将法国国王个人专制统治的方式与“其他各国”——最明显的是西班牙——国王个人专制统治的方式作了比较：其他国家的“国王尊严多半在于不常露面”。[16]耶稣会士拉吕向被法国占领的一些西班牙土地上的民众道贺，因为他们从此能够见到自己的君主了。[17]有篇悼念路易十四的布道文中也提到了这一点，称已故国王“完全不同于那些故意避而不见人欲使自己受人尊敬的、神秘兮兮的国王”。[18]路易十四出现在公众面前的次数无疑要比费利佩四世多多了。他自我表现的方式是很庄重，同时也很随意。他在开创定期开放凡尔赛宫中内殿这一惯例后，经常同王后一道巡视各牌桌，甚至参与玩牌，(诚如《时尚信使报》很快就指出的那样)从而以其亲民表现礼待了其臣民。[19]路易十四的自我表现方式可说是介乎西班牙刻意疏远民众的方式和17世纪其他国王——其中最突出者是丹麦国王克里斯蒂安四世和瑞典国王古斯塔夫·阿道夫；这位瑞典国王爱到集市上跟他的臣民们交谈——比较亲近民众的方式之间。上文曾提及：里戈绘制那幅著名的路易十四肖像画时力图将常规与非常规融合在一起。西班牙国王的肖像画有两大特点：一是没有盛装华服，二是一本正经。

路易十四与费利佩四世在统治方式上的差异可能是因为性格上的不同，但也应该从政治和文化传统上来看问题。费利佩四世庄严持重——利奥波德皇帝亦然——实乃哈布斯堡王朝的做派。可以说：一个13世纪以来一直占据统治地位的家族血统纯正，王位代代相传理所当然，不必再用什么手段来进行美化。而路易十四只不过是波旁家族在法国的第三代国王(不过早先曾有过一位波旁家族的成员当过纳瓦拉王国的国王)。因此，路易十四肖像就必须显得浮华、神异。路易十四比起费利佩四世和利奥波德皇帝来需要更多的骑马雕像和更多的纪念章。法国政府也比哈布斯堡王朝更多地利用出版物，这一点(及其他方面)都是跟路易十三政府和枢机主教黎塞留学的。

黎塞留及其助手嘉布遣会*修士约瑟夫神父（主管文学）和总 185
监絮布莱·德·努瓦耶（主管建筑和绘画）非常重视利用艺术家和作家为国效劳、为国王及其政府制造正面形象。他为此于1634年成立了法兰西学院，根据文学和政治这两条标准指定了40名成员。[20]学士院的一名成员贵族让－路易·盖·巴尔扎克应黎塞留的要求撰写了一篇论文《君主论》，将路易十三描绘成一位理想的统治者。为了替政府的政策辩护、反驳国内外的批评者，学士院成员写出了许多小册子。凡康先生撰写的一本小册子用了一个十分恰当的书名《公众之声》。[21]1631年官方报纸《法兰西公报》创刊，每周一期，在卢浮宫刊印，由黎塞留的一位门生泰奥弗拉斯特·勒诺多主编。[22]

一些官方史学家（诸如夏尔·索雷尔、皮埃尔·马蒂厄、西皮翁·迪普莱克斯等）编写了路易十三朝史。索雷尔更以小说家闻名于世；马蒂厄是《正义帝路易之奇迹》（1672年）的作者；迪普莱克斯的《正义帝路易史》（1635年）也说路易十三统治时期“奇迹”连连，并将其比作恺撒、克洛维、查理曼和圣路易。[23]路易十三在位期间使用“正义帝”这一头衔，值得注意。诗人马莱伯也在一首颂歌中同样称亨利四世为“亨利大帝”。

政府也注重文艺、戏剧表演和视觉艺术。路易十三爱好音乐、舞蹈；他在位期间盛行宫廷芭蕾舞剧。当时的一些表演政治目的很明确，法兰西学士院创始人之一让·德马雷编排的芭蕾舞剧《百战百胜的法国军队》（1640年）就是个很好的例子。

---

* 嘉布遣会的正式名称为嘉布遣小兄弟会，为天主教方济各会的一支。——译者

84. “路易十四凯旋之榜样”。《亨利四世凯旋进巴黎》(局部),彼得·保罗·鲁本斯绘,1625年前后。现藏于佛罗伦萨乌菲齐博物馆。

路易十三对视觉艺术不那么感兴趣,但他母亲和黎塞留对这门艺术的兴趣却很浓。王太后玛丽·德·美第奇1622年召鲁本斯到巴黎绘制一组24幅描绘亨利四世统治时期和摄政时期重大历史事件的图画,画面虚实结合,有历史事实,有寓意象征:这些画大概是凡尔赛宫大画廊里的勒布朗所绘路易十四形象之最佳先例了(插图84)。这位太后还命当时佛罗伦萨(乃至欧洲)最杰出的雕塑家吉阿姆博洛尼亚雕制一尊她丈夫亨利四世的骑马雕像,而黎塞留则委人雕制了那尊竖立在巴黎皇家广场上的著名的路易十三骑马雕像。

黎塞留对绘画的关注尤甚。他召西蒙·富韦和尼古拉·普森
186 回法国,并竭力诱使意大利画家赴法。至于版画吗,佛兰芒人雅克·德比将其编著的《法国与纪念章》(1634年)献给路易十三。

《法国与纪念章》是一部刻在纪念章上的法国诸王史，实乃纪念章上的路易十四朝史之范本也。年轻的路易十四在宫廷芭蕾舞剧中翩翩起舞，只不过是在效法其父罢了；如果说有什么区别的话，就是他父亲比他更爱好音乐、舞蹈。那著名的1662年骑兵竞技表演是仿效先例1612年的骑兵竞技表演。显然，17世纪30年代黎塞留的规划与60年代科尔贝尔的规划也是十分相似的。实际上两者密切相关、相连。路易十三在世时官方大型精美出版物《正义帝路易之杰出成就》即开始由众多历史学家、艺术家和诗人（其中有高乃依）联手编纂，但直至1649年方才出版。[24]

马萨林——黎塞留的门人、科尔贝尔的资助人——及一大批文人学士将17世纪30年代和60年代连接了起来。例如，让·夏普兰原是黎塞留的门人，而后成了科尔贝尔的顾问。布尔塞原是黎塞留的文学助理，后来进入了小学院。德马雷长寿，竟写就了多篇赞美路易十四于17世纪60和70年代发动的一些战役的文章。

科尔贝尔雇请尚特卢爵爷陪同贝尔尼尼游访法国，是仿效的絮布 187
莱·德·努瓦耶和黎塞留——他曾派尚特卢到罗马邀回普森。

先　　例

要想从历史角度探讨路易十四的形象，不能仅限于法国和西班牙，也不能仅局限在17世纪初。我们可以从这么一件事——即为了削弱上层贵族的势力，从而迫使他们入住凡尔赛宫——谈起：这件事众所周知，人们都说肇始于路易十四，然而英国驻法大使乔治·卡鲁爵士早就指出亨利四世才是始作俑者。卡鲁写道："让他们生活在宫中。这样他们就难以在外面从事阴谋活动。他们在宫中成天吃喝玩乐，无所事事，棱角磨尽，可怜可叹。”[25]

从某些方面看，路易十四的宫廷很像瓦卢阿王朝诸王的宫廷，而不太像他父亲和祖父的宫廷。弗朗索瓦一世在文学和艺术方面是慷慨的资助人，他在位时人们也是这样说的。他被比作君士坦丁和查理曼，画中全身披挂古罗马盔甲。为向他表示敬意，按古罗马的做法，竖立了他的骑马雕像和搭建了凯旋门，然而雕像和凯旋门只是庆祝活动的一个组成部分，庆祝活动一结束也就随之拆除了。[26]亨利三世被称为太阳王；他参与宫廷芭蕾舞剧的演出；他支持筹建芭蕾舞院。他还任命了一名礼仪总监，使宫廷礼制（包括“起床”仪式和“就寝”仪式）臻于完善、正规。[27]路易十四及其礼仪官们不会不知道这一先例。[28]16世纪法国诸位国王举行的其他一些公开仪式与路易十四举行的仪式之间的关系不十分明晰。[29]

法国极大地受惠于意大利文艺复兴运动和巴洛克艺术传统：这充分体现在几乎所有描绘路易十四的艺术表现手法上。这“意大利文脉”——我们完全可以这样界定法国在文艺方面与意大利的关系——很明显地表现在枢机主教马萨林对艺术的资助方面。他曾在罗马跟随教皇乌尔班八世学会做资助人。他通常资助意大利人。他雇聘一名意大利人弗朗塞斯科·布蒂到巴黎当他的艺术顾问，并通过埃尔皮迪奥·贝内德蒂和路易吉·斯特罗齐保持着与罗马和佛罗伦萨的联系。他招聘意大利歌唱家、作曲家、画家和戏剧舞台布景设计师（基亚科莫·托雷科、加斯帕罗·维加拉尼和卡尔洛·维加拉尼）。

巴黎—摩德纳轴心是法意间的一种独特的、至关重要的关系。

摩德纳公爵弗朗塞斯科·德·埃斯特对艺术很感兴趣。他向贝尔尼尼征求对其府邸进行扩建的意见,并委托贝尔尼尼为他雕制一 188
尊半身雕像,又雇聘加斯帕罗·维加拉尼做他的建筑师和府中庆典总监。公爵还同法国宫廷建立关系。他1657年访问巴黎时,建议路易十四娶其女为妻,他自己则娶马萨林的侄女为妻。[30]

法国国王路易十四在许多方面都是跟摩德纳公爵学的。1659年加斯帕罗应聘到巴黎,为来年路易十四进巴黎设计凯旋门;而他儿子则负责法国王室庆典活动的策划设计工作以求达到特定的效果,在职整整20年。摩德纳公爵的秘书基罗拉莫·格拉齐亚尼于17世纪60年代领取路易十四给的津贴,撰文赞美他为“法国赫拉克勒斯”。弗朗塞斯科一世和路易十四两人均征求贝尔尼尼对其宫殿扩建的意见,又请他为其雕制半身雕像:这不大可能只是一种巧合。

诚如这些事例所示,意大利文脉延续到后马萨林时代。1666年在罗马成立法兰西学院培养年轻艺术人才,则进一步巩固了法国与意大利的关系。其实,早在法兰西学院成立之前,到意大利——特别是罗马——学习、研究艺术之风即已盛行。勒布朗曾在罗马生活过四年(1642—1646年)。吉拉尔东17世纪40年代也到过罗马;而米尼亚尔则在那儿待了20多年(1635—1657年)。

意大利有许多东西可供为路易十四效劳的艺术家们学习、研究。他们在罗马可以看到利用城市空间竖立颂扬教皇的方尖碑。他们在威尼斯可以看到总督府利用历史题材画赞美政府。他们在佛罗伦萨可以发现,托斯卡纳大公宅邸皮蒂府(插图85)中的那组以众行星命名的厅室看上去极像是个凡尔赛宫的原型。[31] 皮埃特

85. “凡尔赛宫的原型”。皮蒂府土星厅，佛罗伦萨，皮埃特罗·达·科尔托纳装饰，1640 年前后。

罗·达·科尔托纳于 1637—1647 年间用灰泥、金箔和颂扬美第奇家族的壁画对这些厅室进行了装饰。路易十四的祖母姓美第奇，来自美第奇家族，所以他以皮蒂府为原型修建凡尔赛宫是再自然不过的了。

此前的一位托斯卡纳大公科西莫·德·美第奇无疑是路易十四及其顾问们的榜样。科西莫 1537—1574 年在位，将其大公国变成了一个微型君主专制国家。他统治的这个国家人口不及路易十四统治下的法国人口的二十分之一。科西莫是位雇佣兵首领——

他在无子嗣的阿莱桑德罗·德·美第奇遭谋杀后被推举为佛罗伦萨的统治者——的儿子。科西莫并非正宗，所以至为重视艺术的政治功能，以树立自己良好的公众形象。

例如，科西莫在佛罗伦萨的三圣一体广场竖立了纪念柱，以纪 189
念他战胜了流亡在外的共和派所组建的军队。他冲制了 12 款纪念其在位期间重大事件的纪念章。他雇聘布隆齐诺、塞利尼和瓦萨里为他绘制画像、雕制雕像和绘制壁画，将他描绘成英雄模样，威武不屈，勇猛慓悍。[32]他让人将自己和他资助的艺术家们描绘在同一幅画里（插图 86）。他指定官方撰史人；这些撰史人领取津贴，可以翻阅官方文件，要编写有利于美第奇家族的历史。1565 年，他为儿子迎接新娘（神圣罗马帝国皇帝的妹妹）耗资 5 万斯库多*举行了一次盛典，搭建了凯旋门，进行了模拟攻防战、燃放烟火等活动。他组建了两家学院：佛罗伦萨学院——从事意大利语语法研究和意大利语词典编辑工作——及美术学院。这两家学院是法兰西学院和皇家绘画院的样板。

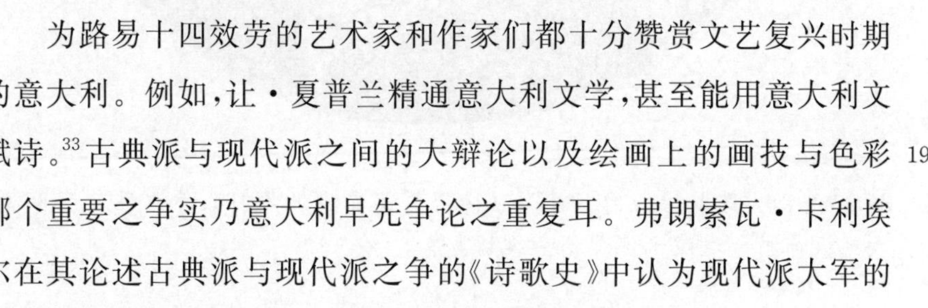

为路易十四效劳的艺术家和作家们都十分赞赏文艺复兴时期的意大利。例如，让·夏普兰精通意大利文学，甚至能用意大利文
赋诗。[33]古典派与现代派之间的大辩论以及绘画上的画技与色彩 190
哪个重要之争实乃意大利早先争论之重复耳。弗朗索瓦·卡利埃尔在其论述古典派与现代派之争的《诗歌史》中认为现代派大军的首领是托尔夸托·塔索。阿里奥斯托和塔索的史诗广为传诵、深受赞赏。因此人们发现基诺－吕里的歌剧《阿尔米德》（1686 年）

* 16—19 世纪意大利流通的金、银币。——译者

86.“资助人路易十四的榜样”。《科西莫及其建筑师们》，乔尔乔·瓦萨里，天花板饰画。现藏于佛罗伦萨维切奥宫。

取材于塔索的《解放耶路撒冷》，《神奇岛乐趣多多》将阿里奥斯托的《性情暴烈的奥兰多》中的一些场景改编成了马上比武大会。著名的1662年“骑兵竞技表演”在很大程度上是从意大利学来的。将马上比武与戏剧相结合的创意源自文艺复兴时期的费拉拉宫廷和佛罗伦萨宫廷。[34]

庆典时使用标志性图案、纪念章上冲刻铭文是意大利文艺复 191
兴时期的传统。冲制纪念章本身也是意大利文艺复兴时期的传统。象征性的形象，特别是一些拟人化的形象（诸如荣耀呈女人形，纷争呈怪兽状）通常取自艺术家们的非常宝贵的参考书塞萨雷·里帕的《肖像研究》（1593 年）——该书 1644 年译成法文。梅内斯特里埃论述其称之为“形象哲理”的著作表明，他读过意大利文艺复兴时期论述徽章的著作。[35]其实，梅内斯特里埃可被视为文艺复兴现象的晚期楷模——艺术家们的所谓的“人文主义导师”。

文艺复兴时期的意大利也提供了在风格上的典范——说得确切点，是多种典范，因为佛罗伦萨风格和威尼斯风格都有其热心的追随者。勒布朗的“华丽风格”就是文艺复兴鼎盛时期的风格，特别是拉斐尔的风格。勒布朗以画作《君士坦丁之胜利》同时向拉斐尔、科尔贝尔和路易十四表达敬意。画作以拉斐尔的一幅画为模本，描绘君士坦丁端坐战车中、胜利女神为他戴桂冠。画作是献给科尔贝尔的，而所描绘的人物又正是路易十四最常与之相比的统治者之一。建筑院院长弗朗索瓦·布隆代尔的讲稿同样表明，他一直在翻阅文艺复兴时期的相关著作。他经常引用意大利当时重要建筑师们——诸如阿尔贝蒂、帕拉迪奥（旧译帕拉弟恩——译者注）、维尼奥拉和斯卡莫齐——的话。

这些模仿并非依样画葫芦，而是不背传统“包袱”。法国艺术家和作家们只从意大利宝库中选择他们用得着的模本。他们对意大利成就的重视并未使他们中的一些人放弃自己可以做得更好的念头。[36]

路易十四的形象与中世纪传统间的关系有点儿不同。这方面我们所看到的只是种下意识的延续,而不是有意识的模仿和发展。涂油仪式是遵循中世纪法国已有的先例。路易十四朝早期的“审判会议”也是遵循中世纪法国已有的先例。例行的国王入城式是种中世纪习俗,但在文艺复兴时期根据古罗马人凯旋的模式进行了改制,添加了战车、战利品、凯旋门等。中世纪末期勃艮第府礼制的特点是完善周详——西班牙宫廷中一些颇具特色的礼仪实际上是16世纪中叶来自勃艮第。

192 17世纪的法国人通常并不看重中世纪。他们往往鄙视中世纪,视其为黑暗时期,将其与野蛮和“哥特人”挂钩,[37]但仍十分看重路易十四与克洛维、查理曼和圣路易的关联(插图87)。中世纪的统治者们在某些方面为对路易十四公众形象的描绘树立了榜样。据说,路易十四所涂抹的圣油是鸽子带给克洛维的。他身披绣有百合花的传统皇袍。他使用王权标志——传统的王权象征物:王冠、节杖、宝球、宝剑、指环等等。[38]路易十四也举行一些中世纪的仪式(诸如“审判会议”和国王入城式)——尽管这些仪式在16世纪已有所变化,但基本上还是中世纪的那一套。他触摸病人,为穷人洗脚。我们可以说:路易十四善于处世、非常懂得做个神圣君主的好处——波舒哀一直坚持认为做个神圣君主对国王本人有好处。[39]墨洛温王朝的历代国王均相信长发具有神力;而路易十四可能已不再怀有其祖先们的这种信仰,但还是要戴上他那高高耸起的假发。

路易十四在位期间并不赞赏中世纪的做法,但也未全然排斥。他和中世纪的那些统治者们不同,不常戴王冠,也不常持节杖或权

87. “路易十四即圣路易”。《路易十四形同圣路易》,无名氏绘,1660 年前后。现藏于普瓦捷耶稣会学院小教堂。

杖(杖端装有一手形物,表示国王拥有最高审判者的权力)。路易十四不再主持审判会议后,就很少坐上御座了,他只在 1684 年接见阿尔及尔使臣、1686 年接见暹罗使臣、1715 年接见波斯使臣时坐过御座(见插图 66)。这就给我们留下了这么一种印象:即御座已被视为过时遗物,只是要使东方人钦羡才用来显摆一下而已。

甚至在为国王画像时也都舍弃那些传统的象征性标志物了,往往将其描绘成身穿日常服装、端坐普通座椅、手持拐杖(而非显示其权威的节杖)的形象。里戈绘制的那幅著名标准像(插图 1)展示出了一些传统的象征性标志物,但不那么突出、惹眼了。路易十四身披皇袍，但敞开衣襟，露出里面穿着的时装。他手持节杖，但拿法不符合传统。他身佩宝剑，但只露出剑柄。没有宝球，而权杖则搁在椅子上，不那么显眼。

路易十四身边人熟知的另一统治模式是拜占庭模式。17 世纪 60 年代出版了拜占庭史学家们的著作精装双开本，书中印有“谨献给科尔贝尔”的题词。路易十四在许多方面颇像拜占庭皇帝，但令人不可思议的是：他和凡尔赛宫里的其他人竟然都不知道
193 10 世纪的皇帝君士坦丁七世波尔菲罗赫内图斯所编写的那本著名的宫廷礼制手册。[40]

皇帝的画像前点有蜡烛；早朝向皇帝致意时，皇帝在场站立、就座时，甚至对皇帝行俯伏礼时，都有一套规范的礼制。皇帝被称为“和平缔造者”、敬神者、施恩者、神与人之间的中介者、专制君主、上帝的副手、太阳。皇帝的一些硬币上铸有铭文“不落的太阳”。

现在的人们如果注意到拜占庭的皇帝们也曾说要统治全世界的话，可能就不会对路易十四自命为世界之王这件事感到那么震惊了。[41]同拜占庭帝国末期的皇帝们一样，路易十四也被称为“君士坦丁大帝再世”——这一比拟十分恰当，因为（诚如最近有史学家所着重指出的那样，）君士坦丁大帝本人非常明白宣传的重要性。称路易十四为君士坦丁大帝再世的波舒哀可能把自己看作是
194 恺撒利亚的主教优西比乌斯——此人因撰文颂扬君士坦丁大帝、迫害异教徒及其所编写的《教会史》而闻名——了。[42]路易十四的凯旋门是受了搭建在罗马的那座君士坦丁大帝的凯旋门启示而依样搭建的；然而，诚如夏尔·佩罗明确指出的那样，路易十四的凯

旋门比较宏丽。[43]

拜占庭帝国的皇帝们依罗马帝国传统行事:我们对此深信不疑。路易十三在位时期,盖·德·巴尔扎克曾建议仿效古罗马的皇帝崇拜。像戈德弗鲁瓦和圣托这样的一些礼仪专家研究过古罗马皇帝们的种种礼制。[44]对竖立在胜利广场上的那尊雕像进行批评的人们是比较正确的;但他们在恶意地提及古罗马对皇帝进行神化一事时所理解的,可能就不那么正确了。[45]

路易十四的形象与古典时期的传统之间的关系,是个很可以用来撰写一部专著的问题。阿比·瓦尔堡已做出了榜样:他论述了17世纪人们对古代的看法以及用古典艺术的表现形式和形象语言描绘新事物、发挥新作用的状况。建筑师和艺术家们即使想舍弃古罗马模式,也还是对之十分重视。克洛德·佩罗翻译出版了古罗马建筑师维特鲁比乌斯撰写的一部专著,并为卢浮宫设计了"法国风格"的柱型,以显示现代法国足以同古罗马媲美。弗朗索瓦·布隆代尔喜欢在他以战利品武器所做的雕饰中加入现代武器(包括滑膛枪、加农炮乃至炸弹——布隆代尔是炸弹专家),但在设计时也爱引用古罗马的先例,例如:图拉真的记功柱、提图斯的凯旋门(拱肩上饰有双翼胜利女神)和君士坦丁的凯旋门(饰有太阳)。[46]

法国城市中遗留下来的古代纪念建筑物(例如:兰斯城的战神门)使科尔贝尔及其建筑师们十分熟悉古典式样。[47]雕刻家们到罗马研究古代雕像,回国后向其弟子们讲授有关雕像《拉奥孔》、法尔内塞宫的雕像《赫拉克勒斯》和贝尔维德雷的裸体躯干雕像的知识。[48]科尔贝尔出于政治和艺术考量,下令将古典雕像以及雕像的石膏模型(还有图拉真记功柱)运到巴黎,以使外国人钦羡,并向世人表明:巴黎是又一个罗马。[49]

路易十四骑马雕像通常以朱庇特神庙的马可·奥勒利乌斯雕像为模式。马可·奥勒利乌斯雕像的石膏模型陈列在皇家绘画雕塑院;暹罗的使臣们曾于1686年在那儿参观过。[50]吉拉尔东是以这尊雕像为模式进行创作的雕刻家之一,然而他一定要使他雕制
195 的雕像更大、更雄威壮丽。[51]关于是否要像马可·奥勒利乌斯的雕像那样给胜利广场上的路易十四雕像镀金还有过一场争论呢。[52]纪念章制作师们在形象和铭文方面遵从古罗马先例进行创作,然而他们有时也会抛开先例自由创作。将路易十四描绘成赫拉克勒斯的勒布朗和德雅尔丹这样一些艺术家们,不太可能会不知道罗马帝国的皇帝们也是被这样描绘的。

古罗马(和古希腊——在较小程度上)文学和17世纪法国文学之间的关系比起两者的视觉艺术之间的关系来既密切又复杂,因为作家们(与艺术家们不同,抑或比起艺术家们来更)相信他们的读者熟悉古典名著。作家们利用读者们熟悉古典名著这一状况随意引用典故。

如果说波舒哀是优西比乌斯再世的话,那么布瓦洛就是贺拉斯再世了,而科尔贝尔就成了他的米西纳斯,路易十四则成了他的奥古斯都。他像贺拉斯那样赋颂诗、书信体诗和讽刺诗,还撰写了一部《诗艺》。费利比安等人撰写的描绘路易十四的散文继承了古典艺术作品的传统描绘手法。[53]按礼制要撰写颂文庆贺路易十四的生日,而颂文则要在他生日当天发表:这一仪规也是传承的古代先例。耶稣会士拉博纳既出版古典颂文选辑,也自己撰写颂文。

普林尼赞美图拉真皇帝的颂文特别有名。那些不懂拉丁文和希腊文的人可以读到的法文译本越来越多。

例如：邦塞拉德翻译了长诗《变形记》，而路易十四则下令配图出版——这无疑是为了有助于读者们理解一些赞美他的寓意画。作家们要超越古罗马。他们也实践了为颂扬路易十四必须超越罗马这一思想主张。当然，把古典派和现代派之间的那场著名的“典籍之战”简单化地说成是为了路易十四的利益而要的一种宣传把戏，是极其荒谬的。然而文艺作品常常将路易十四说成是奥古斯都再世，马蒂兰修道院里的路易十四半身雕像上甚至有“比奥古斯都还要威严”这样的铭文，就很有点政治味道了。[54]

古典派文学艺术家们指出，奥古斯都非常重视其公众形象。因此，进一步再作点比较研究可能是有意义的。[55]奥古斯都和路易十四这两位领袖人物的相似之处委实令人称奇。奥古斯都是个小矮个儿；他为了看上去个儿高点，总穿高跟鞋。[56]他在回忆录中对其统治的方式阐明了自己的观点。人们相信他同阿波罗有着特殊的关系。[57]他被描绘成朱庇特。有许多奥古斯都雕像竖立在罗马 196
和外地的公共场所；这些雕像显得“高傲超然、威风凛凛、英勇无畏”。[58]私人也将奥古斯都的画像挂在自己家里，以表忠心，而外省城市则尊他为神、救世主、陆地和海洋的主人（古罗马的皇帝们同路易十四一样，都声称有能力控制世界，自称“世界保护者”、“世界和平维护者”、“救世主”等等）。[59]同其他皇帝一样，带有奥古斯都头像的硬币上也有胜利女神形象（插图 88），奥古斯都雕像上也同样刻有胜利女神形象。他建有两座奉献给太阳的方尖纪念碑。组织庆典活动引导民众忠于皇帝。在米西纳斯的帮衬下，许多著作

88.《克劳狄皇帝》，玉石浮雕。现藏于巴黎法国国家图书馆纪念章陈列室。

人（其中有历史学家李维，还有维吉尔和贺拉斯）应聘为政府效劳。

197 对奥古斯都和路易十四这两位统治者进行描绘的不同之处也值得提一提。奥古斯都取消了共和政体；为了体现他的领袖地位，必须改变进行政治传播的（文学和视觉）语言。[60] 他画像上的形象始终显得那么年轻；而诚如我们所见，路易十四的形象则随其年龄的增长渐呈老态。奥古斯都崇尚简朴；他如果见到凡尔赛宫的话，可能会对其华丽的装饰不以为然的。他是个“平民论者”，比路易十四更看重民众的认可。他经常到剧院与罗马民众见面，甚至同他们交谈。[61]

相似处之多，令人瞩目；但必须认识到：相似（甚或完全相同）的形象在不同的时代含义不同。例如，阿波罗是古罗马官方信奉的众神之一，而在路易十四时代则是基督教徒们敬畏的一个象征性人物。两个时代的政治和文化完全不同，然而17世纪普遍对古典传统——特别是对奥古斯都时代——的尊崇掩盖了不同之处。[62]

古罗马人对尤里乌斯·恺撒、奥古斯都以及后来的一些皇帝的崇拜多半是受了古希腊和东方的影响。例如，奥古斯都的陵墓形同金字塔，就好像他也是一个法老似的。[63]在恺撒和路易十四看来，伟大的英雄是亚历山大大帝。亚历山大大帝的功绩不仅在于征服多半个已知的世界，还在于根据波斯和古埃及模式创建了一种全新的、制定了一套严格宫廷礼制的个人专制统治方式。东方俯伏礼就这样成了西方传统。对这位统治者的崇拜还表现在至少新建了13座以亚历山大命名的城市上，也还表现在欲将整座圣山雕成亚历山大大帝巨像的计划上。[64]

路易十四时代的学者们到底对东方人的统治者崇拜了解多少，难以说清。布隆代尔和夏尔·佩罗都说埃及的方尖纪念碑是他们自己时代模仿的式样；他们也知道埃及人崇拜太阳。[65]值得注意的是，他们是否曾想按照（6世纪波斯萨珊王朝国王）库斯鲁的宫中巨殿——当时至少曾有一家学术刊物论述过这一巨殿——修建凡尔赛宫。[66]库斯鲁也是当时一出戏中的主人公；这出戏的编者是让·罗特鲁,故事发生在波斯波利斯宫。[67]然而像用以形容路易十四的“上帝赐予的”这样的一些形容词,不大可能是有意识地模
198 仿自用以形容阿卡得人和苏美尔人的统治者们的形容词。[68]制造路易十四形象的人们就更不可能知道遥远的日本和秘鲁文化中统治者与太阳之间的传统关系了。

夏威夷也存在有国王、神灵和太阳相关联的传统。[69]我们对这么多不同文化崇拜同一个权力偶像并不感到奇怪。政治秩序同宇宙秩序之间必然的一致性,是人们将某一特定的制度说成是合乎自然规律的、唯一可能的、正统合法的制度的古典理论依据。

20 世 纪

我们追溯历史,从历史视角对路易十四进行的审察,到此为止。为了认清路易十四进行自我表现的方式是否有什么独特之处,我们将他同其他一些君主进行了比较、对照。由于路易十四本人和为他效劳的艺术家和作家们也关注历史,所以必须研究他们对历史不同时期和不同统治者的看法。

我们的观点必然不同于他们的观点这一事实,是不容忽视的。路易十四与我们已相隔三个世纪,其间对统治者进行描绘的方式已发生了许多变化。不管我们是否意识到了这一点,我们对 17 世纪的看法总是要受到我们自己在 20 世纪的感受影响的。为了避免作出所述之人和事与时代不符的评价,最好进行详细、明确的比较、对照。如果我们全面地考虑到我们自己的时代和路易十四的时代之间的相同点和不同点,我们就肯定能够对这两个时代有更

深的了解。因此，我拟在本章——也是本书——结束时将17世纪的传媒与20世纪的传媒和路易十四的公众形象与一些当代国家首脑的形象作一比较、对照。

研究20世纪传媒的人们有时会对历史上一些时期（包括法国大革命前的所谓的“旧制度”）作出颇成问题的、想当然的臆断，并以此臆断从事研究工作。以撰写于20世纪20年代的一部研究宣传的非常著名的专著为例：专著认为，路易十四朝结束后“时代已发生了变化”、宣传与“公关活动这一新职业”的兴起是20世纪的事——第一次世界大战有助于这件事的形成，而民主社会的思想自由又促进了这件事的发展。[70]

由于对旧制度作出错误论断而有损于现代世界研究的另一个 199
例子，是美国文化史学家丹尼尔·布尔斯廷20世纪60年代初发表的一篇分析深刻而又引发争论的论及“形象”的文章。布尔斯廷在文章中说：他所称之为19世纪末、20世纪初（由于汽压印刷术、摄影术等的应用而）发生的“平面造型艺术革命”，导致了他所称之为的“假事件”——这一词语的意思多种多样，既指传媒为了自身利益而捏造的事件，又指尚未发生即见诸报端的事件——的出现、增多。[71]我想完全可以用布尔斯廷的这一词语分析17世纪的传媒（包括报刊、纪念章和版画）。路易十四时代的一些看似自然的行动——诸如民众欢庆法军获胜的消息，国王雕像的竖立——实际上是精心策划的。

此外，20世纪70年代发表的一篇论文使用一些诸如“戏剧国家”和“政治明星制”这样一些词语描述肯尼迪、戴高乐、蓬皮杜和卡特执政时期。论文作者就这种“政治个人化”和谋求执政的候选

人进行包装的重视与“先前”(当竞选时)对政见的重视和政治家们亲自起草讲稿，进行了对比论述。他认为，这种差异是受了电影——包括罗塞利尼的《路易十四》——和广告的影响。[72]

本书读者能够看出，这一论点不那么切合实际。早在17世纪权力就已是个人化的了。枢机主教黎塞留和路易十四雇聘他人捉刀，为他们代写讲稿、回忆录甚至信函。当今推荐政治家就像推荐产品一样；而同样也可以说，当今赞美产品的方式是当年用以赞美君主的方式。“广告”、“宣传”应用的是夸张法。

电影出现前很久，戏剧就影响着政治观点了。1685年热那亚总督抵达凡尔赛宫时，当时有位评论家多诺·德·维塞——此人还是个剧作家——说道：“他所要扮演的角色不轻松。”[73]我们时代将政治比作演戏是常有的事。对路易十四同时代的以及后来的人们说来，太阳王就是一位明星。

像希特勒、墨索里尼和斯大林以及(在较小程度上的)法国和美国的总统们这样一些20世纪的统治者们所使用的宣传手法，在某些重要方面类似于路易十四使用的手法。[74]例如，官方建筑物和
200 雕像之壮丽雄伟使观看者们与之相比显得渺小而意识到统治者的力量，英雄无所不知、战无不胜、注定要打败邪恶势力和平定骚乱的神话，夜间民众均在安睡而自己仍在工作的领袖形象。在墨索里尼(还有拿破仑)的这一形象广为流传之前很久，拉布吕耶尔就描述道：“我们睡觉了，而这位国王……在独自护卫着我们和整个国家”。[75]发行官方报纸；将作家们组织进官方文学院，负责编纂、出版权威词典和百科全书。就连像墨索里尼坚决要全用大写字母刊印其称号“DUCE”(“领袖”)这样的小节也同全用大写字母排印

路易十四的名字“LOUIS”（路易）一样。这两位统治者均以“奥古斯都再世”的面貌示人。[76]如果说林登·约翰逊在接受胆囊手术时其阴部成了公众注意的焦点的话，路易十四在接受瘘症治疗时其阴部同样是公众关注的焦点。

历史上查禁描绘摧毁海德堡的纪念章以及先前将奥利瓦雷斯从巴尔塔萨·卡洛斯画像中消除的做法，就同将托洛茨基从《苏联大百科》中删除的做法一模一样。指示法国各市政当局主动在城市主要广场上竖立路易十四雕像，实乃革命的俄国一名史学家所说的“自发的鬼话”之佳例也。[77]“萨尔路易斯”和“路易斯安那”的命名同“列宁格勒”的命名一样，都是个人崇拜的一种表现。夏普兰是个十足的苏联党政官员，而摄政时期的反路易十四活动就像是非斯大林化那样的“非路易十四化”。此外，我们还可以将苏联科学院的成立看做是向路易十四的法国表示敬意的举动：这样看令人不可思议；而我们将其看作是彼得大帝为向法国科学院表示敬意而成立的科研机构之后继者，就十分确切了。

这些相似点委实引人注目，不仅使我们意识到了礼制、神话和象征在各个时代政治上的重要性，也使我们注意到了西方社会特定神话和象征的连续性。[78]我不想提出一个简单的论点：即“变来变去还是老样子”。现代统治者的形象，尤其是现代政权的形象，与路易十四及其同时代君主的形象在一些重要方面有着很大区别。

最最明显的区别表现在应用的技术上。将路易十四介绍给公

201 众的手段是印刷品、雕像和纪念章，而 20 世纪的统治者则越来越靠摄影、电影、电台和电视。新兴的电子传媒有其自身的技术条件。例如，从政治演说转变为辩论和问答就是技术所发挥的影响之一。[79]然而，所谓的“电子统治者们”与他们的前辈们之间的差异被夸大了。

比较重要的是确立了民选的合法性。1758 年有位国际法专家指出：路易十四代表上帝，而后来的统治者们则代表国家。[80]法国大革命是旧制度——那时不必向民众进行宣传——和现代国家——这时民众成了宣传的主要对象——的分水岭。通俗的大众化报纸出版发行了。《杜歇老爹报》就是这样的一种报纸，据说销售量竟达百万份。文盲们可以听别人读这种报纸上的文章，可以“阅读”政治偶像，可以参加像“联盟节”这样的革命的政治仪式。这时改变政治信仰和政治宣传这类概念的出现决非偶然。[81]

打从那时起，宣传组织是愈来愈完善，愈来愈富有经验；在美国更是如此，因为那儿存在着由总统制、民主选举和关注新传播方式这三大要素相结合的体制。据说，随着竞选运动的发展，早在 19 世纪 20 年代美国总统竞选运动就十分注重形象的制造了。[82]职业政党政治总管的出现源自 20 世纪 30 年代的加利福尼亚州和“竞选公司”。[83]这些代理机构和人员的出现与“包装”理念有关。诚如共和党主席 1952 年所言：“你们要像企业推销其产品那样推销你们的候选人和你们的纲领。”[84]我们已经进入萨奇兄弟*时代。

有种颇具影响力的论点认为：俄国 1917 年后“宣传风行，没有

---

* 英国著名广告公司。——译者

哪个国家能望其项背”，目的在于有意识地“创造适合在新社会生
活的新人类”。“这样的意愿史无前例，如此注重宣传问题的领导
人也是前所未有。”[85]所使用的一些手段是相当传统的。例如，斯
摩棱斯克州党委强调要用“华美、壮观、绚丽”的场景吸引年轻人，
并主张设定革命佳节。还有一些手段是新颖的，主要有标语、墙报 202
和电影短片的使用，还有专门设有电影放映室、图书报刊阅览室的
宣传火车和船只。[86]

1789年和1917年时的初衷是一样的，都是要庆祝革命的胜利，都是要拆除统治者的雕像、消除统治者本人。1792年拆除了大部分路易十四雕像。1917年后，沙皇雕像从莫斯科和彼得格勒的一些广场上被搬走，取而代之的是人民革命英雄的雕像。[87]

统治者们虽然登台掌权了，但终究是要面向公众的。描绘他们形象的画风大众化多了。用这一画风描绘统治者形象的例子——瑞典古斯塔夫·阿道夫时代以及奥古斯都时代——偶尔也有过。王室画像——即所谓的“君主恋家图”——的兴起是这一画风变化的突出标志。[88]

法国国王路易·菲力普就是个好例子。他1830年革命后登基掌权，说自己是个亲近其臣民、并与他们没有什么两样的统治者。故而他的第一幅标准像——与其先王查理十世的画像不同——画面上没有诸如王冠和加冕礼袍这样的一些引人注目的象征王权的标志物，而他的眼神亦同普通观看者的眼神一样。[89]这样的平等姿态——不管是真情实意还是虚情假意的——在路易十四时代是不可想象的。这是传统君主制理念与法国大革命理想之间的一种折衷产物。

我们同样也可以说，列宁晚年的形象是俄国革命理想与沙皇们的传统之间的一种折衷产物。列宁的生活方式谦逊朴实，不让画像，不让拍照。[90]然而在他临终前列宁崇拜即已然兴起，其表现有颂扬他的诗歌、出版他的传记、出有关他的墙报、以他的名字为学校、工厂、矿山和集体农庄命名。[91]

当今主要的政治语言是自由、平等、博爱。人们认为权力来自于“民”；公共纪念建筑物用以纪念“无名士兵”或起榜样作用的劳动模范。当选的领导人必须心系选民；就连那些不民主的统治者也常常声称他们的权力源自人民。（由于电视摄像机的介入和有意识的决定）看似社会差距消除了——抑或看似已然消除了。必

203 须要有制造与民亲近假象的手段：如炉边亲切闲谈、一次握手数小时等等。端架子是危险的，因为那就意味着要拒人于千里之外。如今强调的是精力充沛、朝气蓬勃和充满生机。墨索里尼绝不是唯一的一个以运动爱好者——甚至以运动员——的形象示人的中年统治者。[92]要挑选一些突显精力充沛的照片发表。有时候选人会根据广告员和竞选总管的意见变更自己的肢体语言，以使自己像个民众领袖。

路易十四声称自己的权力源自上帝，而不是源自人民。他不必结交任何一个选民。他的传媒不是大众传媒。他被说成——实际上是必须被说成——是个特别了不起的人，是个神权帝王。17世纪的领导人与20世纪的领导人之间的对比并不是虚情假意与真心实意之间的对比，而是两种虚情假意的表现方式之间的对比。

词 汇 表 204

ABSOLU　绝对的，完全的

菲雷蒂埃在其所编的词典中定义为“无条件的，毫无保留的”。例如，斯潘海姆说 1661 年之前“政府全权掌握在首相手中”，也就是说，掌握在马萨林手中。路易十三的一位宫廷史官迪普莱克斯声称：“法国历史上从未有过一位国王比我们的路易十三更拥有全权了。”

ACADÉMIE FRANÇAISE　法兰西学院

最具权威的学术机构，由 40 位学者组成，成立于 1635 年。

ACADÉMIE DES INSCRIPTIONS　铭文院（见小学院）

ACADÉMIE ROYALE DE PEINTURE ET SCULPTURE　皇家绘画雕塑院，成立于 1648 年。

ACADÉMIE DES SCIENCES　科学院，成立于 1666 年。

APPARTEMENTS　内殿

该词当时不仅用以指凡尔赛宫中国王的内殿，也指每周将其向公众开放三次的仪规。

BALLET　芭蕾舞剧

当时的“宫廷芭蕾舞剧”是种音乐剧，以舞为主，也有歌。

CONSEIL D'EN HAUT 高层会议

这一叫法源自会议的地点（楼上）。高层会议即国务会议；几位重臣每周同国王聚会一次，作出一些重大决定。

CONSEIL SECRET 枢机院

相当于英国的“枢密院”。

ESTATES [Etats] 三级会议

205 法国一些行省（通常称为三级会议地区）——阿图瓦、布列塔尼、朗格多克、诺曼底（至 17 世纪 50 年代）、勃艮第、多菲内和普罗旺斯——定期召开的三个等级（僧侣、贵族和第三等级）代表会议。1614—1789 年间，代表整个王国的全国三级会议一直没有召开过。

GRANDE GALERIE 大画廊

凡尔赛宫中一厅室当年的名称，当今通常称之为“镜厅”。

GRATIFICATION 赏钱

国王恩赐，通常系指津贴。

HISTOIRE DU ROI 《国王演义》

当年人们定的这一名称不仅系指对国王事迹的文字叙述，也指绘画、挂毯、版画和纪念章对这些事迹的描绘。

HISTOIRE MÉTALLIQUE 纪念章史

将描绘路易十四统治时期重大事件的纪念章按

年代先后排列组合而成所反映的路易十四朝史。有两部反映路易十四朝的纪念章史：一部是非官方的，耶稣会士梅内斯特里埃编著，1689年出版；另一部是小学院的作品，1702年出版。详情见附录1。

INTENDANT	总督 中央政府派驻各省的代表。17世纪里由于中央集权的加强，总督们的权力亦随之大增。
JETON	小型纪念章 每年1月1日政府分发的一种纪念章。
LIT DE JUSTICE	审判会议 字面意思是“正义之床”。实为国王对最高法院所作的正式巡访，通常是为了敦促国王敕令的实施。
LIVRE	里弗尔 图尔城铸造的钱币之单位。如同传统的英镑、先令和便士一样，1里弗尔=20苏，1苏=12德尼厄尔。
PARLEMENT	（最高）法院 不是英国所说的议会，而是法院。在艾克斯、贝桑松（从1676年起）、波尔多、第戎、杜埃（从1686年起）、格勒诺布尔、波城、雷恩、鲁昂和图卢兹等省均有省法院。巴黎法院是王国最高法院。
PETITE ACADÉMIE	小学院 起初是法兰西学院的一个委员会，1663年由科

尔贝尔成立，其宗旨在于指导颂扬国王事宜。1696 年独立建制，取名“皇家纪念章与铭文院”，1701 年改名为“铭文与纪念章院”，1717 年更名为“铭文与文学院”。

SURINTENDANT DES BÂTIMENTS 营造总监
负责皇家建筑——抑或如当时英国人所说的“国王工程”——的官员头衔。科尔贝尔从 1664 年到 1683 年一直担任这一职务。

附　录 206

1. 路易十四纪念章

要算出路易十四纪念章数目没有看上去那么容易，更不用说要确定这些纪念章的年代了。

首先，“路易十四纪念章”这一说法就不明确。必须区分纪念章和小型纪念章。小型纪念章比较小，冲制出的数量也比较多。[1]另一个问题是，并非所有描绘国王的纪念章都是国王下令冲制的。例如，巴黎市 1671 年就冲制了一种著名的路易“大帝”纪念章（插图 23）。

人们可能会想，根据 1723 年出版的官方纪念章史算出的由国王下令冲制的纪念章数目——总数为 318 款——应该是可靠的。然而，这一总数中有两款是反映路易十四驾崩的纪念章；因此，这两款纪念章应该是其王位继承人统治时期冲制的。此外，至少有两款纪念章是官方纪念章史有意未收入的：一款是描绘胜利广场上的雕像的纪念章；另一款是鲁塞尔制作的反映摧毁海德堡的纪念章。[2]官方留给我们的纪念章总数是 318 款。将 1702 年版与 1723 年版比较一下，又出现了差异。每一版本均收入了另一版本未收入的纪念章。两两相加共有 332 款纪念章;再加上有意未收入的两款,总共是 334 款。[3]

要确定这些纪念章的年代甚至更加困难。人们通常认为纪念章上的年代是冲制的时间,而不是所纪念的事件发生的时间。对晚期的纪念章来说,这一看法与事实还不那么相去甚远;但对大约 1685 年以前的反映重大事件的纪念章来说,这一看法是极其错误的。因此必须辨明事件发生的年代和反映这些事件的纪念章冲制时间以及这些纪念章被收入《纪念章史》的时间。

207 1. 事件发生的时间

我们如果根据纪念章所反映的事件发生的时间来分析所收集到的纪念章的话,就查明了下述分布情况:

17 世纪 30 年代	2
17 世纪 40 年代	29
17 世纪 50 年代	26
17 世纪 60 年代	70
17 世纪 70 年代	67
17 世纪 80 年代	49
17 世纪 90 年代	53
18 世纪头十年	25
18 世纪第二个十年	11
总计	332

2. 纪念章冲制的时间

人们认为有16款纪念章是让·瓦兰——他死于1672年——冲制的。[4]瓦兰死后，1675年他的徒弟弗朗索瓦·谢隆应聘到巴黎，被任命为“皇家纪念章设计师”。谢隆曾在罗马为教皇克雷芒十世和英诺森十世效劳。人们认为只有37款纪念章是科尔贝尔时期（亦即1661—1683年）冲制的；这个数目太少了。当时的一份资料表明，时至1685年初已冲制了99款纪念章。[5]梅内斯特里埃1689年出版的非官方纪念章史收入的122款纪念章所反映的是1638—1688年间的重大事件。从332款中刨除这122款，1689—1715年间冲制的纪念章为220款。这其中有92款所反映的是1685—1705年间的重大事件。如果从220款中再刨去这92款，剩下的是128款；这128款则是冲制于1689—1715年间，但所反映的则是路易十四朝前期发生的一些重大事件。

3. 路易十四朝纪念章史策划、编写、出版的时间确定也成问题。官方提出编写纪念章史计划的时间通常认为是1685年前后；计划的制订与卢瓦有关。[6]如果我们所说的是拟定的出书计划，这一时间很可能是正确的，但路易十四朝前段时间就隐隐约约有这一想法了，让·夏普兰（1665年8月1日和1672年9月28日）的信中表达得最清楚。1673年，《时尚信使报》说让·瓦兰在编写“纪念章上的国王演义”。

将执行官方计划的任务交给了小学院。编写工作进展得很慢——小学院还有一些别的任务。而这时（1689年）克洛德-弗朗索瓦·梅内斯特里埃则出版了他那部著名的（但是

非官方的)《纪念章上的国王演义》。这部纪念1638—1688年
间重大事件的纪念章和铭文集好像是献给国王50寿诞的礼
品。1691年小学院改名“铭文院”，受命集中精力编写纪念章
史——这可能是对这部非官方的集子所作出的反应。1693
208 年，梅内斯特里埃的书再版，更名《路易十四朝史》——大概是
要将《国王演义》这一正统说法让给“铭文院”使用。然而他们
最终在1702年出版其作品时却用了《路易大帝朝重大事件纪
念章》这一书名。详情见雅基奥(1968年)、琼斯(1979年a和
b)、费里埃(1982年)和奥雷斯科(1989年)。

1 参见《时尚信使报》1682年1月，第53页起。

2 雅基奥(1968年)，第433页起、第617页起。

3 N.R.约翰逊(1978年)书中的数目是312种，见第51页。

4 目录见雅基奥(1968年)，文献72。

5 雅基奥(1968年)，第XXVI页；《时尚信使报》1685年1月，第99页。

6 雅基奥(1968年)，第X—XI页、第XXV页起。

2. 路易十四肖像研究 209

看来，难以估算出路易十四朝各种艺术表现形式所描绘的路易十四肖像的总数。据我所知，最全面的研究也仅限于对保存下来的作品所进行的考查，因此尚未涉及到 17 世纪 80 年代的那些著名雕像。[1] 亦仅限于“那些见过或可能见过国王的艺术家们”的作品。汇编者们只列出 99 幅版画，然而他们说可在法国国家图书馆图片收藏部找到 671 幅之多。他们的研究也未涉及到纪念章和挂毯。尽管存在着这些不足，但总数仍达 433 幅（包括素描和一些画面上国王不占突出位置的风景画）。我从中选出 287 幅年代可确定、已完稿的画像作进一步的分析。

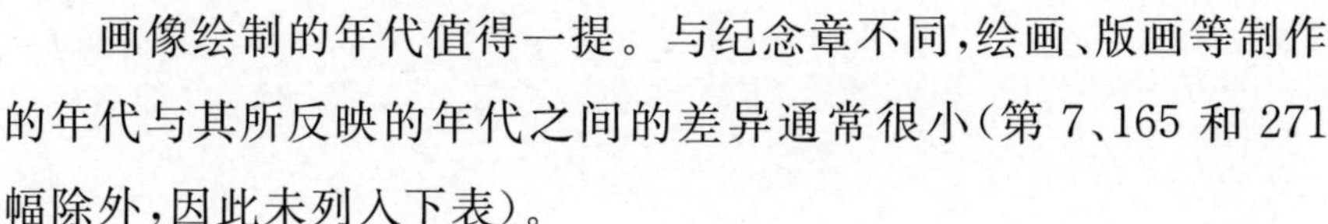

画像绘制的年代值得一提。与纪念章不同，绘画、版画等制作的年代与其所反映的年代之间的差异通常很小（第 7、165 和 271 幅除外，因此未列入下表）。

17 世纪 30 年代	5
17 世纪 40 年代	30
17 世纪 50 年代	14
17 世纪 60 年代	48
17 世纪 70 年代	40
17 世纪 80 年代	62
17 世纪 90 年代	44
18 世纪头十年	36

18 世纪第二个十年	5
总计	284

17 世纪 80 年代最多;假如这十年间竖立的雕像能保存下来的话,数目还要大。

1 莫梅内和达尔库尔(1932)。

3. 反路易十四著作年表 211

下表仅列出了一些比较详尽地评述国王(反法)的著作。几乎所有这些著作都是不具作者姓名或只用假名的,而出版地也是很不可靠的。

1665	*Histoire amoureuse des Gaules*	《高卢人的爱情故事》
1667	*Bouclier d'état*	《国家庇护者》
c.1667	*Chimaera gallicana*	《法国客迈拉》
1673	*Die französische Türckey*	《法国土耳其人》
1673	*Das französische Cabinet*	《法国内阁》
1674	*Machiavellus gallicus*	《法国马基雅弗利》
1674	*Risées de Pasquin*	《小丑嘲笑的对象》
1678	*Christianissimus christiandus*	《最信奉基督教的人需要成为基督徒》
1678	*The French King Conquered*	《战败的法国国王》
1680	*The French Politician*	《法国政治家》
1681	*French Intrigues*	《法国阴谋》
1684	*Mars christianissimus*	《最虔诚的基督徒战神马耳斯》
1684	*Breviarium Mazarini*	《马萨林的每日祈祷书》
1684	*Conduct of France*	《法国行为》
1684	*Triomphe de la Vérité*	《真理的胜利》
1685	*Les Conquêtes amoureuses du Grand Alcandre*	《伟大的阿尔坎德雷赢得了爱情》
1686	*Le Dragon missionaire*	《传道龙骑兵》
1687	*Mars Orientalis et Occidentalis*	《东方战神与西方战神》
1688	*La France galante*	《时尚法国》
1688	*L'Esprit de la France*	《法国精神》
1688	*Remarques sur le gouvernement du royaume*	《评说王国政府》
1689	*Intrigues*	《阴谋》
1689	*Bombardiren*	《炮击》

212 1689 *Soupirs de la France esclave* 《悲歌受奴役的法兰西》
1689 *Laus Ludovici delusa* 《路易十四受骗赞》
1689 *Montespan im Schlaf* 《蒙特斯潘在做梦》
1690 *Eigenlob stinckt gern* 《自我吹嘘令人讨厌》
1690 *Der Französische Attila* 《法国阿提拉》
1690 *The Most Christian Turk* 《最虔诚的基督徒土耳其人》
1690 *Concursus* 《资助》
1690 *Nero Gallicanus* 《法国尼禄》
1690 *The Present French King* 《法国现国王》
1690 *Beschreibung ... Ehren Saule* 《追名求荣、妄自尊大的雕像记》
1690 *Solstitium gallicum* 《法国至日》
1691 *Ludwig der französische Greuel* 《可恶的法国国王路易十四》
1692 *The French King's Lamentations* 《法国国王哀歌》
1692 *Monarchie Universelle* 《世界君主》
1692 *L'Ombre de Louvois* 《在卢瓦的掌控下》
1693 *French Conquest* 《法国征服的土地》
1693 *Royal Cuckold* 《国王戴绿帽》
1694 *On the Taking of Huy* 《占领休伊》
1694 *Giant Galieno* 《巨人加利埃诺》
1694 *La Politique Nouvelle de la Cour de France* 《法国宫廷的新政策》
1694 *Scarron apparu* 《斯卡龙出现在曼特农身边》
1695 *Alcoran de Louis XIV* 《路易十四的古兰经》
1695 *Amours de Mme de Maintenon* 《曼特农夫人的爱情》
1695 *Tombeau des amours de Louis le Grand* 《路易大帝的爱情坟墓》
1695 *On the Taking of Namur* 《占领那慕尔》
1696 *Grand Alcandre frustré* 《伟大的阿尔坎德雷大失所望》
1696 *Nouvelles amours* 《路易大帝的新欢》
1697 *Paralléle* 《评比》
1697 *Chrestien non français* 《克雷斯蒂安不是法国人》
1699 *Télémaque* 《泰莱马克》
1700 *La Partage du lion* 《强制瓜分》
1702 *The French Tyrant* 《法国暴君》
1702 *Französische Ratio Status* 《法国国家至上》
1705 *Catechismus van de Konig van Frankrijk* 《法国国王的信条》
1706 *Allerchristliche Fragstücke* 《基督教的所有问题》

1708	*The French King's Wedding*	《法国国王婚礼》
1708	*Ludwig des Grossen Testament*	《路易大帝的遗嘱》
1708	*Proben einer königlichen Baukunst*	《皇家建筑艺术典范》
c.1709	*Pillers geordeneerd voor L14*	《路易十四下令建造的圆柱》
1709	*Curses*	《诅咒》
1709	*The French King's Dream*	《法国国王之梦》
1711	*Clear View*	《明察秋毫》
1712	*Friendship*	《友谊》
1714	*Arcana gallica*	《法国奥秘》

注　　释

缩写词

D.N.B.	*Dictionary of National Biography*	《民族历史辞典》
HARI	*Histoire de l'Académie Royale des Inscriptions*	《皇家铭文院史》
M.G.	*Mercure Galant*	《时尚信使报》

第一章　路易十四研究

1 Lavisse (1906); Goubert (1966); Wolf (1968); Labatut (1984); Bluche (1986).

2 Sonnino (1964); Thireau (1973).

3 Vries (1947); N. R. Johnson (1978).

4 Burke (1987, 1990).

5 Maumené and d'Harcourt (1932); Jacquiot (1968); Mai (1975); Jones (1979a); M. Martin (1986); Oresko (1989).

6 最新研究成果有 Beaussant (1981); Verlet (1985); Himelfarb (1986); Néraudau (1986); Pommier (1986); Walton (1986).

7 Ssymank (1898); Ferrier Caveriviere (1981); Marin (1981).

8 Ranum (1980); Fossier (1985); Tyvaert (1974); Klaits (1976).

9 Kantorowicz (1963); Elias (1969); Haue- ter (1975); Giesey (1985, 1987); Christout (1967); Isherwood (1973); Apostolidès (1981); Moine (1984).

10 L'Orange (1953); Hautecoeur (1953); Kantorowicz (1963).

11 Dilke (1888); Lavisse (1906).

12 Giesey (1985), p. 59.

13 Zwiedineck-Südenhorst (1888); Gillot (1914b); Gaiffe (1924); Malssen (1936); Jones (1982 - 1983).

14 Hartle (1957); Posner (1959); Grell and Michel (1988).

15 Godelier (1982).

16 引自 Adhémar (1983), p. 26.

17 Chapelain (1883, 1964); Clément (1868); Jacquiot (1968).

18 详见附录 1。

19 Grell and Michel (1988).

20 Apostolidès (1981), p. 126; Picard (1956).

21 Walton (1986).
22 Moine (1984), p. 12; M. Martin (1986).
23 Collas (1912), p. 357.
24 McGinniss (1968); Atkinson (1984).
25 Klaits (1976); cf. Speck (1972); Schwo-erer (1977); Vocelka (1981), esp. ch. 1; Kenez (1985), introduction; J. Thompson (1987).
26 Schieder and Dipper (1984).
27 France (1972).
28 Kenez (1985), p. 4.
29 Veyne (1988).
30 Furetière (1690), s. v. 'Gloire'.
31 Rosenfield (1974).
32 Longnon (1927), pp. 33, 37, etc.
33 Scudéry (1671).
34 Clément (1868) 5, p. 246.
35 Longnon (1927), p. 134.
36 Bossuet (1967), book 10.
37 Montesquieu (1973), p. 58.
38 Charpentier (1676), p. 131; M. G., April 1686, p. 223.
39 Naudé(1639), p. 158.
40 La Bruyère (1960), p. 239.
41 Cf. N. R. Johnson (1978).
42 关于政治神话, Tamse (1975). Cf. Bur ke (1939 - 1940); Kershaw (1987).
43 Racine (1951 - 1952), p. 209.
44 Geertz (1980); cf. Schwartzenberg (1977).
45 St-Simon (1983 - 1988) 1, pp. 714, 781, 857, etc.
46 Quiqueran (1715), p. 48, Mongin (1716), p. 3.
47 Lünig (1719 - 1720); Longnon (1927).
48 Kertzer (1988).
49 Goffman (1959).
50 La Porte (1755).
51 Pitkin (1967); H. Hofmann (1974); Podlach (1984).
52 Gaxotte (1930), p. 104.
53 Furetière (1690).
54 Saint-Simon (1983 - 1988) 1, pp. 803ff; Gaxotte (1930), introduction.
55 Longnon (1927), p. 53. 关于回忆录的作者, Dreyss (1859); Sonnino (1964).
56 Courtin (1671), p. 41.
57 Félibien (1688).
58 Courtin (1671), p. 40.
59 M. G., September 1687, p. 178 (Poitiers).
60 At Agde in 1687; M. G., April 1687, p. 141.
61 Visconti (1988), p. 28.
62 Lacour-Gayet (1898), pp. 306, 357.
63 Longnon (1927), p. 280; cf. Hartung (1949).
64 Bossuet (1967), p. 177;《悲歌受奴役的法兰西》(1689), p. 18.
65 Bossuet (1967), p. 141; Louis XIV (1806) 3, p. 491.
66 Cf. the title of Biondi (1973).
67 Godelier (1982); Bloch (1987), p. 274.
68 Bloch (1924).
69 Boorstin (1962); 关于美国的传播学研究, W. Schramm (1963).
70 Shils (1975); Eisenstadt (1979).
71 Geertz (1980); p. 13; cf. Tambiah (1985).
72 Burke (1987), ch. 12.
73 Trilling (1972), ch. 1.

74 Lasswell (1936); Hymes (1974).

第二章 宣传

1 Lee (1940).
2 Rpr. Félibien (1688), pp. 83 - 112; cf. Bosquillon (1688); Benserade (1698) 1, pp. 171 - 172; Guillet (1854) 1, pp. 229 - 238.
3 Maumené and d'Harcourt (1932).
4 Grivet (1986).
5 Dotoli (1983).
6 Christout (1967); Silin (1940).
7 Quinault (1739), 4. 145f, 269, 341, 5, 200, 257, 411; cf. Gros (1926).
8 Félibien (1674); Apostolidès (1981).
9 Möseneder (1983).
10 Pincemaille (1985); Sabatier (1985, 1988).
11 Perrault (1909), p. 60.
12 Combes (1681); Rainssant (1687).
13 Curtius (1947).
14 TronÇon (1662); cf. Roy (1983); Bryant (1986).
15 Maumené and d'Harcourt (1932), nos 79, 178.
16 Jenkins (1947); Mai (1975); Burke (1987).
17 Chapelain (1936), pp. 335 - 336; Krüger (1986), pp. 227 - 246.
18 Fléchier (1670).
19 Jump (1974).
20 Racine (1951 - 1952) 2, p. 986.
21 Benserade (1698) 1, pp. 193 - 194.
22 La Beaune (1684).
23 Bossuet (1961); Bourdaloue (1707); Fléchier (1696); La Rue (1829). On the sermon, Hurel (1872); Truchet (1960), pp. 19ff; Bayley (1980).
24 Perrault (1688 - 1697), pp. 262ff.
25 Bossuet (1961), pp. 310, 340, etc.
26 Truchet (1960) 2, pp. 216 - 258.
27 Rapin (1677).
28 Poussin (1964), p. 170; Piles (1699) 1, p. 6; Coypel, in Jouin (1883), p. 280.
29 Chantelou (1889), p. 212.
30 Boileau (1969), p. 45.
31 France (1972); Pocock (1980), pp. 74ff.
32 Rapin (1677), pp. 43ff; Racine (1951 - 1952) 2, p. 209.
33 Spanheim (1900), p. 70; on him, Loewe (1924).
34 Sedlmayr (1954).
35 对传统观念所作的恰当概括，M. G., December 1684, 3 - 9. Cf. Ferrier (1978).
36 Montagu (1968); Rosasco (1989).
37 Bardon (1974); Polleross (1988).
38 Montaiglon (1875 - 1878) 1, p. 224.
39 Whitman (1969).
40 Posner (1959); Grell and Michel (1988).
41 Polleross (1988), no. 555.
42 M. G., 1679, 1681, 1682, etc.; cf. Zobermann (1985); Neveu (1988).
43 Scudéry (1654 - 1661); cf. Scudéry (1669).
44 Du Bos (1709); cf. Klaits (1976).
45 关于对路易十四的形象描绘，Mai (1975); 关于对路易十四的文字描绘，Marin (1981).
46 Guillet (1854), pp. 229ff; Sabatier (1984).
47 Wittkower (1961).

48 Mai (1975).
49 Hatton (1972), p. 101; Blunt (1953), p. 401.
50 关于范戴克, Held (1958).
51 Goffman (1959).
52 J. Espitalier (1697), quoted in Rømer (1967), p. 119n.
53 Blondel (1698), p. 608.
54 Molière (1971) 2, pp. 1193 - 1194.
55 Racine (1951 - 1952) 1, p. 990.
56 Menestrier (1689).
57 Perrault (1688 - 1697).
58 Robinet (1665), in Rothschild (1881), p. 37.
59 Vertron (1686).
60 Finnegan (1970), pp. 111 - 146; Curtius (1947); McGowan (1985), pp. 1ff, 11ff.
61 关于布瓦洛, France (1972); on Pellisson, Marin (1981), p. 50. Cf. Pellisson (1735, 1749).
62 La Fontaine (1948), pp. 626ff, 636ff, 730ff.

第三章　日出

1 Campanella (1915), pp. 195 - 207.
2 *Gazette* (1638).
3 Maumené and d'Harcourt (1932), no. 151.
4 关于摄政权的确立, Wolf (1968), ch. 2.
5 Keohane (1980), pp. 220ff.
6 Furetière (1690).
7 雕像是吉尔·盖兰的作品,芭蕾舞剧的编者是伊萨克·邦塞拉德。
8 Menot (1987).
9 Hanley (1983), especially pp. 307 - 321.
10 Haueter (1975); Jackson (1984); Le Goff (1986); Coquault (1875), pp. 279 - 296, 613 - 632.
11 Godefroy, quoted in Haueter (1975), p. 197.
12 Viguerie (1985).
13 Dreyss (1860) 1, p. 450; 参见 1654 年国王的信件, 转引自 Le Goff (1986), p. 144.
14 Bloch (1924).
15 Möseneder (1983).
16 特别重要的是 Tronçon (1662).
17 Ibid., p. 9.
18 Möseneder (1983), p. 42. 引自居伊·帕坦。
19 Tronçon (1662), pp. 21 - 22.
20 Barozzi and Bercher (1857) 2, p. 401.
21 Quoted Labatut (1984), p. 43.
22 Laurain-Portemer (1968); Lotz (1969); Marder (1980).

第四章　体制的创建

1 Meyer (1981).
2 Châtelain (1905).
3 Chapelain (1883) 2, p. 272f; cf. Collas (1912), ch. 8; Couton (1976).
4 Mesnard (1857).
5 Thuillier (1967); Hahn (1971); Isherwood (1973).
6 Dussieux et al. (1854) 2, p. 16.
7 Grove (1980), s. v. 'Bousset'.
8 Gersprach (1893); Florisoone (1962).
9 Morgan (1929).
10 H. J. Martin (1969), pp. 695ff.

11 Chapelain (1883), p. 313.
12 Ibid., p. 422.
13 Ibid., p. 451.
14 Ibid., p. 608.
15 Chapelain (1964), p. 28.
16 Chapelain (1883), p. 384
17 Ibid., p. 667.
18 Ibid., p. 509n.
19 Ranum (1980).
20 其他五位是德尼·戈德弗鲁瓦(博学的档案保管员)、让·皮热·拉塞尔(以写信指南一书而闻名)、夏尔·索雷尔(以撰写小说而闻名;他早在1635年即接受这一职位)、萨米埃尔·索比埃尔和亨利·德·瓦卢瓦(两人均是1660年被任命的)。
21 Thuillier (1983).
22 关于来自下面的倡议,Hahn (1971), p. 8.
23 Hahn (1971).
24 Chapelain (1883), p. 502.
25 Depping (1855), no. 1, p. 41; Clément (1868), pp. 237, 281, 293, 346.
26 Jouin (1889); Thuillier (1963).
27 Quoted in Gould (1981), p. 91.
28 Lefebvre de Venise, quoted in Chantelou (1889), p. 105.
29 Dilke (1888), p. 141.
30 Weber (1985), p. 165
31 Perrault (1909), p. 30; Soriano (1968), pp. 266-293.
32 Couton (1976); Maber (1985).
33 Viala (1985), pp. 69ff; Kettering (1986).
34 Perrault (1909), p. 31.
35 Chapelain (1883), pp. 469, 583.
36 Perrault (1909) pp. 38ff. 在夏普兰的手稿中发现的史书(科拉,1912年,第380页),可能是规划的一个组成部分。
37 Jacquiot (1968), p. xx.

第五章　自主

1 Wolf (1968), p. 180.
2 *Gazette* (1661), p. 271.
3 Ibid., pp. 332, 403.
4 Longnon (1927), pp. 44, 49-50.
5 Félibien (1703), p. 161.
6 M. G., December 1684, pp. 18-25.
7 Jacquiot (1968), pp. 144ff.
8 *Médailles* (1702).
9 Longnon (1927), p. 34.
10 Chapclain (1883), p. 509n.
11 Pepys (1970-1983) 2, p. 187 (30 September 1661); cf. Roosen (1980).
12 Gersprach (1893), pp. 62f; Félibien (1703), pp. 103, 166; M. G., September 1680, P. 297.
13 *Médailles* (1723), nos 69, 78, 79; Menestrier (1689), 2. 8, 19, 16, 21; Jacquiot (1968), pp. 158ff.
14 Soriano (1968), p. 101.
15 Magalotti (1968), pp. 157-158.
16 Montaiglon (1875-1878) 1, pp. 220-224.
17 A. Coypel, in Jouin (1883) p. 257.
18 梅内斯特里埃的书(1689年)未收入这些主题的纪念章; *Medailles* (1702), (1723); Jacquiot (1968), pp. 183ff, 188ff.
19 Perrault (1670a); Longnon (1927) pp. 132ff.
20 Gould (1981), p. 7; contrast Perra-

ult,但佩罗的书(1909 年,第 71 页)中认为提名贝尔尼尼的人是贝内德蒂。
21 Lavin (1987).
22 Clément (1868), no. 19; of. nos 20 - 21; and Perrault (1909), pp. 77f.
23 梅内斯特里埃的书(1689 年)中第 23、24、26 号(纪念章未收入 1702 年和 1723 年出版的集子中)。
24 Jacquiot (1968), pp. 244ff.
25 Louis XIV (1806), p. 496, May 1672.
26 Clément (1868), no. 24: cf. no. 23.
27 Walton (1986), ch. 5.
28 根据佩罗的书(1909 年,第 120 页)所述,选中的方案是他哥哥提出的。
29 Gould (1981), pp. 19, 39; cf. Chantelou (1889).
30 Chantelou (1889), p. 104.
31 M. G., January 1684, p. 326.
32 Jammes (1965); Schnapper (1988).
33 Hartle (1957); cf. Grell and Michel (1988).

第六章 胜利的年代

1 Chapelain (1883), p. 279; cf. Collas (1912), pp. 433ff.
2 Collas (1912), p. 435.
3 Aubéry (1668).
4 Félibien (1688), pp. 197 - 270.
5 Maumené and d'Harcourt (1932), nos 237 - 240; Collas (1912), p. 373.
6 Gersprach (1893), pp. 62ff.
7 *Médailles* (1723), nos 97 - 107.
8 Chapelain (1883), p. 635.
9 Blondel (1698) 4, 12, 3, p. 608; Brice(1698) 1, pp. 345 - 346.
10 Perrault (1909), p. 101.
11 Clément (1868) 5, p. 288.
12 Félibien (1680), p. 4; Walton (1986), ch. 6.
13 Collas (1912), pp. 397 - 398.
14 Dalicourt (1668), p. 43.
15 Corneille (1987), pp. 705 - 707.
16 Corneille (1987), p. 716.
17 Chapelain (1883), pp. 783, 786 - 787.
18 Racine (1951 - 2) 2, pp. 207 - 238. 比较客观的叙述,见 Wolf (1968), chs 16 - 18.
19 Racine (1951 - 1952) 2, p. 207.
20 *Gazette* (1672), pp. 560, 562, 564, 572, 615.
21 Ibid., pp. 684, 849 - 860.
22 Corneille (1987), pp. 1155 - 1165.
23 Boileau (1969), pp. 45 - 49; Genest (1672).
24 Jouin (1883), pp. 108 - 112.
25 Guillou (1963); Néraudau (1986); Walton (1986).
26 M. G., September 1680, pp. 294 - 295.
27 Dussieux et al. (1854), p. 40; Nivelon (n. d.) f. 327a.
28 Félibien (1703), p. 102.
29 Dussieux (1854) 1, p. 448.
30 Ibid., 2, p. 43.
31 *Médailles* (1723), nos 119, 27; Jacquior (1968), pp. 264f.
32 Desmarets (1673, 1674); Furetière (1674).
33 Félibien (1674), pp. 71f.
34 Petzer (1982).
35 Desmarets (1673), p. 7.
36 Corneille (1987), pp. 1309f, 1317f; *Médailles* (1723), no. 156, pp. 159 -

162.

37 Wolf (1968), pp. 287f, 304f.

38 Desmarets (1674), p. 2.

39 Corneille (1987), p. 1306.

40 M. G., March 1679, passim; September 1679, pp. 2, 5, 9; November 1682, p. 106.

41 Corneille (1987), p. 1325.

第七章　体制的重建

1 Trout (1967 - 1968).

2 M. G., extraordinary issue, July 1683, p. 188.

3 K.O., Johnson (1981).

4 Autin (1981), pp. 52f.

5 Rainssant (1687); Félibien (1703).

6 Walton (1986), p. 95.

7 M.G., December 1684, p. 7.

8 M.G., December 1684, p. 10.

9 Rainssant (1687), pp. 9 - 84.

10 Racine (1951 - 1952) 1, p. 68. 然而根据菲雷蒂埃所说，铭文的作者是塔莱芒。

11 Jansen (1981).

12 Félibien (1680); M. G., September 1680, pp. 295 - 310.

13 Saint-Simon (1983 - 1988) 5, p. 607.

14 Ibid., p. 604.

15 Elias (1969).

16 Saint-Simon (1983 - 1988) 5, p. 530.

17 Ibid., 2, pp. 553, 877, 951, etc.

18 Courtin (1671).

19 Cf. Hobsbawm and Ranger (1983), especially the introduction.

20 Saint-Simon (1983 - 1988) 5, pp. 596ff. On him, Coirault (1965).

21 Visconti (1988), p. 61. 参见旺多姆公爵关于这一情景的绝妙叙述，Saint-Simon (1983 - 1988) 2, p. 695.

22 Courtin (1671).

23 Saint-Maurice (1910) 1, p. 157.

24 M.G., December 1682, p. 48.

25 Autin (1981).

26 Corvisier (1983), pp. 375 - 404; cf. Duchene (1985).

27 Perrault (1909), pp. 135 - 136.

28 Guillet, in Dussieux (1854) 1, p. 67.

29 Mélèse (1936); Mirot (1924); Teyssèdre (1957).

30 Corvisier (1983), p. 390.

31 Josephson (1928); Boislisle (1889); Souchal (1983)，他使用了"运动"一词，p. 311; Martin (1986).

32 *Récit* (1685); *Gazette* (1685) p. 560; M. G., October 1685, pp. 13ff.

33 M.G., January 1686, p. 2.

34 Lister (1699), p. 25. Cf. Boislisle (1889), pp. 49ff; *Description* (1686); and M. G., April 1686, pp. 216ff, 224ff, 240 - 309.

35 Brice (1698), pp. 169ff.

36 Boislisle (1889), pp. 58ff; M. G., April 1686, pp. 250 - 309.

37 *Relation* (1687).

38 M.G., February 1687, pp. 50, 55, 57, 73.

39 M.G., June 1685, p. 69.

40 M.G., October 1685, p. 13; February 1686, part 2, pp. 49ff.

41 Boislisle (1889), pp. 210ff; Wolf (1968), 465, 787; Souchal (1983), p. 311; Mettam (1988).

42 Rance (1886); N. R. Johnson (1978); Mettam (1988).

43 Mallon (1985); Taton (1985).

44 HARI (1740) 2, PP.10－13.

45 Rousser (1865) 2, pp.376, 464.

46 Menestrier (1689), p. 53; *Médailles* (1702), p.195.

47 *Médailles* (1702), p.202.

48 关于对热那亚的“惩罚”，见诗歌 in M.G., April 1684, p.323, and August 1684, pp.52ff.

49 *Gazette* (1685) pp. 192, 271, 295f, 320; M.G., May 1685, pp.310ff.

50 Menestrier (1689), p.51.

51 关于雷恩市国王雕像基座上的浅浮雕(克瓦塞沃制作)，Dussieux (1854) 2, p. 36. 关于纪念章，Menestrier (1689), p. 66; *Médailles* (1702) p. 216; Lanier (1883), pp.58ff.

52 M. G., January 1682, p. 10; June 1685, p.20.

53 M.G., December 1684, pp.88－89.

54 M.G., October 1685, pp.324ff.

55 M.G., January 1686, p.18. Cf. February 1686 (a special issue on the Revocation).

56 Menestrier (1689), pp. 36 － 37; *Médailles* (1702), pp.209－11.

57 Perrault (1686), pp.99－106.

58 Stankiewicz (1960), p.179.

59 Bossuet (1961), p.340.

60 Quartier (1681); Jouvancy (1686); Le Jay (1687).

61 Quartier (1681); La Rue (1683).

第八章 日落

1 M.G., April 1686, pp.2－4; November 1686, p.322.

2 Le Roi (1862), pp.261, 277.

3 Klaits (1976).

4 Magne (1976).

5 Schnapper (1967).

6 La Bruyère (1960), pp.452, 454.

7 Mallon (1985); Taton (1985).

8 Herault (1692); Boileau (1969), pp. 123－127; Maumené and d'Harcourt (1932), no.254.

9 Médailles (1702), pp.228, 230, 238, 241, 243, 249, 250, 254.

10 *Médailles*, pp. 235, 236, 240, 251, 267; 关于反映海德堡事件的纪念章，Jacquiot (1968), pp.617ff, p.110.

11 Wolf (1968), p. 546; *Médailles* (1702), pp.234, 268.

12 Addison (1890), p.351.

13 *Médailles* (1723), pp.303, 309.

14 Ibid., pp.311, 314.

15 Gaxotte (1930), pp.126 (Vigo), 136 (Ramillies).

16 Maintenon (1887) 2, p.30.

17 M.G., August 1704, p.426, and October 1704, p.8; Surville quoted Isherwood (1973), p.281.

18 关于国王私下里对乌德纳德战役失败和里尔失陷的反映，Gaxotte (1930), pp.143f, 147f.

19 *Gaztte* (1708), pp.118, 360.

20 M.G., July 1708, part 2, preface and pp.141, 167－168.

21 *Médailles* (1723), no.316.

22 Gaxotte (1930); Klaits (1976), pp. 208f. 托尔西在其回忆录中承认信是他写的。

23 Félibien (1703), p.103.

24 M.G., March 1687, part 1, pp.7－9, 110ff, and part 2, a special issue on the rejoicings.

25 关于国王对公爵夫妇辞世的反应，

Gaxotte (1930), p. 158.

26 普瓦捷耶稣会学院中的画(约1655年), in Polleross (1988), fig. 104;为国王进巴黎而雕制的雕像(1660年), Møseneder (1983), pp. 103, 107;吉米利奥村(菲尼斯泰尔省)的雕像(1675年), Polleross (1988), no. 555.

27 *Gazette* (1669), p. 859.

28 Zobermann (1985); cf. M. G., 1679, 1681, 1682, 1689, 1693, 1697.

29 Jacquiot (1968), plate K.

30 Neveu (1988).

31 Menestrier (1699).

32 Jacquiot (1968), p. cxii.

33 Louis XIV (1806) 3, p. 492.

34 N. R. Johnson (1978), p. 100.

35 Hurel (1872), p. xxxixn. Contrast the figure of 35 in N. R. Johnson (1978), p. 78.

36 Mongin (1716), p. 3.

37 Quiqueran (1715), pp. 18, 27.

38 Gaxotte (1930), p. 186.

39 Rave (1957); Le Roy Ladurie (1984).

第九章　形象描绘出现危机

1 Hatton (1972), p. 42.

2 Jacquiot (1968), p. cviii.

3 Boorstin (1962).

4 Hahn (1971).

5 Gillot (1914a); Jauss (1964); Kortum (1966).

6 Blondel (1698), pp. 167ff, 174; Perrault (1687); Hall (1987).

7 Michel (1987), p. 146.

8 A. Niderst, in Godard (1987), p. 162.

9 Gouhier (1958); Foucault (1966).

10 Borkenau (1934); Hazard (1935); Gusdorf (1969).

11 Simson (1936); Sedlmayr (1954); Bryson (1981).

12 Kantorowicz (1957); Archambault (1967).

13 Schochet (1975).

14 Lévy-Bruhl (1921).

15 Thomas (1971).

16 Cf. Burke (1987), ch. 16; and Burke (1990).

17 Vert (1706 - 1713).

18 Bourdieu and Passeron (1970).

19 Locke (1690) 1, 6, p. 65.

20 Montesquieu (1721), lettre 24.

21 France (1982).

22 Le Roi (1862), pp. 234, 247.

23 Sagnac (1945) 1, p. 87;但要注意布罗克利斯的书(1987年)中所述(第446页的注)。

24 Haueter (1975), p. 250n (correcting Bloch, 1924).

25 关于“古老的徽记式样变为现代式样”,参见阿波斯托利代(1981年)。但我不同意他将转变的时间定为1674年。这一时间太具体、太早了(我想我所列举的例子已证明了这一点)。

26 关于比较“理性的描绘”,参见克莱茨(1976年),第293—295页。

27 *Médailles* (1702), pp. 121, 126, 138, 143, 148, 179, 183, 199, 206, 210, 213, 223, 224, 226, 232, 240, 244, 249, 260, 263, 271, 283.

28 King (1949).

29 Lasswell (1936), p. 31.

第十章　反面形象

1 Raunié (1879) 1,pp.46-49.
2 关于怀有敌意的小册子(大多未署名),详情见附录3。
3 有许多论述路易十四反面形象的专著,主要有德国的茨维德内克-聚登霍斯特(1888年)、施密特(1907年)、吉洛特(1914年b)和克莱泽尔(1935年),荷兰的范马尔森(1936年),法国的布吕姆(1913年)和罗特克鲁格(1965年)。据我所知,英国没有这类专著;也没有一部全面研究的论著。
4 Cf. Burke (1978).
5 《历史传奇故事》。
6 《法国尼禄》。
7 《法国现国王》。
8 《法国暴君》。
9 《法国暴君》、《法国尼禄》。
10 《法国尼禄》、《法国宫廷的新政策》。
11 《炮击》第11页、《法国国家至上》。
12 《法国尼禄》。
13 《法国暴君》。
14 《法国暴君》。
15 《悲歌受奴役的法兰西》。
16 《最虔诚的基督徒土耳其人》。
17 Swift (1691).
18 《评说王国政府》。
19 《伟大的阿尔坎德雷赢得了爱情》,in Bussy (1930),p.178.
20 书同上,p.12.
21 《路易大帝的新欢》,pp.36,122.
22 Chevalier (1711).
23 Wolf (1968),p.261.
24 Cf. ibid.,pp.505f;Köpeczi (1983).
25 Menestrier (1691),p.39.
26 关于嘲弄式的铭文,见《法国阿提拉》和墓志铭,in Raunié (1879),pp.58ff.
27 Gillot (1914b) p.273n;《法国至日》
28 Swift,《国王颂》(1691),in Swift (1983),pp.43-46.
29 1709年的纪念章,in Chevalier (1711),p.112.官方已称路易十四为法厄同,但只是作为个人统治的象征。
30 《害人精》。
31 《路易小帝》,Raunié (1879),p.58;以及《最虔诚的基督徒战神马耳斯》,p.108.只是野心很伟大,*Bombardiren*,p.5.
32 《最虔诚的基督徒战神马耳斯》、《最虔诚的基督徒土耳其人》、《最信奉基督教的人需要成为基督徒》、《炮击》。
33 《法国国家至上》,p.11.
34 《悲歌受奴役的法兰西》,p.19;《法国国家至上》,p.14;《皇家建筑艺术典范》,p.3.
35 《最虔诚的基督徒土耳其人》,p.67.
36 Prior (1959) 1,pp.141,220.
37 《悲歌受奴役的法兰西》,p.19.
38 《最虔诚的基督徒土耳其人》,p.70.
39 《法国宫廷的新政策》。
40 Gillot (1914b),pp.269f.
41 Raunié (1879),p.27;Chevalier (1711),pp.30-1,用"无故摘除"这一铭文说得很清楚。
42 Clément (1866),pp.76-77.
43 Janmart (1888).
44 Menestrier (1691),p.38.
45 Kunzle (1973),pp.109f.
46 Chevalier (1711).
47 关于韦尔纳,Glaesemer (1974).
48 关于拉尔梅森,Grivet (1986),p.244.

49 关于利索拉，Pribram（1894），ch. 15，esp. p. 353n，and Longin（1900）.
50 关于贝歇尔，Hassinger（1951），p. 210.
51 关于朱里厄，Dodge（1947）and Stan-kiewicz（1970）.
52 关于库蒂尔，Woodbridge（1925）.
53 Swift（1983）；Prior（1959）1，pp. 130－51；cf. Legg（1921）；Addison（1890），p. 351.

第十一章　受众与反应

1 Holub（1984）；Freedberg（1989）.
2 M. G.，February 1683，p. 23.
3 Hölscher（1978），p. 448.
4 Furetière（1690）.
5 Cf. Habermas（1962）.
6 Longnon（1928），p. 32.
7 Quoted in Gould（1981），p. 123.
8 Brice（1698）2，p. 309；Jacquiot（1968），document 9.
9 Sonnino（1973－1974）.
10 Auerbach（1933）.
11 Loret，quoted Møseneder（1983），p. 13.
12 Boislisle（1889）.
13 Locke（1953），p. 150.
14 Storer（1935）；Roche（1978）1，pp. 19－20；Lux（1989）.
15 1693 年的事例 in Gaxotte（1930），p. 83.
16 M. G.（1678）.
17 M. G.，August 1682，pp. 224－234.
18 M. G.，January 1684，pp. 184ff.
19 M. G.（1687）.
20 Vincent（1979）；Dotoli（1983）.
21 Feyel（1982），p. 33.
22 Stopfel（1964），pp. 63－73.
23 文载 in Gaxotte（1930）；评载 in Klaits（1976），pp. 209，213f.
24 Cf. Jones（1982－1983），pp. 209ff.
25 M. G.，January 1682，p. 53.
26 M. G.，May 1684，p. 238.
27 1654 年他一次触摸了2000或3000人（Haucter，1975，p. 251n）. 触摸礼每年要举行数次，整整举行了 70 余年（1654—1715 年）。因此 35 万（70 × 5000）这个数似乎并未夸大。关于张榜公告，Blegny（1692）1，p. 21.
28 Klaits（1976），p. 219.
29 Corvisier（1964）未涉及这一问题。
30 Locke（1953），p. 150.
31 Charpentier（1683），p. 131.
32 Polleross（1988），no. 556.
33 Mazarin（1906），p. 257，letter of 1659.
34 Jansen（1981），pp. 61ff.
35 Menestrier（1701）.
36 关于土耳其使节——可能是个江湖骗子，Beaussant（1981）. 关于暹罗使节，Lanier（1883），关于波斯使节，Herbette（1907）and Walton（1986），ch. 1.
37 *Gazette*（1669），p. 1165；M. G.，December 1686，part 2，p. 325.
38 Tovar de Teresa（1988），pp. 66－67.
39 Gaxotte（1930），pp. 12f.
40 Bouvet（1697）.
41 *Gazette*（1682），pp. 724－739.
42 *Gazette*（1683），pp. 551－672.
43 Leith（1965）p. 22.
44 M. G.（1682）.
45 Pastor（1940）32，p. 396n.
46 Brunot（1917），ch. 2.
47 “国王路易十四加冕典礼”这一铭文

被认定是 C.德·埃诺之作；Perrault (1670b).

48 拉夏佩尔的《一位瑞士人的书信》以《赫尔维西亚人致法国人的书集》为书名广为流传，而他的《利奥波德一世的政治遗嘱》则以《最后忠告》为书名广为流传。Klaits (1976), pp. 113n,151,297.

49 Klaits (1976),pp.150 – 151.

50 *Relation* (1660).

51 Félibien (1665,1667).

52 Klaits (1976),pp.113,275.

53 Chapelain (1883),p.513.

54 Benedetti (1682).

55 Klaits (1976),pp.151,174,199,275.

56 Ibid.,pp.70n,106f.

57 Rance (1886) 1,pp.298f,340n.

58 Johnson (1978),pp.50 – 51.

59 Cf. Roy (1983) and Mettam (1988) pp.54f,有种极端的看法认为地方权贵们想的只是自己。

60 Pardailhé-Galabrun (1988),p.386.

61 Griver (1986);Rave (1957),p.4.

62 Bercé (1974), p. 609; Saint-Simon (1983 – 1988) 3,pp.476ff.

63 Lottin (1968),p.189.

64 Sohier (1706),f.13a.

65 Dubois (1965),pp.70,175.

66 Evelyn (1697),pp.78,81.

67 Northleigh (1702),2,pp.7,54.

68 Verney (1904) 2,p.447.

69 Kovács (1986), p. 75; Polleross (1987),p.251.

70 Ellenius (1966), ch. 5; Geffroy (1885),pp.lxxii – lxxiii.

71 Pastor (1940),p.396n

72 Bottineau (1962), pp. 154ff, 167ff, 191ff,258ff;Moran (1990), pp. 15, 46,50,62.

73 Josephson (1930),pp.9ff.

74 Hansmann (1986),pp.33,44.

75 Moine (1984),pp.168f,提到圣彼得堡、彼斯坦、斯德哥尔摩、赫特洛、卡塞塔、拉科尼齐和华盛顿。

76 Chevalier (1692);cf. Speck (1972); and Schwoerer (1977).

77 D.N.B.,s.v.'Ralph Montagu';Pevsner (1961),p.105;Boyer (1703 – 1713) 8,p.371.

78 HARI,pp.70,77.

79 Cracraft (1988),pp.158,185.

80 Moraw (1962); Ehalt (1980); Mandlmayr and Vocelka (1985); Kovács (1986); Polleross (1986, 1987);Hawlik (1989).

81 Biach-Schiffmann (1931).

82 Polleross (1987),p.239.

83 石棺版画翻印在 Hawlik (1989),p. 39.

第十二章 客观地评价路易十四

1 Bloch (1924),p.52.

2 Duchhardt (1981).

3 Møseneder (1983), p. 105; Aubéry (1668).

4 M.G.,June 1684,p.118.

5 Hofmann (1985),p.23n.

6 Brown and Elliott (1980),ch.2;Elliott (1977);Elliott (1989),chs 7 – 8.

7 Brown (1988).

8 Brown and Elliott (1980).

9 Orso (1986).

10 Ibid.,ch.2.

11 Brown and Elliott (1980).

12 Elliott (1989), ch. 9; Elliott (1986), pp. 418ff.
13 Harris (1976).
14 Guillet, in Dussieux (1854) 1, p. 26.
15 Saint-Simon (1983 – 1988) 5, p. 239.
16 Longnon (1928), p. 133.
17 La Rue (1987), p. 716.
18 Mongin (1716), p. 10.
19 M. G., December 1682, pp. 48 – 50.
20 Mesnard (1857), ch. 1.
21 Thuau (1966), pp. 177ff, 215ff; Church (1972).
22 Solomon (1972), especially pp. 111ff.
23 Ranum (1980), pp. 99, 129f; Dupleix (1635).
24 Valdor (1649).
25 Carew (1749), p. 453.
26 Lecoq (1987), pp. 217ff, 264ff.
27 Lecoq (1986); Boucher (1986), especially pp. 196ff.
28 Bluche (1986), pp. 274, 279.
29 Giesey (1987).
30 Southorn (1988), ch. 2.
31 Campbell (1977), pp. 177ff.
32 Forster (1971).
33 Chapelain (1964), pp. xvff.
34 Strong (1984), pp. 142ff.
35 Menestrier (1684).
36 Perrault (1688 – 1697) 1, pp. 61 – 63.
37 Edelman (1946); Voss (1972).
38 Schramm (1939).
39 Bossuet (1967).
40 Kantorowicz (1963), p. 165.
41 Treitinger (1938).
42 Bossuet (1961), p. 340; Drake (1976); Warmington (1974); Barnes (1981); McCormick (1986).
43 Perrault (1688 – 1697) 1, p. 80.
44 Hanley (1983), pp. 330ff.
45 Saint-Simon (1983 – 1988) 1, pp. 629 – 30; Choisy, quoted in Gaiffe (1924), p. 10.
46 Blondel (1698) part 4, books 11 – 12.
47 Petzet (1982), p. 162.
48 Lectures by G. Marsy, J. van Obstal and M. Anguier, 1667 – 1669.
49 M. G., July 1682, pp. 138 – 139; Perrault (1688 – 1697) 1, pp. 191 – 192.
50 M. G., September 1686, part 2, p. 362.
51 Boislisle (1889), p. 118n.
52 M. G., June 1687, part 2, p. 48.
53 Cf. ch. 2, n. 41.
54 M. G., September 1682 p. 52.
55 Charlesworth (1937); Syme (1939); Price (1984); Zanker (1987).
56 Syme (1939), p. 480.
57 Gagé (1955), pp. 499ff.
58 Syme (1939), p. 385.
59 Zanker (1987), pp. 264ff; Syme (1939), p. 519.
60 Zanker (1987), ch. 1.
61 Ibid., pp. 151ff.
62 Perrault (1688 – 1697).
63 Blondel (1698), p. 164.
64 Taylor (1931), pp. 18ff, 74ff.
65 Blondel (1698), p. 164.
66 Herbelot (1697), p. 997.
67 Rotrou (1649).
68 L'Orange (1953); Seux (1967).
69 Sahlins (1985), pp. 18, 19n.
70 Bernays (1928).
71 Boorstin (1962), especially ch. 1.

72 Schwartzenberg (1977).
73 M.G., May 1685, p.339.
74 Burke (1939－1940); Bidndi (1967); Melograni (1976); Stern (1975); Kenez (1985); Kershaw (1987).
75 La Bruyère (1693), p.544.
76 Kostof (1978).
77 Kenez (1985), pp.153, 237.
78 Kertzer (1988); Kantorowicz (1963).
79 Mickelson (1972), p.46.
80 Vattel (1758), pp.42ff.
81 Leith (1965); Ozouf (1976); Schieder and Dipper (1984); Chartier (1990).
82 Heale (1982), p.51.
83 Perry (1968).
84 McGinniss (1968), p.27.
85 Kenez (1985), p.4.
86 Ibid., pp.62, 91, 109.
87 Bowlt (1978).
88 Schama (1988).
89 Marrinan (1988), pp.3ff.
90 Tumarkin (1983), p.63.
91 Ibid., pp.80, 88, 95f, 107, 131.
92 Pozzi (1990).

参考书目

此参考书目包括“注释”中所录之全部出版物，唯附录3中所列之匿名攻击路易十四的出版物未收入。

除具体注明者外，出版地均为巴黎。

Addison, J. (1890) *Dialogues on Medals*, London.

Adhémar, J. (1983) 'Information gravée au 17e siècle: images au cuivre destinées à un public bourgeois et élegant', *Quaderni del '600 francese* 5, 11–13.

Apostolidès, J. (1981) *Le Roi-machine: spectacle et politique au temps de Louis XIV*.

Archambault, P. (1967) 'The analogy of the body in Renaissance political literature', *Bulletin d'Humanisme & Renaissance* 29, 21–53.

Atkinson, J. M. (1984) *Our Master's Voices: the Language and Body Language of Politics*, London.

Aubéry, A. (1668) *Des justes prétentions du roy sur l'empire*.

Auerbach, E. (1933) 'La cour et la ville', reprinted in his *Vier Untersuchungen zur Geschichte der französischen Bildung*, Bern, 1951; English trans., *Scenes from the Drama of European Literature*, New York, 1959, 133–82.

Autin, J. (1981) *Louis XIV architecte*.

Bardon, F. (1974) *Le Portrait mythologique à la cour de France sous Henri IV et Louis XIII*.

Barnes, T. D. (1981) *Constantine and Eusebius*, Cambridge, MA.

Barozzi, N. and G. Berchet (eds) (1857) *Relazioni degli stati europei dagli ambasciatori veneti*, Venice.

Bayley, P. (1980) *French Pulpit Oratory 1598–1650*, Cambridge.

Beaussant, P. (1981) *Versailles, opéra*.

Benedetti, E. (1682) *Le glorie della virtù nella persona di Luigi il Magno*, Lyons.

Benserade, I. de (1698) *Oeuvres*, 2 vols.

Bercé, Y.-M. (1974) *Histoire des Croquants*, 2 vols. Geneva.

Berger, R. W. (1985) *In the Garden of the Sun King: Studies on the Park of Versailles under Louis XIV*, Washington.

Bernays, E. L. (1928) *Propaganda*, New York.

Bertelli, S. (1990) *Il corpo del Re*, Florence.

Biach-Schiffmann, F. (1931) *Giovanni und Ludovico Burnacini: Theater und Feste am Wiener Hofe*, Vienna and Berlin.

Biondi, D. (1973) *La fabbrica del Duce*, Florence.

[Blegny, N. de] (1692) *Le Livre commode*, rpr. 1878.

Bloch, M. (1924) *The Royal Touch*; English trans. London, 1973.

Bloch, M. (1987) 'The ritual of the royal bath in Madagascar', in Cannadine and Price, 271–97.

Blondel, F. (1698) *Cours d'architecture*, second edn.

Bluche, F. (1986) *Louis XIV*; English trans., London, 1990.

Blum, A. (1913) *Louis XIV et l'image satirique pendant les dernières années du 17e siècle*, Nogent-le-Rotrou.

Blunt, A. (1953) *Art and Architecture in France*, fourth edn, Harmondsworth, 1980.

Boileau, N. (1969) *Oeuvres*, ed. S. Menant, 2 vols.

Boislisle, A. de (1889) 'Notices historiques sur la Place des Victoires et sur la Place Vendôme', *Mémoires de la société de l'histoire de Paris et de l'Ile-de-France*, 15, 1–272.

Boorstin, D. (1962) *The Image*, rpr. Harmondsworth, 1963.

Borkenau, F. (1934) *Der Übergang vom feudalen zum bürgerlichen Weltbild.*

Bosquillon (1688) *Portrait de Louis le Grand.*

Bossuet, J.-B. (1961) *Oraisons funèbres*, ed. J. Truchet.

Bossuet, J.-B. (1967) *Politique tirée des propres paroles de l'écriture sainte* (1709), ed. J. Le Brun, Geneva.

Bottineau, Y. (1962) *L'Art de cour dans l'Espagne de Philippe V, 1700–46*, Bordeaux.

Boucher, J. (1986) *La Cour de Henri III*, La Guerche-de-Bretagne.

Bouhours, D. (1687) *La Manière de bien penser dans les ouvrages de l'esprit.*

Bourdaloue, L. (1707) *Sermons pour le caresme*, 3 vols.

Bourdieu, P. and J.-C. Passeron (1970) *Reproduction in Education, Society and Culture*, English trans., Beverly Hills, CA, 1977.

Bouvet, J. (1699) *L'histoire de l'empereur de la Chine*, The Hague.

Bowlt, J. E. (1978) 'Russian sculpture and Lenin's plan of monumental propaganda', in *Art and Architecture in the Service of Politics*, ed. H. A. Millon and L. Nochlin, Cambridge, MA, 182–93.

Boyer, A. (1703–13) *The History of the Reign of Queen Anne Digested into Annals*, London.

Brice, G. (1698) *Description nouvelle de la ville de Paris*, 2 vols.

Brockliss, L. W. B. (1987) *French Higher Education in the Seventeenth and Eighteenth Centuries*, Oxford.

Brown, J. (1988) 'Enemies of flattery: Velázquez' portraits of Philip IV', in *Art and History*, ed. R. I. Rotberg and T. K. Rabb, Cambridge, 137–54.

Brown, J. and J. H. Elliott (1980) *A Palace for a King*, New Haven, CT and London.

Brunot, F. (1917) *Histoire de la langue française* 5 (rpr. 1966).

Bryant, L. M. (1986) *The King and the City in the Parisian Royal Entry Ceremony*, Geneva.

Bryson, N. (1981) *Word and Image*, Cambridge.

Burke, K. (1939–40) 'The rhetoric of Hitler's battle', reprinted in *Language and Politics*, ed. M. Shapiro, Oxford, 1984, ch. 5.

Burke, P. (1987) *Historical Anthropology of Early Modern Italy*, Cambridge.

Burke, P. (1990) 'Historians, anthropologists and symbols', in *Culture Through Time*, ed. E. Ohnuki Tierney, Stanford, CA, pp. 268–323.

Burke, P. (*c*. 1993) 'The demise of royal mythologies', forthcoming in A. Ellenius (ed.) *Iconography and Ideology*.

Bussy Rabutin, R. (1930) *Histoire amoureuse des Gaules (1665), suivie de La France Galante*, etc., ed. G. Mongrédien, 2 vols.

Campanella, T. (1915) *Poésie*, ed. G. Gentile, Bari.

Campbell, M. (1977) *Pietro da Cortona at the Pitti Palace*, Princeton, NJ.

Cannadine, D. and S. Price, (eds) (1987) *Rituals and Royalty*, Cambridge.

Carew, G. (1749) 'A relation of the state of France', in *An Historical View*, ed. T. Birch, London, 415–528.

Cérémonial français des années 1679, 1680 et 1681, ms B.N., fonds français, 7831.

Chantelou, P. de (1889) *Journal de Voyage du Cavalier Bernin en France*, ed. L. Lalanne, rpr. 1981.

Chapelain, J. (1883) *Lettres*, 2, ed. P. Tamizey de Larroque.

Chapelain, J. (1936) *Opuscules critiques*, ed. A. Hunter.

Chapelain, J. (1964) *Lettere inedite*, ed. P. Ciureanu, Genoa.

Charlesworth, M. P. (1937) 'The virtues of a Roman emperor', *Proceedings of the British Academy* 23, 105–27.

Charpentier, F. (1676) *Defense de la langue françoise pour l'inscription de l'Arc de Triomphe.*

Charpentier, F. (1724) *Carpentariana.*

Chartier, R. (1990) *Les Origines culturelles de la révolution française.*

Châtelain, U. (1905) *Fouquet.*

Chevalier, N. (1692) *Histoire de Guillaume III*, Amsterdam.

Chevalier, N. (1711) *Relation des campagnes de l'année 1708 et 1709*, Utrecht.

Christout, M. F. (1967) *Le Ballet de cour de Louis XIV*, 1643–72.

Church, W. F. (1972) *Richelieu and Reason of State*, Princeton, NJ.

Clément, P. (1866) *La Police sous Louis XIV.*

Clément, P. (ed.) (1868) *Lettres, instructions et mémoires de Colbert*, 5, part 2.

Coirault, Y. (1965) *L'Optique de Saint-Simon.*

Collas, G. (1912) *Jean Chapelain.*

Combes, le sieur de (1681) *Explication historique de ce qu'il y a de plus remarquable dans la maison royale de Versailles.*

Coquault, O. (1875) *Mémoires 1649–68*, ed. C. Loriquet, Reims.

Corneille, P. (1987) *Oeuvres*, 3, ed. G. Couton.

Corvisier, A. (1964) *L'Armée française de la fin du 17e siècle au ministère de Choiseul: le soldat*, 2 vols.

Corvisier, A. (1983) *Louvois.*

Courtin, A. de (1671) *Nouveau traité de la civilité*, Basle.

Couton, G. (1976) 'Effort publicitaire et organisation de la recherche', *Actes du sixième colloque de Marseille*, ed. R. Duchene, Marseilles.

Cracraft, J. (1988) *The Petrine Revolution in Russian Architecture*, Chicago.

Curtius, E. R. (1947) *European Literature and the Latin Middle Ages*, English trans., New York, 1954.

[Dalicourt, P.] (1668) *La Campagne royale.*

Demoris, R. (1978) 'Le corps royal et l'imaginaire au 17e siècle: *Le portrait du roy* par Félibien', *Revue des sciences humaines* 172, 9–30.

Depping, G. P. (ed.) (1855) *Correspondance administrative sous le règne de Louis XIV*, 4, part 4.

Description (1686) du monument érigé à la gloire du roy par M. le Maréchal Duc de la Feuillade.

Desmarets, J. (1673) *Au Roy, sur la prise de Mastrich.*

Desmarets, J. (1674) *Au Roy, sur sa seconde conquête de Franche-Comté.*

Dilke, E. (1888) *Art in the Modern State*, London.

Dipper, C. and W. Schieder (1984) 'Propaganda', in *Geschichtliche Grundbegriffe* 5, Stuttgart, 69–112.

Dodge, G. H. (1947) *The Political Theory of the Huguenots of the Dispersion*, New York.

Dotoli, G. (1983) 'Il *Mercure Galant* di Donneau de Visé', *Quaderni del '600 francese* 5, 219–82.

Drake, H. A. (1976) *In Praise of Constantine*, Berkeley, CA.

Dreyss, C. (1859) *Etude sur la composition des mémoires de Louis XIV*, rpr. Geneva, 1871.

Dreyss, C. (ed.) (1860) *Mémoires de Louis XIV*, 2 vols.

Dubois, A. (1965), *Journal d'un curé de campagne*, ed. H. Platelle.

Du Bos, J.-B. (1709) *Histoire de la Ligue de Cambrai.*

Duchene, R. (ed.) (1985) *De la mort de Colbert à la Revocation de l'Edit de Nantes: un monde nouveau?* Marseilles.

Duchhardt, H. (1981) '*Imperium* und *Regna*', *Historische Zeitschrift* 232, 555–83.

Dupleix, S. (1635) *Histoire de Louis le Juste.*

Dussieux, L. et al. (eds) (1854) *Mémoires inédits de l'Académie Royale de Peinture et de Sculpture.*

Edelman, N. (1946) *Attitudes of Seventeenth-Century French toward the Middle Ages*, New York.

Ehalt, H. C. (1980) *Ausdrucksformen absolutistischer Herrschaft: Der Wiener Hof in 17. und 18. Jht*, Munich.

Eisenstadt, S. N. (1979) 'Communication patterns in centralized empires', in *Propaganda and Communication in World History*, ed. H. Lasswell, D. Lerner and H. Speier, Honolulu, 1, 536–51.

Elias, N. (1969) *The Court Society*, English trans., Oxford, 1983.

Ellenius, A. (1966) *Karolinska bildidéer*, Stockholm.

Elliott, J. H. (1977) 'Philip IV of Spain: prisoner of ceremony', in *The Courts of Europe*, ed. A. G. Dickens, London, 169–90.

Elliott, J. H. (1986) *The Count-Duke of Olivares*, New Haven, CT and London.

Elliott, J. H. (1989) *Spain and its World 1500–1700*, New Haven, CT and London.

Evelyn, J. (1697) *Numismata*, London.

Félibien, A. (1674) *Les Divertissements de Versailles.*

Félibien, A. (1680) 'Le Grand Escalier de Versailles', Appendix to Jansen (1981).

Félibien, A. (1688) *Recueil des descriptions de peintures et d'autres ouvrages faits pour le roi.*

Félibien, J.-F. (1703) *Description sommaire de Versailles.*

Ferrier-Caveriviere, N. (1978) 'Louis XIV et ses symboles dans l'Histoire Metallique', *17e siècle*, 34, 19–30.

Ferrier-Caveriviere, N. (1981) *L'Image de Louis XIV dans la littérature française.*

Feuchtmüller, R. and E. Kovács (eds) (1986) *Welt des Barock*, 2 vols, Vienna.

Feyel, G. (1982) *La Gazette en province à travers ses réimpressions 1631–1752*, Amsterdam and Maarssen.

Finnegan, R. (1970) *Oral Literature in Africa*, Oxford.

Fléchier, E. (1670) *Circus regius.*

Fléchier, E. (1696) *Panegyriques*, 2 vols.

Florisoone, M. (1962) *Charles Le Brun premier directeur de la manufacture royale des Gobelins.*

Forster, K. (1971) 'Metaphors of rule: political ideology and history in the portraits of Cosimo I de'Medici', *Mitteilungen des Kunsthistorischen Institutes in Florenz* 15, 65–104.

Fossier, F. (1985) 'A propos du titre d'historiographe sous l'ancien régime', *Revue d'histoire moderne et contemporaine* 32, 361–417.

Foucault, M. (1966) *The Order of Things*, English trans., London, 1970.

France, P. (1972) *Rhetoric and Truth in France*, Oxford.

France, P. (1982) 'Equilibrium and excess', in *The Equilibrium of Wit*, ed. P. Bayley and D. G. Coleman, Lexington, MA, 249–61.

Freedberg, D. (1989) *The Power of Images*, Chicago.

Furetière, A. (1674) *Ode sur la seconde conquête de Franche-Comté.*

Furetière, A. (1690) *Dictionnaire universel*, 3 vols, The Hague and Rotterdam.

Gagé, J. (1955) *Apollon romain*.

Gaiffe, F. (1924) *L'Envers du grand siècle*.

Gaxotte, P. (ed.) (1930) *Lettres de Louis XIV*.

Gazette [*Recueil des Gazettes, Recueil des Nouvelles*], 1660–1715.

Geertz, C. (1980) *Negara: the Theater State in Nineteenth-Century Bali*, Princeton, NJ.

Geffroy, A. (ed.) (1885) *Recueil des instructions données aux ambassadeurs et ministres de France*.

Genest, C. C. (1672) *Ode pour le roi sur ses conquestes*.

Gersprach, E. (1893) *Repertoire des tapisseries des Gobelins*.

Giesey, R. (1985) 'Models of rulership in French royal ceremonial', in *Rites of Power*, ed. S. Wilentz, Philadelphia, 41–64.

Giesey, R. (1987) 'The King imagined', in *The Political Culture of the Old Regime*, ed. K. M. Baker, Oxford, 41–59.

Gillot, H. (1914a) *La Querelle des anciens et des modernes*, Nancy.

Gillot, H. (1914b) *Le Règne de Louis XIV et l'opinion publique en Allemagne*, Nancy.

Glaesemer, J. (1974) *J. Werner*, Zürich and Munich.

Godard, L. (ed.) (1987) *D'un siècle à l'autre: anciens et modernes*, Marseilles.

Godelier, M. (1982) *The Making of Great Men*, English trans., Cambridge, 1986.

Goffman, E. (1959) *The Presentation of Self in Everyday Life*, New York.

Goubert, P. (1966) *Louis XIV and Twenty Million Frenchmen*, English trans., London, 1970.

Gouhier, H. (1958), 'Le refus du symbolisme dans l'humanisme cartésien', in E. Castelli (ed.) *Umanesimo e simbolismo*, Padua, 65–74.

Gould, C. (1981) *Bernini in France*, London.

Grell, C. and C. Michel (1988) *L'École des Princes ou Alexandre disgracié*.

Grivet, M. (1986) *Le Commerce de l'estampe à Paris au 17e siècle*.

Gros, E. (1926) *Quinault*, Paris and Aix-en-Provence.

Grove, G. (1980) *Dictionary of Music and Musicians*, ed. S. Sadie, 20 vols, London.

Guillet de Saint-Georges, G. (1854) 'Discours sur le portrait du roy', in Dussieux et al. 1, 229–38.

Guillou, E. (1963) *Versailles, le Palais du Soleil*.

Gusdorf, G. (1969) *La Révolution galiléenne*, 2 vols.

Habermas, J. (1962) *The Structural Transformation of the Public Sphere*, English trans., Cambridge, 1989.

Hahn, R. (1971) *The Anatomy of a Scientific Institution: the Paris Academy of Sciences, 1666–1803*, Berkeley, CA.

Hall, G. (1987) 'Le siècle de Louis le Grand: l'évolution d'une idée', in Godard, 43–52.

Hanley, S. (1983) *The* Lit de Justice *of the Kings of France*, Princeton, NJ.

Hansmann, W. (1986) *Balthasar Neumann*, Cologne.

Harris, E. (1976) 'Velázquez' portait of Prince Baltasar Carlos in the Riding School', *Burlington Magazine* 118, 266–75.

Hartle, R. (1957) 'Lebrun's *Histoire d'Alexandre* and Racine's *Alexandre le Grand*', *Romanic Review* 48, 90–103.

Hartung, F. (1949) '*L'état c'est moi*', *Historische Zeitschrift* 169, 1–30.

Hassinger, E. (1951) *J. J. Becher*, Vienna.

Hatton, R. (1972) *Louis XIV and his World*, London.

Haueter, A. (1975) *Die Krönungen der französischen Könige im Zeitalter des Absolutismus und in der Restauration*, Zurich.

Hautecoeur, L. (1953) *Louis XIV roi soleil.*

Hawlik-van de Water, M. (1989) *Der Schöne Tod: Zeremonialstrukturen des Wiener Hofes bei Tod und Begrabung zwischen 1640 und 1740*, Vienna.

Hazard, P. (1935) *La Crise de la conscience europeénne*; English trans., *The European Mind 1680–1720*, New Haven, CT, 1952.

Heale, M. J. (1982) *The Presidential Quest*, London.

Held, J. S. (1958) 'Le roi à la chasse', *Art Bulletin* 40, 139–49.

l'Herault de Lionniere, T. (1692) *Panegyrique historique de Louis le Grand pour l'Année 1689.*

d'Herbelot, B. (1697) *Bibliothèque orientale.*

Herbette, M. (1907) *Une Ambassade persane sous Louis XIV.*

Himelfarb, H. (1986) 'Versailles, fonctions et légendes', in Nora, 1, 235–92.

Histoire de l'Académie Royale des Inscriptions (1740) 3 vols.

Hobsbawm, E. J. and T. Ranger (eds) (1983) *The Invention of Tradition*, Cambridge.

Hölscher, L. (1978) 'Öffentlichkeit', in *Geschichtliche Grundbegriffe*, ed. O. Brunner, W. Conze and R. Koselleck, 4, Stuttgart, 413–67.

Hofmann, C. (1985) *Das Spanische Hofzeremoniell von 1500–1700*, Frankfurt.

Hofmann, H. (1974) *Repräsentation: Studien zur Wort- und Begriffsgeschichte von der Antike bis ins 19. Jht*, Berlin.

Holub, R. C. (1984) *Reception Theory*, London.

Hurel, A. J. (1872), *Les Orateurs sacrés a la cour de Louis XIV*, rpr. Geneva, 1971.

Hymes, D. (1974) *Foundations in Sociolinguistics*, Philadelphia.

Isherwood, R. (1973) *Music in the Service of the King*, Ithaca, NY and London.

Jackson, R. (1984) *Vive le roi!* Chapel Hill, NC.

Jacquiot, J. (1968) *Médailles et jetons*, 4 vols.

Jammes, A. (1965) 'Louis XIV, sa bibliothèque et le cabinet du roi', *The Library* 20, 1–12.

Janmart, J. (1888) *Histoire de Pierre du Marteau.*

Jansen, B. (1981) *Der Grand Escalier de Versailles*, Bochum, Diss.

Jauss, H.-R. (1964) 'Ästhetischen Normen und geschichtliche Reflexion in der *Querelle des anciens et des modernes*', in Perrault (1688–97), 8–64.

Jenkins, M. (1947) *The State Portrait* (no place of publication).

Johnson, K. O. (1981) '*Il n'y a plus de Pyrénées*: the iconography of the first Versailles of Louis XIV', *Gazette des Beaux-Arts* 98, 29–40.

Johnson, N. R. (1978) *Louis XIV and the Enlightenment.*

Jones, M. (1979a) *Medals of the Sun King*, London.

Jones, M. (1979b) *The Art of the Medal*, London.

Jones, M. (1982–3) 'The medal as an instrument of propaganda in late seventeenth- and early eighteenth-century Europe', *Numismatic Chronicle* 142, 117–25, and 143, 202–13.

Josephson, R. (1928) 'Le monument de Triomphe pour le Louvre', *Revue de l'art ancien et moderne* 32, 21–34.

Josephson, R. (1930) *Nicodème Tessin à la cour de Louis XIV.*

Jouin, H. (ed.) (1883) *Conférences de l'Académie Royale de Peinture.*

Jouin, H. (1889) *Charles Le Brun.*

Jouvancy, J. de (1686) *Clovis.*

Jump, J. D. (1974) *The Ode*, London.

Kantorowicz, E. H. (1957) *The King's Two Bodies*, Princeton, NJ.

Kantorowicz, E. H. (1963) 'Oriens Augusti – Lever du Roi', *Dumbarton Oaks Papers* 17, 117–77.

Kenez, P. (1985) *The Birth of the Propaganda State: 'Mass Mobilisation' in Russia, 1917–29*, Cambridge.

Keohane, N. O. (1980) *Philosophy and the State in France*, Princeton, NJ.

Kershaw, I. (1987) *The 'Hitler Myth': Image and Reality in the Third Reich*, Oxford.

Kertzer, D. (1988) *Ritual, Politics and Power*, New Haven, CT and London.

Kettering, S. (1986) *Patrons, Brokers and Clients in Seventeenth-Century France*, New York.

King, J. E. (1949) *Science and Rationalism in the Government of Louis XIV*, Baltimore, MD.

Klaits, J. (1976) *Printed Propaganda under Louis XIV*, Princeton, NJ.

Kleyser, F. (1935) *Der Flugschriftenkampf gegen Ludwig XIV zur Zeit des pfälzischen Krieges*, Berlin.

Köpeczi, B. (1983) *Staatsräson und christliche Solidarität: Die ungarische Aufstände und Europa in der zweiten Hälfte des 17. Jahrhunderts*, Budapest.

Kortum, H. (1966) *Charles Perrault und Nicolas Boileau*, Berlin.

Kostof, S. (1978) 'The Emperor and the Duce', in *Art and Architecture in the Service of Politics*, ed. H. A. Millon and L. Nochlin, Cambridge, MA, 270–325.

Kovács, E. (1986) 'Die Apotheose des Hauses Österreich', in Feuchtmüller and Kovács, 53–85.

Krüger, R. (1986) *Zwischen Wunder und Wahrscheinlichkeit: Die Krise des französischen Versepos im 17. Jahrhundert*, Marburg.

Kunzle, D. (1973) *The Early Comic Strip*, Berkeley, CA.

Labatut, J. P. (1984) *Louis XIV roi de gloire.*

La Beaune, J. de (1684) *Ludovico Magno Panegyricus.*

La Bruyère, J. (1960) *Les Caractères* (1688), rpr. ed. G. Mongrédien.

La Bruyère, J. (1693) 'Discours de réception à l'Académie Française', ibid., 429–56.

Lacour-Gayet, G. (1898) *L'Éducation politique de Louis XIV.*

La Fontaine, J.(1948) *Oeuvres diverses*, ed. P. Clarac.

Lanier, L. (1883) *Etude historique sur les relations de la France et du royaume de Siam de 1662 à 1703*, Versailles.

La Porte, P. de (1755) *Mémoires*, second edn, Geneva, 1756.

La Rue, C. de (1683) *Ludovicus Pius.*

La Rue, C. de (1987) 'Regi epinicion', trans. P. Corneille as 'Poème sur les victoires du roi en 1667', in Corneille 3, 709–18.

La Rue, C. de (1829) *Sermons*, 2 vols.

Lasswell, H. (1936) *Politics: Who gets what, when, how*, second edn, New York, 1958.

Laurain-Portemer, M. (1968) 'Mazarin, Benedetti et l'escalier de la Trinité des Monts', *Gazette des Beaux-Arts* 110, 273–9.

Lavin, I. (1987) 'Le Bernin et son image du Roi-Soleil' in *Il se rendit en Italie: études offertes à André Chastel*, Rome, 441–65.

Lavisse, E. (1906) *Louis XIV.*

Lecoq, A.-M. (1986) 'La symbolique de l'état', in Nora, 145–92.

Lecoq, A.-M. (1987) *François I imaginaire.*

Lee, R. W. (1940) *Ut Pictura Poesis: the Humanistic Theory of Painting*, rpr. New York, 1967.

Legg, L. G. Wickham (1921) *Matthew Prior*, Cambridge.

Le Goff, J. (1986) 'Reims, ville du Sacre', in *Les Lieux de mémoire*, ed. P. Nora, 2, *La nation*, 1, 89–184.

Leith, J. A. (1965) *The Idea of Art as Propaganda in France 1750–99*, Toronto.

Le Jay, G. (1687) *Le Triomphe de la religion sous Louis le Grand.*

Le Roi, J. A. (ed.) (1862) *Journal de la santé du roi Louis XIV.*

Le Roy Ladurie, E. (1984) 'Réflections sur la Régence', *French Studies* 38, 286–305.

Lévy-Bruhl, L. (1921) *La Mentalité primitive.*

Lister, M. (1699) *A Journey to Paris in the Year 1698*, London.

Locke, J. (1690) *Two Treatises of Government*, ed. P. Laslett, Cambridge, 1960.

Locke, J. (1953) *Journal*, ed. J. Lough, Cambridge.

Loewe, V. (1924) *Ein Diplomat und Gelehrter, Ezechiel Spanheim*, Berlin.

Longin, E. (1900) *François de Lisola*, Dole.

Longnon, J. (ed.) (1927) *Louis XIV, Mémoires*, rpr. 1983.

L'Orange, H. P. (1953) *Studies on the Iconography of Cosmic Kingship in the Ancient World*, Oslo.

Lottin, A. (1968) *Vie et mentalité d'un Lillois sous Louis XIV*, Lille, second edn, Paris.

Lotz, W. (1969) 'Die Spanische Treppe', *Römische Jahrbuch*, rpr. in *Politische Architektur*, ed. M. Warnke, Cologne, 1984, 175–223.

Louis XIV (1806) *Oeuvres*, 6 vols.

Louis XIV, *Lettres*, see Gaxotte (1930).

Louis XIV, *Mémoires*, see Dreyss (1860); Longnon (1927).

Lünig, J. C. (1719–20) *Theatrum Ceremoniale Historico-Politicum*, 2 vols, Leipzig.

Lux, D. S. (1989) *Patronage and Royal Science in Seventeenth-century France*, Ithaca, NY.

Maber, R. (1985) 'Colbert and the Scholars', *17th-Century French Studies* 7, 106–14.

McCormick, M. (1986) *Eternal Victory: Triumphal Rulership in Late Antiquity, Byzantium and the Early Medieval West*, Cambridge.

McGinniss, J. (1968) *The Selling of the President*, New York.

McGowan, M. (1985) *Ideal Forms in the Age of Ronsard*, Berkeley, CA.

Magalotti, L. (1968) *Relazioni di Viaggio*, ed. W. Moretti, Bari.

Magne, B. (1976) *Crise de la littérature française.*

Magne, E. (1909) *Le plaisant abbé de Boisrobert.*

Mai, W. W. E. (1975) *Le Portrait du roi: Staatsporträt und Kunsttheorie in der Epoche Ludwigs XIV*, Bonn.

Maintenon, F. de (1887) *Mme de Maintenon d'après sa correspondance authentique*, ed. A. Geffroy, 2 vols.

Mallon, A. (1985) 'L'Académie des Sciences à Paris (1683–5): une crise de direction?', in Duchene, 17–34.

Malssen, P. J. W. van (1936) *Louis XIV d'après les pamphlets répandus en Hollande*, Amsterdam.

Mandlmayr, M. C. and K. Vocelka (1985) 'Christliche Triumphfreude'. *Südostforschungen* 44, 99–137.

Marder, T. A. (1980) 'Bernini and Benedetti at Trinità dei Monti', *Art Bulletin* 62, 286–9.

Marin, L. (1981) *Portrait of the King*, English trans., London, 1988.

Marrinan, M. (1988) *Painting Politics for Louis-Philippe*, New Haven, CT and London.

Martin, H. J. (1969) *Livre, pouvoir et société à Paris au 17e siècle*, 2 vols.

Martin, M. (1986) *Les Monuments équestres de Louis XIV.*

Massillon, J.-B. (1865) *Oeuvres*, ed. E. A. Blampignon, 2 vols, Bar-le-Duc.

Maumené, C. and L. d'Harcourt (1932) *Iconographie des rois de France*, vol. 2.

Mazarin, G. (1906) *Lettres*, vol. 9, ed. G. D'Avenel.

Médailles (1702) *sur les principaux événements du règne de Louis le Grand* (2 editions, folio and quarto).

Médailles (1723) *sur les principaux événements du règne entier de Louis le Grand.*

Mélèse, P. (1936) *Donneau de Visé.*

Melograni, P. (1976) 'The Cult of the Duce in Mussolini's Italy', *Journal of Contemporary History* 11, 221–37.

Mémoires inédites, see Dussieux et al. (1854).

Menestrier, C.-F. (1681) *Des Représentations en musique anciennes et modernes*.

Menestrier, C.-F. (1684) *L'Art des emblèmes*, rpr. Mittenwald (1981).

Menestrier, C.-F. (1689) *Histoire du roy Louis le Grand par les medailles*.

'Menestrier, C.-F.' (1691) *Histoire du roy Louis le Grand par les medailles* (the counterfeited edition).

Menestrier, C.-F. (1701) *Décorations faites dans la ville de Grenoble*, Grenoble.

Menot, A. (1987) 'Décors pour le Louvre de Louis XIV; le mythologie politique à la fin de la Fronde', in *La Monarchie absolutiste et l'histoire en France*, ed. F. Laplanche and C. Grell, 113–24.

Mercure Galant, 1672–1715.

Mesnard, P. (1857) *Histoire de l'Académie Française*.

Mettam, R. (1988) 'Power, status and precedence: Rivalries among the provincial elites of Louis XIV's France', *Transactions of the Royal Historical Society* 38, 43–62.

Meyer, J. (1981) *Colbert*.

Michel, C. (1987) 'Les enjeux historiographiques de la querelle des anciens et des modernes', in *La Monarchie absolutiste et l'histoire en France*, ed. F. Laplanche and C. Grell, 139–54.

Mickelson, S. (1972) *The Electric Mirror: Politics in an Age of Television*, New York.

Mirot, L. (1924) *Roger de Piles*.

Moine, M.-C. (1984) *Les Fêtes à la cour du roi soleil*.

Molière, J.-B. (1971) *Oeuvres complètes*, ed. G. Couton, 2 vols.

Mongin, E. (1716) *Oraison funèbre de Louis le Grand*.

Montagu, J. (1968) 'The painted enigma and French seventeenth-century art', *Journal of the Warburg and Courtauld Institutes* 31, 307–35.

Montaiglon, A. de (1875–8 edn) *Procès-verbaux de l'Académie Royale de peinture et Sculpture*, 2 vols.

Montesquieu, C.-L. de (1721) *Lettres persanes*.

Montesquieu, C.-L. de (1973) *Oeuvres*.

Moran, M. (1990) *La imagen del rey: Felipe V y el arte*, Madrid.

Moraw, P. (1962) 'Kaiser und Geschichtschreiber um 1700', *Die Welt als Geschichte* 22, 162–203.

Morgan, B. (1929) *Histoire du* Journal des Savants *depuis 1665 jusqu'en 1701*.

Möseneder, K. (1983) *Zeremoniell und monumentale Poesie: Die 'Entrée Solennelle' Ludwigs XIV. 1660 in Paris*, Berlin.

Naudé, G. (1639) *Considérations politiques sur les coups d'état*.

Néraudau, J. P. (1986) *L'Olympe du roi-soleil*.

Neveu, B. (1988) 'Du culte de Saint Louis à la glorification de Louis XIV: la maison royale de Saint-Cyr', *Journal des Savants*, 277–90.

Nivelon, C. (n.d.) *Vie de Charles le Brun*, ms, BN, fonds français 12, 987.

Nora, P. (ed.) (1984–6) *Les Lieux de mémoire*, 4 vols.

Northleigh, J. (1702) *Topographical Descriptions*, London.

Oresko, R. (1989) 'The *Histoire Métallique* of Louis XIV and the Diplomatic Gift', *Médailles et Antiques* I, 49–55.

Orso, S. N. (1986) *Philip IV and the Decoration of the Alcázar of Madrid*, Princeton, NJ.

Ozouf, M. (1976) *Festivals and the French Revolution*, English trans., Cambridge, MA, 1988.

Pardailhé-Galabrun, A. (1988) *La Naissance de l'intime*.

Pastor, L. von (1940) *History of the Popes*, 32, London.

Pellisson, P. (1735) *Oeuvres diverses*.

Pellisson, P. (1749) *Histoire de Louis XIV*.

Pepys, S. (1970–83) *Diary*, ed. R. Latham and W. Matthews, London.

Perrault, C. (1670a) *Courses de testes et bagues*.

Perrault, C. (1670b) *Festiva ad capita annulumque Decursio*.

Perrault, C. (1686) *Saint Paulin evesque de Nole*.

Perrault, C. (1687) *Le Siècle de Louis le Grand*.

Perrault, C. (1688–97) *Parallèle des anciens et des modernes*, rpr. Munich, 1964.

Perrault, C. (1909) *Mémoires*, ed. P. Bonnefon.

Perrault, C. and I. Bensarade (1679) *Labyrinte de Versailles*.

Perry, J. M. (1968) *The New Politics*, New York.

Petzet, M. (1982) 'Das Triumphbogen-monument für Ludwig XIV auf der Place du trône', *Zeitschrift für Kunstgeschichte* 45 (1982), 145–94.

Pevsner, N. (1961) *The Buildings of England: Northamptonshire*, Harmondsworth.

Picard, R. (1956) *La Carrière de Jean Racine*.

Piles, R. de (1699) *Abrégé de la vie des peintres*.

Pincemaille, C. (1985) 'La guerre de Hollande dans la programme iconographique de Versailles', *Histoire Economie et Société* 4, 313–33.

Pitkin, H. F. (1967) *The Concept of Representation*, Berkeley, CA.

Pocock, G. (1980) *Boileau and the Nature of Neo-classicism*, Cambridge.

Podlach, A. (1984) 'Repräsentation', *Geschichtliche Grundbegriffe* 5, 509–47.

Polleross, F. B. (1986) 'Repräsentation der Habsburger in der bildenden Kunst', in Feuchtmüller and Kovács, 87–103.

Polleross, F. B. (1987) 'Sonnenkönig und Österreichische Sonne', *Wiener Jahrbuch für Kunstgeschichte* 40, 239–56.

Polleross, F. B. (1988) *Das sakrale Identifikationsporträt*, 2 vols, Worms.

Pommier, E. (1986) 'Versailles', in Nora, 1, 193–234.

Posner, D. (1959) 'Lebrun's Triumphs of Alexander', *Art Bulletin* 41, 237–48.

Poussin, N. (1964) *Lettres et propos sur l'art*, ed. A. Blunt.

Pozzi, E. (1990) 'Il corpo del Duce', in *Gli occhi di Alessandro*, ed. S. Bertelli, Florence, 170–83.

Pribram, A. F. (1894) *Franz Paul, Freiherr von Lisola*, Leipzig.

Price, S. (1984) *Rituals and Power*, Cambridge.

Prior, M. (1959) *The Literary Works*, ed. H. B. Wright and M. K. Spears, 2 vols, Oxford.

Quartier, P. (1681) *Constantin ou le triomphe de la religion*.

Quinault, P. (1739) *Théâtre*, 5 vols.

Quiqueran de Beaujeu, H. de (1715) *Oraison funèbre de Louis XIV*.

Racine, J. (1951–2) *Oeuvres complètes*, ed. R. Picard, 2 vols.

Rainssant, P. (1687) *Explication des tableaux de la galerie de Versailles*.

Rance, A.-J. (1886) *L'Académie d'Arles au 17e siècle*, 3 vols.

Ranum, O. (1980) *Artisans of Glory*, Chapel Hill, NC.

Rapin, R. (1677) *Instructions pour l'histoire*.

Raunié, E. (ed.) (1879) *Chansonnier historique du 18e siècle*, 10 vols.

Rave, P. O. (1957) *Das Ladenschild des Kunsthändlers Gersaint*, Stuttgart.

Récit (1685) *de ce qu'est fait à Caen*, Caen.

Reinach, S. (1905) *Cultes, mythes et religions*.

Relation (1660) *was für Ceremonien, Magnificentz . . . bey Vollziehung des königl. Heyraths zwischen Lodovico XIV . . . und Maria Teresia* (no place of publication).

Relations (1687) *de l'erection de la statue à Poitiers*, Poitiers.

Roche, D. (1978) *Le siecle des lumieres en province*, Paris/The Hague.

Römer, P. (1967) *Molières Amphitryon und sein gesellschaftlicher Hintergrund*, Bonn.

Roosen, W. (1980) 'Early modern diplomatic ceremonial: a systems approach', *Journal of Modern History* 52, 452–76.

Rosasco, B. (1989) 'Masquerade and enigma at the court of Louis XIV', *Art Journal* 48, 144–9.

Rosenfield, L. C. (1974) 'Glory and antiglory in France's age of glory', *Renaissance Studies in Honor of I. Silver*, Lexington, MA, 283–307.

Rothkrug, L. (1965) *The Opposition to Louis XIV*, Princeton, NJ.

Rothschild, J. de (ed.) (1881) *Lettres en vers*, 2 vols.

Rotrou, J. (1950) *Cosroès*, ed. J. Scherer, Paris.

Rousset, C. (1865) *Histoire de Louvois*, 2 vols.

Roy, A. (1983) 'Pouvoir municipal et prestige monarchique: les entrées royales', in *Pouvoir ville et société*, ed. G. Livet and B. Vogler, 317–22.

Sabatier, G. (1984) 'Le roi immobile', *Silex* 27–8, 86–101.

Sabatier, G. (1985) 'Versailles, un imaginaire politique', *Culture et idéologie dans la genèse de l'état moderne*, Rome, 295–324.

Sabatier, G. (1988) 'Le parti figuratif dans les appartements, l'escalier et la galerie de Versailles', *17e siècle* 161, 401–26.

Sagnac, P. (1945) *Formation de la société française moderne*, 2 vols.

Sahlins, M. (1985) *Islands of History*, Chicago.

Saint-Maurice, T. F. de (1910) *Lettres sur la cour de Louis XIV 1667–73*, ed. J. Lemoine, 2 vols.

Saint-Simon, L. de (1983–8) *Mémoires*, ed. Y. Coirault, 8 vols.

Schama, S. (1988) 'The domestication of majesty: royal family portraiture 1500–1850', in *Art and History*, ed. R. I. Rotberg and T. K. Rabb, Cambridge, 155–83.

Schieder, W. and C. Dipper (1984) 'Propaganda', *Geschichtliche Grundbegriffe*, Stuttgart, 5, 69–112.

Schmidt, P. (1907) 'Deutsche Publizistik in den Jahren 1667–71', *Mitteilungen des Instituts für Österreichische Geschichtsforschung* 28, 577–630.

Schnapper, A. (1967) *Tableaux pour le Trianon de marbre, 1688–1714*.

Schnapper, A. (1988) 'The king of France as collector in the seventeenth century', in *Art and History*, ed. R. I. Rotberg and T. K. Rabb, Cambridge, 185–202.

Schochet, G. (1975) *Patriarchalism in Political Thought*, Oxford.

Schramm, P. (1939) *Der König von Frankreich*, 2 vols, Weimar.

Schramm, W. (1963) 'Communications research in the United States', in *The Science of Human Communication*, ed. Schramm, New York, 1–15.

Schwartzenberg, A. (1977) *L'État-spectacle*.

Schwoerer, L. G. (1977) 'Propaganda in the revolution of 1688–9', *American Historical Review* 82, 843–74.

Scudéry, M. de (1654–61) *Clélie*.

Scudéry, M. de (1669) *La Promenade de Versailles*, rpr. 1920.

Scudéry, M. de (1671) *Discours de la gloire*.

Sedlmayr, H. (1954) 'Allegorie und Architektur', rpr. in *Politische Architektur in Europa*, ed. M. Warnke, Cologne, 1984, 157–74.

Seux, M.-J. (1967) *Epithètes royales akkadiennes et sumériennes*.

Shils, E. (1975) *Center and Periphery*, Chicago.

Silin, C. I. (1940) *Bensarade and his Ballet de Cour*, Baltimore, MD.

Simson, O. von (1936) *Zur Genealogie der weltliche Apotheose in Barock*, Leipzig.

Sohier, J. (1706) *Gallerie . . . dédiée a la gloire de Louis le Grand*, ms, B.N., fonds français 6997.

Solomon, H. (1972) *Public Welfare, Science and Propaganda in Seventeenth-Century France*, Princeton, NJ.

Sonnino P. (1964) 'The dating and authorship of Louis XIV's memoirs', *French Historical Studies* 3, 303–37.

Sonnino, P. (1973–4) 'Louis XIV's *Mémoire pour l'histoire de la guerre de Hollande*', *French Historical Studies* 8, 29–50.

Soriano, M. (1968) *Les Contes de Perrault*, second edn 1977.

Soriano, M. (1972) *Le Dossier Perrault*.

Souchal, F. (1983) 'Des statues équestres sous le règne de Louis XIV', in *Pouvoir ville et société*, ed. G. Livet and B. Vogler, 309–16.

Southorn, J. (1988) *Power and Display*, Cambridge.

Spanheim, E. (1900) *Relation de la cour de France*, ed. E. Bourgeois.

Speck, W. A. (1972) 'Political propaganda in Augustan England', *Transactions of the Royal Historical Society* 22, 17–32.

Spitzer, L. (1931) 'St-Simon's portrait of Louis XIV', English trans. in his *Essays on Seventeenth-Century French Literature*, ed. D. Bellos, Cambridge, 1983, Chapter 2.

Ssymank, P. (1898) *Ludwig XIV in seinen eigenen Schriften und im Spiegel der zeitverwandten Dichtung*, Leipzig, Diss.

Stankiewicz, W. J. (1960) *Politics and Religion in Seventeenth-Century France*, Berkeley, CA.

Stern, J. P. (1975) *Hitler: the Führer and the People*, London.

Stopfel, W. E. (1964) *Triumphbogen in der Architektur des Barock in Frankreich und Deutschland*, Freiburg, Diss.

Storer, M. E. (1935) 'Information furnished by the *Mercure Galant* on the French Provincial Academies in the Seventeenth Century', *Publications of the Modern Language Society of America* 50, 444–68.

Strong, R. (1984) *Art and Power*, Woodbridge.

Swift, J. (1983) *Complete Poems*, ed. P. Rogers, New Haven, CT and London.

Syme, R. (1939) *The Roman Revolution*, Oxford.

Tambiah, S. J. (1985) 'A reformulation of Geertz's conception of the theatre state', in his *Culture, Thought and Social Action*, Cambridge, MA, 316–38.

Tamse, C. A. (1975) 'The political myth', in J. S. Bromley and E. H. Kossman, *Some Political Mythologies*, The Hague, 1–18.

Taton, R. (1985) 'Espoirs et incertitudes de la science française', in Duchene, 9–17.

Taylor, L. R. (1931) *The Divinity of the Roman Emperor*, Middletown, CT.

Teyssèdre, B. (1957) *Roger de Piles et les débats sur les coloris au siècle de Louis XIV*.

Teyssèdre, B. (1967) *L'Art au siècle de Louis XIV*.

Thireau, J.-L. (1973) *Les Idées politiques de Louis XIV*.

Thomas, K. V. (1971) *Religion and the Decline of Magic*, London.

Thompson, J. (1987) 'Language and ideology', *The Sociological Review* 35, 516–36.

Thuau, E. (1966) *Raison d'état et pensée politique à l'époque de Richelieu*.

Thuillier, J. (1963) *Exposition Lebrun*, catalogue and introduction.

Thuillier, J. (1967) 'The birth of the Beaux-Arts', in *The Academy*, ed. T. B. Hess and J. Ashbery, New York, 29–37.

Thuillier, J. (1983) 'Félibien' *17e siècle* 138, 67–90.

Tovar de Teresa, G. (1988) *Bibliografía novohispana de arte* 2, Mexico City.

Treitinger, O. (1938) *Die Oströmische Kaiser- und Reichsidee*, rpr. Darmstadt, 1956.

Trilling, L. (1972) *Sincerity and Authenticity*, London.

Tronçon, J. (1662) *L'Entrée triomphante de leurs majestés dans la ville de Paris*, rpr. Möseneder (1983), 259–322.

Trout, A. P. (1967–8) 'The proclamation of the peace of Nijmegen', *French Historical Studies* 5, 477–81.

Truchet, J. (1960) *La Prédication de Bossuet*, 2 vols.

Tumarkin, N. (1983) *Lenin Lives! The Lenin Cult in Soviet Russia*, Cambridge, MA.

Tyvaert, M. (1974) 'L'image du Roi', *Revue d'histoire moderne et contemporaine* 21, 521–47.

Valdor, J. (1649) *Les Triomphes de Louis le Juste*.

Vattel, E. de (1758) *La Droit des gens*, rpr. Washington, 1916.

Verlet, P. (1985) *Le Château de Versailles*.

Verney, F. P. and M. M. Verney (eds) (1904) *Memoirs of the Verney Family*, London.

Vert, C. de (1706–13) *Explication simple, littérale et historique des cérémonies de l'Eglise*, 4 vols.

Vertron, C.-G. de (1686) *Le nouveau panthéon*.

Veyne, P. (1988) 'Conduct without belief and works of art without viewers', *Diogenes* 143, 1–22.

Viala, A. (1985) *Naissance de l'écrivain: sociologie de la littérature à l'âge classique*.

Viguerie, J. de (1985) 'Les serments du sacre des rois de France', *Le sacre*, 205–16

Vincent, M. (1979) 'Le *Mercure Galant* et son public féminin', *Romanische Zeitschrift für Literaturgeschichte* 3, 76–85.

Visconti, P. (1988) *Mémoires sur la cour de Louis XIV, 1673–81*, ed. J.-F. Solnon.

Vocelka, K. (1981) *Die politische Propaganda Kaiser Rudolfs II*, Vienna.

Voss, J. (1972) *Das Mittelalter im historischen Denken Frankreichs*, Munich.

Vries, P. de (1947) *Het beeld van Lodewijk XIV in de Franse geschiedschrijving*, Amsterdam.

Walton, G. (1986) *Louis XIV's Versailles*, New York.

Warmington, B. H. (1974) 'Aspects of Constantinian Propaganda', *Transactions of the American Philological Association* 104, 371–84.

Weber, G. (1985) *Brunnen und Wasserkünste in Frankreich im Zeitalter von Louis XIV*, Worms.

Whitman, N. (1969) 'Myth and politics, Versailles and the Fountain of Latona', in J. Rule (ed.), *Louis XIV and the Craft of Kingship*, Ohio, 286–301.

Wittkower, R. (1961) 'Vicissitudes of a dynastic monument', rpr. in his *Studies in the Italian Baroque*, London, 1975, 83–102.

Wolf, J. (1968) *Louis XIV*, second edn, London 1970.

Woodbridge, B. M. (1925) *Gatien de Courtilz*, Baltimore.

Zanker, P. (1987) *The Power of Images in the Age of Augustus*, English trans. Ann Arbor 1988.

Zobermann, P. (1985) 'Généalogie d'une image', *17e siècle* 37, 79–91

Zwiedineck-Südenhorst, H. von (1888) *Die öffentliche Meinung in Deutschland im Zeitalter Ludwigs XIV*, Stuttgart.

索　引

（索引后的页码为原书页码，即本书边码）

注：插图号用斜体字。

B

C

D

E

F

G

K

L

M

N

O

P

Q

R

S

U

V

W

Y

Z

图书在版编目(CIP)数据

制造路易十四/(英)彼得·伯克著;郝名玮译.—北京:商务印书馆,2017
(汉译世界学术名著丛书:120年纪念版:珍藏本)
ISBN 978-7-100-14402-5

Ⅰ.①制… Ⅱ.①彼… ②郝… Ⅲ.①路易十四(1638—1715)—生平事迹 ②法国—中世纪史 Ⅳ.①K835.657=41②K565.3

中国版本图书馆CIP数据核字(2017)第153905号

汉译世界学术名著丛书
(120年纪念版·珍藏本)
制造路易十四
〔英〕彼得·伯克 著
郝名玮 译

商 务 印 书 馆 出 版
(北京王府井大街36号 邮政编码100710)
商 务 印 书 馆 发 行
北京中科印刷有限公司印刷
ISBN 978-7-100-14402-5

2017年12月第1版　　开本710×1000 1/16
2017年12月北京第1次印刷　　印张21¼
定价:105.00元